AINIΓMA 3

双書エニグマ

mizuno kazuhisa

他性の境界

La frontière de l'altérité

他性の境界

mizuno kazuhisa

keiso shobo

まえがき

人は他性の境界にしか生きることはできない。だからこそ逆に人の願望は他性の完全回収を目指す。それは、不可逆的他性に対抗して安定的に循環する可逆的システムを自らの環境として構築することにある。にもかかわらず、この願望達成の頂点においてすでに汚染と腐敗と崩壊の兆しが始まる。それは他性の完全回収の不可能性を証示するとともに、可逆的システムの可動性の可能根拠こそがむしろ不可逆的他性であることを示唆している。このことを考慮する方法は多様でありうる。本書の目的は、現象学的思考の限界を窮めることによって、そこにも他性の境界を思考する可能性があることを示すことにある。なぜなら、現象学的思考のなかには、無益な願望に基づいて他性を起源と目的のなかへ回収することを基本理念とする立場と、根源的事実への忠誠から発生過程のなかに他性の境界を凝視する見方とが混在しているからである。この混在に注目しそれを発掘し尋問にかける作業をしたのが、前世紀後半のポスト構造主義といわれる多様な思想家たちであった。

むろん現象学が現代思想の形成に何らかの影響を与えた事実を否定するものは恐らくいないであろう。しかし同時に、現象学がフッサールの創始したままの姿で二〇世紀の後半を生き抜くことにはかなりの困難が生じたという事実を否定するものもいないであろう。というのは、当初フッサールは論理学の基礎づけを目指して現象学という領域を開発したのに対して、この世紀の後半にはフッサールの予想もしなかった主題が現象学の前に現出したからである。それは第一に、論理学的真理の表現とは異なった「自然言語」による表現の真理性の問題が現れたことである。すなわちそれは、主語の同一性による概念結合ではなく、述語の類似性による隠喩結合の問題である。第二に、フッサールの後期において表明された相互主観性に関する静態的な学説において触れられていた「他者」の超越性を、さらに超えて越境的に形成される原初的人間関係をいかに解明するかという問題が現象学の前に出現したことである。これと関連して第三に、個人が明証的「意識」において把握している自分が自己存在のすべてではないかも知れないという疑惑、すなわち「意識」の自己制御を超えた「無意識」からの行動規制の問題が、とりわけ日常的な市民社会の人間関係のなかから噴出してきていることである。現象学はこれらの問題を回避したままで自らの存立を維持することができなくなった。これらの諸問題をまとめていえば、少なくとも現象学者は、「自己」と「他者」の「無意識」について「言語」によって、いかにして、何を、どこまで語ることができるのかということについて応えなければならないであろう。それは一言でいえば、現象学者の前に現出するあらゆる現象のなかに「他性」の介入が生起しているということを意味している。

たしかに、フッサールが歴史上に残したテキストのなかからこれらの問題に対する解答の切っ掛けを見いだそうとする努力は、以後の現象学者たちによって行なわれてきたし、いまも行なわれつつある。ハイデガーやメルロ＝ポンティやレヴィナスの努力も、これらの主題からはずれていたわけではない。しかし、現在における奮闘の焦点は、フッサールが残したテキストのなかでもとくに「受動的発生」と「地平」の思想のなかにある。それと同時に指摘しなければならないことは、これらの主題を探究するうえにおいて現象学にとって不可欠の要素は「超越論的態度」の堅持ということである。なぜなら、たとえ日常的な「生活世界」について記述する場合でも、その世界に埋没して眼前の関心にすべての注意を傾注している「自然的態度」から距離をとらないままで、「生活世界」の本質構造をとりだすことはできないからである。むろんこれは、フッサールと同じ仕方で「超越論的主観性」から「基礎づけ」を遂行することを意味しない。むしろ現前的な「他性」現象とは、この僅かばかりの超越を意味する「生活世界」の概念に贈り主の不明な「無起源性」がつきまとっているという事実である。したがって、現在における「超越論的態度」の主題は、「自然的態度」の埋没性を超えて、まさしくこの「無起源性」の意味を問うことにある。なぜなら、「自然的態度」にとっては、こうした「無起源性」が主題化されることはないからである。ところが解釈学は、フッサールの「基礎づけ」の動機から離れるために「超越論的態度」をともに棄却したことによって、「地平」の思想を期せずして新たな歴史的経験主義の方向に展開する結果になってしまった。もともと現象の「無起源性」こそまさしく現象への「他性」介入の問題であるにもかかわらず、解釈学によってかえって現象の「無起源性」の主題は隠蔽されてしまった。したがって現象学の現在は、「地平」の思想を「受動的発生」の地点から「他性」介入の問題として展開しなければならないのである。これは、現象学的思考そのものが「他性の境界」に遭遇していることを意味している。

現象学的思考に対する「他性」介入の主題を解明するために、本書はまずその第一章において、二〇世紀後半に登場してきたポストモダンの旗手たちが、現象学に対して「超過」(excès)を要求して突きつけた尋問を「明証性と無起源性」の関係の問題として吟味するところから始めたい。しかもそのとき見逃されてならないことは、彼らの提言の源泉がニーチェの新たな解読にあるという点である。したがって、第一章の考察は彼らのニーチェ読解をめぐって展開される。次に第二章において、こんどは現象学の側から積極的に「他性」現象を「受動的発生」の原初性から出発して「他者と無意識」の主題のもとに考察する。これは、現象学の「超過」が現象学的にどのようにして生起しうるかということの記述でもある。その上で第三章において、「他性」現象の力動性を構造的に解明するために、とくにメルロ＝ポンティ哲学に関する相互に背反する解釈を実例として、「可逆性と不可逆性」の関係をシステム論的連関において捉えなおすことを試みる。さいごに第四章において、「可逆性」の思考だけを「不可逆性」から分離するならば、一般の現象学的思考が堅持しようとする目的論ですら説明しえないということ、したがって「超越論的目的論」の理念的発展説あるいは逆に「可逆的秩序」の自己循環説に基づくかぎりでは、最初に要求された「他性の境界」の問題に応えることができないということを、「発生」と「現出」の関係を再考することによって、「退去という贈与」(don comme retrait)と「根源的暴力」(archi-violence)の視点から解明する。そのことはまた、「理性」と「非理性」(déraison)あるいは「言語」と「力」の力動的関係をシステム論的に解明することでもある。そして、これらの考察はさしあたって「他性の現象学」の超越論的試行となりうるであろう。

他性の境界

目次

目次

第一章　明証性と無起源性

現象学的反省は、それが徹底的であることを目指すかぎり、視点の固定化を求めた探究ではない。それにもかかわらず、学説として現れたかぎりでの「現象学」のなかには、伝統的な真理観に影響された歴史的「残余」が多く含まれている。これに対して、ポスト構造主義という特定の思想がどこかに定着しているはずもないが、しかしそのように命名される運動は、実際に「現象学」のなかの伝統的自明性に対して批判のまなざしを向けたといえる。そして、この運動に決定的な動機づけを与えたのが、ニーチェであることもまた事実である。そこでまず、「現象学」のなかの隠れた真理観を明るみにだし、そのうえでニーチェが提起した中心的問題を再把握することによって、「現象学」のなかの伝統的真理観をこの運動がいかに解体しようとしたかを考察する。

1　現象学への尋問

(1) 同一性の思考

現象学は、その出発点と到達点において「明証」(Evidenz) をもっている。それは、現象学が「解釈」(Auslegung)ではなく「直観」(Anschauung)を真理基準にしているという意味でもある (Hua. I, S. 92, III, S. 52, XVII, S. 65, 166)。

出発点における「明証」は、あるときは知覚対象への不十全な志向的関係であることもあるし、あるときは特殊文化における自明性であることもあるし、さらには数学的「本質」に対する十全的な志向的関係である場合もある。対象がいかに十全的「本質」であっても、それに関する記憶や表象のように対象が現前しない場合には、その志向的関係が現前性への潜在的権能をもっているならば、それに関する「明証」は、空虚な志向性の「充実」(Erfüllung) の理論によって補完することができる。「充実」における十全的な志向的関係には、目指されたものと目指すものの間の「一致」がみとめられる。フッサールが「理性」となづける能力は、対象的存在とそれに関する思考との「一致」に到達しうる至高の透明度をさしている (Hua. III, S. 348-350)。

これに対して、到達点における「明証」とは、「空虚」な志向性からそれの「充実」へ向かう時間的経過の終着点のことではない。むしろこれは、時間的推移に関わるよりも「態度変更」(Einstellungsänderung) にかかわる。「一致」をイデーとして探究が遂行されることと、「一致」の十全的関係を真理性の保証とするイデーそのものを吟味することとは同義ではない。後者の吟味を完遂するために必要な「態度変更」が「現象学的還元」とよばれたことはよく知られている。「態度変更」は存在判断を含むすべての定立内容の真偽を「宙吊り」にする自然的でない操作であるかぎり、それは誕生以来、人が自然的かつ文化的に決定してきた周囲世界への信頼関係全体を一度は作動させないでおくような種類の自己規制である。到達点とは、この自己規制を保持し続けるときに得られるとフッサールが考えた唯一の「明証」のことである。フッサールがそれを特に「必当然的明証」(apodiktische Evidenz) と命名したことも周知の事実である (Hua. I, S. 61-62)。たしかに、ここでも「一致」は登場するが、しかしそれは、例えば数学的対象への志向的関係の場合のように「外」との「一致」ではなく「外」のない「一致」であり、完全な自己完結性もしくは自己言及性における自己同一性の確保を意味している。

がんらい「外」のない「一致」は、ヨーロッパの学問的伝統がエレア学派以来追い求めてきた「思考」と「存在」の間の影のない透明性である。また、この透明性のおかげで「存在」の探究は「思考」の内なる「論理」「構造」「法則」等の解明によって完成されるはずである。もしも不十分な部分が残れば「実験」が補足と訂正を申し出れば、「法則」は修正されるであろう。したがって、「一致」の思想を疑うことは、ヨーロッパ思想の伝統の根底を疑うことを意味する。とくにフッサールの場合「必当然的明証」は、「十全的明証」における「充実」とは違って、その自己完結性のゆえに特別の特権性を与えられている。現代思想が恰好の標的にする所以である。げんにデリダの『声と現象』は正面から告発を開始した。フッサールによれば、「現象学的に変化するのは……自我そのものではない。

自我そのものは反省によって絶対的に同一なものとして把握されている。変化するのは体験である」（Hua. IV, S. 102）。ここで反省作用と反省される志向的関係との同一性を保証するものが「私」であるのか、「私の体験」であるのかを決定することができなくても、少なくとも分かっていることは、反省作用が第一次的時間層、「把持・現在・予持」流動に属する前述定的受動性ではないということ、むしろ反省も能動的定立作用の一つであるかぎり、言語的述定化の次元に帰属しているということである。反省は文字によるのでなければ、少なくとも音声に依存している。前述定的根源性が「流動」であることは、それ自身と「一致」しない差異化の反復であることを意味する。反復はここでは同一性を意味するのではなく、差異化の形式性にほかならない。モノローグによってもこの「差延作用」（différance）を自己同一性へ回収することは不可能である。モノローグの非言語的にみえる潜在性は言語的顕在性を前提にしているからである。だからデリダは「差延作用から出発して現在を考え、その逆をしなければ直ちに抹消されるはずのもの、それは《絶対的主観性》という規定である」（Derrida, 1967, p. 94）と書いている。

（2）表象の思考

特権的明証ではなく一般的十全性に関わる明証的「一致」の解体作業は、「一致」の思想そのものからではなく、それの近代的形態である「表象」（représentation）の思考から着手されている。なぜなら、「表象」が「指示項」（référent）の「代理現前」であるかぎり、「一致」の問題は、「指示項」または対象的「起源」（origine）と、それに関わる「表現内容」（意味）（signifié）、「表現記号」

(signifiant)、その意味を記号に積載させる「意味作用」(signification)、さらにその作用の主観的「起源」をなす「発信人」または「主観性」との間に生起する「一致」もしくは「不一致」の問題でもあるからである。とくに、六〇年代以後の「言語論的転回」の影響下にある思潮によれば、記号論的接近から「一致」の問題を取り扱うことはむしろ自明でさえあるからである。ただしそのさい、見逃されてならないことは、「一致」(不一致)の系列に関する分析は当然「表現記号」間の結合系列に関する形式的分析を前提するけれども、「一致」の解体が関わるのは、たんに「記号」間の結合系列ではなく、対象と主観という二つの「起源」とそれらに挟まれた「意味」と「記号」を貫通する「一致」(不一致)に対してであるということである。したがって、「表象」の思想が解体に直面するまでには、結合系列の形式的徹底化が構造主義的努力として遂行されたことも事実である。

この一般的な事態をフッサールという特殊な場合についていうと、ヤコブソンがフッサールから取り出した構造論に関してホーレンシュタインが語るところによれば、たしかに「現象学運動の内部では『論理学研究』の第五部と第六部の意識分析が主要なものであり、これが学派を形成したのではあるが、しかしヤコブソンによってとりあげられたのは、《表現と意味》に関する第一研究とならんで、とりわけ第三研究の《全体と部分の学説のために》であり、さらにそこで獲得された諸連関が《独立的意味と非独立的意味の相違と純粋文法学の理念》という表題をもった第四研究中の言語的所与性へ転用されていることであった。ヤコブソンが第三研究のなかにみたものは、『イデーン』Iの中核部分の表題《現象学的基礎考察》に依拠して、構造主義的基礎考察として特徴づけることができるようなものである」(Holenstein, 1976, S. 16)。「ヤコブソンはフッサールの『プロレゴーメナ』と『論理学研究』の最初の四部から出発した。主題としていえば、それは、《反心理主義》、表現と意味（これはフッサールの定式であってヤコブソンの定式でいうと音と意味）、本質抽象、全体と部分の理論、普遍文法の理念である」（ibid. S. 54）。

たとえば、言語結合の形式的構造に関していえば、いまかりにヤコブソンのように「連辞」（syntagme）と「範列」（paradigme）という二軸説をとる場合、前述定的経験と関わるのは範列軸における語の連合的選択である。そのとき、構造主義的理解によれば、「連合的変形（assoziative Transformation）は、相互に代入されるものの範疇的本質を前もって把握しておかなくても、不随意的かつ無意識的に出現する。ここで考えうるのは、変形規則が古典的連合原則と一致するような人工的記号体系の場合だけではない（この場合はXとかYが、類似、隣接、対照のどれかの関係にあるならば、XはYになる）。それぱかりか、人間の無意識のなかにも、専有的ではないとしても決定的な部分において、このような変形規則に還元されうる記号体系が存在していると思われている」（ibid. S. 87）。ホーレンシュタインのこの指摘は、非定立的ではあるが顕在化されうるような「前意識」（VorbewuBtes）の次元ばかりではなく、それ自体としては全く定立化されえない「無意識」（UnbewuBtes）に関しても、範列的連合規則のなかにそれらの言語表現を解読しうる規則が含まれているという視点を意味する。この点はまさしく、「表現記号」とそれによって示される「指示項」との関係における「一致」（不一致）と交差する問題系に関わっている。いいかえれば、これは「表現記号」が「表現内容」（意味）を貫通してその「指示項」（対象）に至るまで「直観」の視直線によって結合可能かどうかの問題なのである。

しかしよく見れば、「表象」による「代理的」現前化はすでに「起源」そのものの「回帰的」現前化ではない。むしろ、「表象」とは「起源」を彷彿せしめるための「代理物」の登場を意味する。このことが意味するのは、全面的「一致」ではなく部分によって全体を表現する「換喩」(métonymie)の「不一致」とか、共有された内在的関係の提示を意味する「提喩」(synecdoque)の「不一致」とか、反対を示すことによって調子を宙吊りにする「皮肉」(ironie)の「不一致」とか、さらには直接的類似性を拒否している「隠喩」(métaphore)の「不一致」など、およそ「比喩」(trope)といわれているものがもっている「不一致」という属性が、いつもすでに「表象」には内属しているということなのである。まさしくリクールのいうように、「代理表出(représentance)のカテゴリーは負債の感情によって強められるが故に、明示的に示しうる言語や、外延的論理学で機能している指示(référence)というカテゴリーには還元できない」(Ricœur, 1985, p. 228)。つまり「代理表出は、同一なもの(le Même)への還元であったり、他性(Altérité)の認知であったり、類似による把握(appréhension analogisante)であったり、交互に入れ代わるのである」(ibid. p. 229)。そして、直観的同定化に対するこのような揺さぶりは、記号論の次元においてではなくとも、現象学的思考のなかにもすでに胚胎していたといえる。あるいは、現象学の「地平」の思想のなかにすでに解釈学へ展開する萌芽が内属していたともいえよう。

しかし、だからといって、現象学から解釈学への展開が哲学的に必然的であると考えることは必ずしも正しくない。なぜなら、このように現象学にすでに内属する解釈学的傾向の有効性と同時に解釈学そのものの哲学的限界にも注目しなければならないからである。いいかえれば、現象学的態度と解釈学に含まれた「自然的態度」の差異を看過することはできないからである。詳しくいえば、作用の側からみると、志向的対象はそれだけが独立して目指されているのではない。対象はつねにそのアスペクトにおいて志向されている。このことを対象の側からいえば、対象はいつもそれ自身の「地平」(Horizont) における「核」(Kern) として把握されている。しかも、志向作用の時間的推移と空間的移動に応じて、「核」と「地平」の関係は入れ代わり、変形さえする。「地平」が「核」の余白として機能しているあいだは自立的な意味を主張してはいないが、しかし「地平」なしには「核」の「意味」は理解可能にならない。こうした関係は、ヤコブソンにおいても、たとえば名詞の性に関する「有標―無標」(merkmalhaftig-merkmallos) 関係の考察に転用されている (Holenstein,1976, S. 67-68)。一般的には、染色体と同様に、男性形が無標であり女性形が有標であるが、例外的にはその逆もありうる。言語習得に関しては、無標の使用が優先し有標はそれに続く。逆に失語症の人は、有標の項に還元する傾向があるといわれている。しかし、言語習得段階の経済論的効率優先が、記号の起源性を保証するかどうかを決定する要因ではありえない。なぜなら、自然的習得順位を「起源」からの派生順位とみなすことは、すでに「自然的態度」によるひとつの先行判断にすぎないからである。たしかに、自然的傾向としては「起源」の同一性を設定する方向に思考は働くであろう。そしてまた、文脈外に何らかの同一性を設定しないかぎり、意味伝達は統語論的形式性だけに依拠せざるをえなくなるであろう。解釈学のなかに含まれた「自然的態度」とは、まさしくこのような種類の変形された同一性志向なのである。言語表現をひとつの「転義」(sens figuré) または「文彩」(figure) として理解する態度は、一見すると、言語をその生活世界的「地平」にまで遡行して読解しようとするまことに柔軟にして現実的なやり方であるようにみえる。しかし、ここで意味伝達のコミュニケーション的事実を説明しようとすると、統語論的形式性以外に、もしも意味の文化的自明性の幅を一種の同一性として設定しておくことができれば、条件はきわめて有利になる。それでいて、意味の自明性の範囲は「転義」のレベルだけでは重なり合ってこないという困難が残る。そこで、「転義」が相互に重なり合うことができるように、より広汎な外延をもつ「原義」(sens propre)の同一性を設定する必要がでてくる。こうした理由で、ガダマーは時代を超えてもテキストの読解を可能にする「原義」を「事象」(Sache)と名づけ、その「事象」を通時的に担う同一性を「伝統」(Tradition, Überlieferung)とみなしたのである(Gadamer, 1960, S. 275, 279, 312, 436-438, 440)。テキストの読解とは、ガダマーにとって、そこに含まれている「事象」の一貫した追求であり、それは「伝統」のなかに記入されたものの「適用」(Anwendung)である以上、「解釈」は解釈者の個人的恣意のなせる業ではなく、「伝統」自身が行なっている「遊戯」(Spiel)なのである(ibid. S. 464)。したがって、解釈内容に個別性を超えた普遍性を与えるために「伝統」の同一性に依拠するこの仕方が、最終的には経験的信憑の「自然的態度」に由来するかぎり、たとえ「表象」の思考に含まれる「不一致」を解釈学的理解へ転移してみても、それは同一性の思考を脱却したことにはならない(拙書『現象学の射程』一八三―一九八頁参照)。

それゆえ、現象学の地平論的思考を解釈学へ転進させることは、かえって解体的状況を隠蔽するばかりか、自らの内にある「起源」への郷愁を偽装することでもある。ドゥルーズは『差異と反復』の序文において、「現代思想は表象の破産から生まれたのであり、諸々の同一性の喪失から生まれたのだ」と宣言している（Deleuze, 1968, p. 1）。ここにおける同一性とは、「転義」を認めない思想のことではない。むしろそれは、たとえ「転義」を「原義」の「地平」とみなす思想であっても、「転義」の「解釈」を「原義」の同一性において成立させようとする思想を指している。

（3）目的論の思考

しかし、フッサールの現象学そのものは、このような解釈学的な方向への展開を示していない。むしろ、地平論的思考を独自のスタイルで展開させようとした。そうさせた理由は、「明証」を真理基準とするフッサールの理性主義が解釈学的経験主義との妥協を阻んだからである。フッサールは解釈学的転進の手前で「理性」の伝統に固執する道を選んだといえる。「解釈」が「核」をその「地平」から読む操作であるのに対して、「直観」は「核」への直進である。たしかに、この直進においても「核」に「地平」が付帯しているという事態に変わりはない。ここであくまでも明証的「一致」を目指そうとすると、残る選択は一つしかない。それは、「解釈」のような迂回路を退けて、現状において達成されていない「一致」をテロスとして設定し、潜在的「地平」を顕在化する果てしない探究を開始することである。すなわち共時的「一致」を探究過程へ向かって通時化する「探究の目的論」の道である。こうした「地平」の通時的顕在化は、テロス達成までの時間経過のなかですでに顕在化された多くの視点が相互に集められることによって、テロスをイデーとする拡大と統合の過程を生み出す。その意味でモナド的世界の構成は、テロス達成の目的論的視点拡大の成果のひとつである。

このように、フッサールの目的論的思考は、なによりもまず「核・地平・関係」として志向性に内属する探究の実践的形態である（Hua. XI, S. 218-222, XV, S. 378-386）。ここでは、「一致」はあくまでも統制的に規制するイデーであり、それを目指す探究は「第一哲学」へ向かって動機づけられた哲学者の個別的な「超越論」的傾向を示している。ところが他方、これとは別に、「根源的事実」としての「欲動」（Trieb）の発生に関わる「質料的現象学」は、「欲動」の時間系列上に展開される「歴史的目的論」を記述し始める。この種の目的論はそれ自体としては「現俗的」（mundan）な展開過程を示すにすぎない。なぜなら、「歴史的目的論」のなかからはそれを記述する「超越論的語り手」は排除されているからである。ここで「超越論的」であるのは、ひとり「語り手」すなわち歴史的探究者だけである。

しかしながら問題は、これら二種の目的論すなわち「超越論的探究の目的論」と「現俗的歴史の目的論」との危険な融合化にある。がんらい、目的論的な構造把握は「一致」の真理観が時間系列上で保証されることを願う「同一性のヴァリアント」であり、しかもそのとき「一致」概念は思考と存在の全体において実現されることを要請されているから、目的論に内属するこうした普遍性は「形式中の形式」（Form aller Formen）（Hua. XV, S. 380）として設定されざるをえない。このことは、目的論がただ単に個別的な哲学探究の統制的原則であるにとどまることを許さない。そのため、がんらい探究行為としては個別的である「超越論的探究の目的論」が、「一致」に含意された「同一性」の普遍的性格の故に、必然的に「現俗的歴史の目的論」に接木されざるをえないのである。いいかえれば、探究の「個別性」は、「一致」という探究のテロスに内属した「普遍性」の権威をかりて、自らを歴史内の「特殊性」の場における目的論的実現過程の「先導者」（Führer）（Hua. XV, S. 669）と自認し、あるいは倫理的な仮面のもとに自らを「公僕」(Funktionär)(Hua. VI, S. 15, VIII, S. 197)と規定する結果をまねく。このとき、個別的な「探究の目的論」は、普遍的な「理性の目的論」の姿をとって「生活世界」が進むべき合理的規範へと変貌する。かくして、そもそも目的論はそれが提起され始めたときから、目的論によって目指されたテロスの「普遍性」が探究の「個別性」と歴史の「特殊性」という二種類の目的連関を棲み分けることを妨げるという運命をもっていたといわなければならない。

ところが、このような「理性の目的論」の全体性に対して、それが一つの「筋立て」にすぎないという異議申し立て、ないし告発が六〇年代のフランスにおいて顕在化し始めた。周知のように、狂気、権力、性といった個別テーマごとに、また臨床医学、博物誌、経済学といった個別領域において、視点の多様性を現出せしめることによって、探究の目的論に先導された世俗の目的論が辿る歴史的経緯を分断し、分散させる戦略がフーコーによって提起されたのである。むろん、その方法は論理的であるというよりも、一見すると実証的にさえみえる。しかし、その解体への意欲は、伝統への復帰を拒否し伝統の虚構性を暴露しようとしたニーチェの精神から影響されている。そのかぎりでは、フーコーの方法が「厳密学」(strenge Wissenschaft)に対抗するためにその反対側にある単なる「実証主義」に頼ろうとしたとは考えられない。現代思想を養った地盤がヨーロッパの伝統であるとしても、その地盤自身の底を穿つことによって思想に新しい方向を拓くよう貢献したのは、ドゥルーズの場合も、フーコーの場合も、デリダの場合もニーチェから受け継いだ「ダイナマイト精神」であった。

2　ニーチェの警告

一九六四年にフランスのロワイヨーモンにおいて、ニーチェ・コロックが開催された。その主な出席者は、ジャン・ヴァール、マルセル、レーヴィット、晩年のハイデガーと親交のあったジャン・ボーフレ、ドゥルーズ、そしてフーコーであった。ついで一九七二年にスリズィ・ラ・サルにおいて、もう一度ニーチェ・コロックが開催された。これは、六〇年代に入って流布しはじめた構造主義的傾向に対してある種の反省もしくは転回を促す出会いであった。ここでニーチェの思想は、構造主義的形式性と解釈学的理解のいずれに対しても、問題提起をする契機となった。そのことをよく表わすかのように、この年のコロックの主な出席者は、クロソウスキー、ベルナール・ポトラ、ラクー・ラバルト、ジャン＝リュック・ナンシイ、リオタール、ドゥルーズ、デリダであった。

いったいニーチェは、思想の後輩たちに対して、どのような点において「同一性」「表象」「目的論」等の解体を促し、分散を提唱したのか。問題の中核に迫るために、ここでニーチェが現代思想に深刻な影響を与えたと思われる三つの基本概念を摘出し、それらを必要最小限度で分析しておくことにしたい。その概念とは、「ニヒリズム」「ジェネアロジー」「パースペクティヴィズム」である。「ニヒリズム」は伝統的価値の価値喪失をもたらし、「ジェネアロジー」は価値と認識の伝統的な見方を解体する論理を提供し、「パースペクティヴィズム」は価値と認識の多様な視点の可能性を示している。いずれも伝統的自明性とその固定性を粉砕する起爆剤であることに変わりはない。したがって、ここでとくに注意しなければならないことは、「パースペクティヴィズム」を単に「遠近法主義」として理解することはその解体的特性を取り逃がす可能性があるということである。なぜなら、画面上に奥行きの遠近感を再現する「遠近法」的な手法は、画面に向かう視点が固定されている場合に使用される技法であるのに対して、ニーチェの「パースペクティヴィズム」に含意されている視点の交代は、一画面上における多視点の同時再現を意味しうるからである。明らかにこれは、見ている視点そのものを相対化する効果を誘導するからである。

(1) ニヒリズム

ニーチェの規定によれば、「ニヒリズムとは目的がないことであり、《何故》に対して答えがないことである」(KSA, 12. S. 350)。すなわち「徹底的なニヒリズムとは、承認されている最高価値が問題であるときに、現存在の絶対的な支えの無さを確信すること(die Überzeugung einer absoluten Unhaltbarkeit des Daseins) である」(ibid. S. 571)。ここでいう最高価値とは、ヨーロッパ人の感性と悟性を支配し方向づけてきた従来の最高の基準のことであり、ヨーロッパにおいて自明的であるとみなされてきた諸々の行為規範であり、それを統括していたキリスト教であり、究極的にはそのキリスト教の中心に立つ神の存在である。

したがって「ニヒリズム」とは、まず第一に、キリスト教の神がヨーロッパ人の生存に意味を与えることができず、ヨーロッパ精神に対して従来通りの統制力を発揮しえなくなったという意味において、存在することの無意味さに関する「歴史的規定」である。しかしそれと同時に、「ニヒリズム」

の「歴史的規定」は単に歴史上の客観的な現象を指すのではない。むしろ第二に、「歴史的規定」はその裏面に「主体的規定」を含んでいるところにこそニーチェの「ニヒリズム」の指摘の特徴がある。「人は苦痛に耐えられないのではなく、苦痛に意味がないことに耐えられないのだ」という主体的視点からみれば、現存在が「何故存在するのか」についての答えがないということは、忍耐の目標が見失われていることを意味する。これを積極的な言い方に換えれば、「ニヒリズム」とは「現存在の絶対的な支えの無さの確信」(KSA. 12. S. 571) である。したがってこの確信は、無意味なものが永遠に繰り返されるという「永遠回帰」(ewige Wiederkunft) の重圧の主体的自覚を意味する。こうした「ニヒリズム」の「主体的規定」は、たとえば血族関係の増加と繁栄のように時間的空間的な量的拡大によってさえその喪失感を癒すことができるような性質のものではない。むしろこれは、個人の内面を垂直に掘り下げていくときに出会われる生存の規定であり、いわば存在することの純粋に質的な規定である。もしもニーチェにこの方向の「ニヒリズム」の定義がないならば、伝統転覆の歴史的必然性を意味する「歴史的規定」は、単なる第三者的な他人事の発言にすぎなかったであろう。

このようにその規定が主体的であるが故に、ニーチェにあっては、「ニヒリズム」の「歴史的規定」と「主体的規定」は、相互に外面的に併存しているのではなく、むしろ両者は個人の主体を中軸として内面的に浸透しあって結びついているのである。そしてまさに、その主体の根底に欠如態としての「神の存在」があると考えられる。地上の自然的傾向である個人的「欲求」と社会的「権力」は、「神の国」の「正義」の目的論的実現過程のなかで克服されるはずだというのが、神の世界計画であり、「救済史」の目標であった。その意味ではニーチェの「ニヒリズム」宣言は、まさしくアウグスチヌスの歴史哲学に対する破産宣告であったといわなければならない。

（2）ジェネアロジー（系譜学）

ニーチェの場合、ジェネアロジーの主要な機能は、従来から自明とされてきた通念やイデオロギーのすべてを解体する働きである。それは、様々の文化的形態が依存している隠れた「起源」を暴露することによって、顕在的に流通している文化的諸形態の偽装性と虚構性を提示することにある。そのさい、こうした系譜学的還元といえるニーチェの解体戦略について、二つの側面を指摘することができる。その第一は「言語論的ジェネアロジー」であり、その第二は「価値論的ジェネアロジー」である。ニーチェの場合、ジェネアロジーのこれら二側面はやはり相互に離れがたく結びついて一つの解体運動を形成している。

まず「言語論的ジェネアロジー」の基本は、ニーチェが『善悪の彼岸』において表明している通り(Nietzsche, Jenseits. KSA, 5. A. 54)、すべての思想ないし想念は思想成立の必要条件である文法形式に依存しているという考え方にある。もしもこれと逆に思想が言語に先行して存在するという立場をとるならば、そのときは言語は思想の道具となり、理念が現象の原因として時間を超えて先天的に存在するという立場、すなわち思想の道具への内在化つまり思想のフェティシズムが帰結するであろう。コギトの実体化も神の存在も、ニーチェにとっては、文法形式による思想の被拘束性を忘却したことによってもたらされた神話にすぎない。「《行為》と《行為者》の分離、生起と生起させる《何か》との分離、過程と過程ではなく実体・物体・身体・魂など持続的であるものとの分離、生起を《存在者》

・永続的なものからの一種の移動もしくは位置変更として捉える試み。すなわち［まず］《原因・結果》への信仰が言語的文法的機能において堅固な形式を見いだしたのちに、この［分離や移動の］古い神話が［あとから］《原因・結果》への信仰を確認したのである」(KSA, 12. S. 136)。したがって、「言語論的ジェネアロジー」によってニーチェのとった戦略は、「語」の水準においても統語論的「結合規則」の水準においても、「記号内容」(意味)の集合体としての思想から「記号表現」を一旦は切断することによって、言語記号を浮遊させ、それによって記号を意味よりも優先させるポリシーであったといえる。明らかにこれは、ポストモダンの先駆を意味するやり方である。

次に「価値論的ジェネアロジー」を導く概念は、周知のごとくニーチェがドストエフスキーの『地下生活者の手記』をフランス語訳で読んだことから導入した「ルサンチマン」(ressentiment)という用語である。たとえば「ルサンチマン」は、ニーチェによると、イエスにはなくパウロには見いだされる概念である。ニーチェにとって、イエスは「愛」の実践者であり「誠実」の人であるにすぎない。地上の「権力」と天上の「権威」を峻別して、ひたすら「神の国」の「正義」を求め、パリサイ的偽善を告発しつつ、最後に十字架上で死んだ一青年であるにすぎない。それに対して、パウロはその十字架上のイエスの死を旗印として利用した。十字架は神による「救済」のしるしとして、神自身が行なった自己否定であり、その意味で「神の愛」のしるしであるから、「原罪」のなかに生まれついた異邦人も十字架というキーワードに「応答」するだけで救済されると、パウロは主張した。「信仰」とはこの「応答」のことであり、人は自助努力によって救われるのではなく、神からやってくる「救済」の「恩寵」によってのみ救われる。すべての人間は罪のなかにあるけれど、そこからの脱出の扉をひらく鍵はパウロの手の中にしかないというこのシナリオは、実はパウロがローマ世界に対して提示した武器なしの支配戦略であり、万人を統制する世界支配の表れであった。かくしてニーチェからみると、「イエスの十字架」という単純な事実をパウロが伝統に拠りながら行なった解読は、デカダンな本性をもつ者が「高貴な精神」をもつ者に対していだく屈曲した権力志向すなわち「ルサンチマン」の表現にほかならない。これが、ニーチェのキリスト教解体の「価値論的ジェネアロジー」である。したがって「神の死」は、ニーチェにとって、科学の発達がもたらした帰結などではない。むしろ原始キリスト教が確立された当初から「神は死んでいた」のである。

ニーチェの「言語論的ジェネアロジー」について、アラン・シュリフトは次のようにいっている(Schrift, 1990, p. 180)。すなわちニーチェのジェネアロジーは、一方で文献学的に正確であるにすぎない「客観主義」的解釈を回避しようとすると同時に、他方ですべての解釈が相対的で等価であるとみなす正解のない「主観主義」をも回避しようとしている。テキストの客観主義的解釈はテキストの「原義」の同一性を前提する点において、言語記号の浮遊性を無視したドグマティズム、もしくは思想の記号へのフェティシズムに陥るし、他方で帰港地のない記号の浮遊がもたらす視点の相対化は、最終的解決を暴力に委ねる結果になるであろう。したがって「言語論的ジェネアロジー」に残された問題は、解釈に関するこのアンチノミーをいかに克服するかにかかっている。それは取りも直さず、この極限が「言語論的ジェネアロジー」が「価値論的ジェネアロジー」に交差する地点であったということを意味している。なぜなら、解釈の徹底的相対化は、まさしく「力」と「言語」との根源的関係を問うことを必然的に誘発するからである。そしてこれはまた、ポストモダンが避けて通ることのできない問題であることも確かである。ニーチェ自身はそれに対して、「パースペクティヴィズム」の観点から答えようと試みたと考えられる。

(3) パースペクティヴィズム

しかしそれにもかかわらず、解釈のこのアンチノミーに関連して、ニーチェの「パースペクティヴィズム」にもやはり二つの側面が混在している。すなわち、「パースペクティヴィズム」のなかに、視点が相対的に交代する相剋状態として捉えられる場合と、保存的視点に対して成長の視点を優先させる場合とが含意されているのである。

まず、「パースペクティヴィズム」が成立するための必須条件は、第一に、解釈されていない事実とか真理は存在しないということ、いいかえればすべて事実といわれているものは常に何らかの視点から行なわれた解釈であること。しかも第二に、その解釈のための視点そのものが、必ずしも解釈者の統制のなかにないということ、いいかえれば自己の意識によって目的論的に計画され隅々まで解釈の範囲と手続きが透明にみえているような解釈は殆ど期待できないということである。このような条件からみるならば、あらゆる解釈に優劣はなく、解釈として語られている言語記号がその「指示項」(référent) という「起源」に収斂することはありえないということである。このことは、「パースペクティヴィズム」を厳密に守るかぎり、そこからは新しい創造的価値を導出することもできないし、人類が目指すべき未来の方向を指示することもできないということを意味する。

ところがニーチェは、このような視点相対主義に対して、それを一種のデカダンスとして断罪しているばかりではなく、そのような相対主義を「受動的ニヒリズム」の現れとみなして、自らは「能動的ニヒリズム」を実行する人であろうとする。たしかに、記号論的不決定性や解釈の相対主義は、従来から通用している自明性を破壊するという機能は果たしうる。しかし、解釈の多数性はそのままでは解釈の創造的統合化へ移行する必然性を含意してはいない。そこでニーチェは、一方で解釈する基体の同一性を「力への意志」として確保しながら、他方でその同一性自身が停滞を克服する差異化運動を属性としていると考えたのである。「力への意志は解釈する」(KSA, 12. S. 139) ものである以上、「世界の多義性とは、すべてのものを力の成長のパースペクティヴのもとに見るような、力の問題である」(ibid. S. 127)。すなわち「力への意志」には「保存」(Erhaltung) と「成長」(Wachstum) の両契機が含まれている。「保存」の契機は、視点の固着、一元論願望、思想のフェティッシュとしての記号論など、およそ「力」の疲弊すなわちデカダンスの徴候を呈する。それに対して、「成長」の契機は、固着の廃棄、流動、多数、混沌などを恐れない姿勢であり、生産への意欲であり、「力」の賞揚である。

　ところがニーチェの場合、とくにこの混沌からの創造について、創造における時間の変質ともいえるような特別の事情があることを見逃すことはできない。少なくともニーチェには、記号論的不決定性とか解釈の相対性から脱出するために、解釈の相剋状態のなかに討議の場を設けて、その場において「力」ではなくロゴスを精錬することによって、たとえ終局的ではなくとも暫定的な合意に到達するような漸進的改革の方向に創造性を探究した形跡はない。むしろニーチェは、記号論的不決定性をそっくりそのまま裏返しにしたような「無目的な遊戯」を晴朗な「哄笑」のうちに実行しながら、あらゆる偶然を等価的なものとして肯定する「運命愛」(amor fati) において開かれる宗教的ともいえるような「大いなる正午」(großer Mittag) の「瞬間」のなかへ一旦は姿を消してしまう。そして、この超時間的な消尽点から再び歴史的時間のなかへ復帰することができるかのごとく、こんどは猛然と創造性について語ろうとする。けれども、ひとたび時間を超えてしまった地点からやってくる呼びかけは、それがいかに権威と威信にみちていようとも、個人の内面における姿勢の転換いがいに、時間と空間のなかでの歴史的射程の具体性を示すことはできない。これこそまさにニーチェが警告の天才であったが、解決の方途を示すことはできなかったということを物語っている。なぜなら、「瞬間」の肯定は歴史的時間からの一種の亡命を意味するからである。

3　ポスト構造主義の問題提起

一九七二年のニーチェ・コロックに出席した思想家たちは、ニーチェの警告に従って、クロソウスキーもポトラもデリダも各人各様の仕方でニーチェについて語っている。ここでは、一九六四年のコロックに出席したドゥルーズとフーコーのニーチェ読解と、七二年に出席したポトラとデリダのニーチェ読解を通してポスト構造主義の問題提起の輪郭を捉えることによって、現象学が二〇世紀後半の現代思想の中心問題に応答しうるための糸口を模索したい。

(1) 開かれた存在論の試み――ドゥルーズのニーチェ

(1)－1　力の戯れ

ニヒリズムの克服という視点からニーチェを位置づけたハイデガーのニーチェ理解に反対するドゥルーズは、ニヒリズムからではなくパースペクティヴィズムからニーチェに接近する。そのときすでに、ドゥルーズにとって、パースペクティヴィズムは解釈視点の次元においてではなく、開かれた存在論の試行として捉えられている。ドゥルーズによれば、「永遠回帰」は「偶然そのものの再生と再肯定」(la reproduction et la re-affirmation du hasard lui-même) (Deleuze, 1962, p. 32) を意味する。それは「一回限りにおけるすべての偶然」(tout le hasard en une fois) (ibid. p. 31) であり、「一」と「全体」が結びあっている運動形態を意味する。こうした偶然の運動は「力の戯れ」そのものにほかならない。がんらい「力は力との本質的な関係のなかにある」(La force est en rapport essentiel avec la force.) (ibid. p. 56) のであり、「力の本質は他の諸力との量的差異のことであり、この差異は力の質［強度］として表現される」(ibid. p. 56)。したがってここでは、「作用的 (actif) と反作用的 (réactif) というのは力の根源的な諸性質を示していて」「肯定的 (affirmatif) と否定的 (négatif) というのは力への意志の原初的な諸性質を示している」(ibid. p. 60)。それゆえ、ドゥルーズにとって、価値転換とは次の五つの特徴をもっている。(一) 力への意志における性質の変化。(二) 認識根拠から存在根拠への移行。(三) 力への意志のなかでのエレメントの転回。(四) 力への意志のなかでの肯定の支配。(五) 既知の諸価値の批判である。このような認識論的ではなく存在論的な到達点においてみると、「力への意志」が最も高揚している状態において現出するものは「舞踏」

「遊戯」「哄笑」の三位一体であり、それらはすべて「軽み」(légèreté) の表現形態にほかならない。「力」が発現可能であるのは「力」が「差異の戯れ」であるからであり、「力」のこの存在論的性質から出発するかぎり、あらゆる「認識根拠」は「存在根拠」の自己限定として理解されていると考えられる。しかし、むろん「力」は実体的な何ものでもない。ここで「力」の存在様相について語りうる内容は、無際限に続く差異の反復という以外にない。

(1)－2　受動性からの発生

このように、ここで確認しておかなくてはならないことは、ドゥルーズが「パースペクティヴィズム」を単に認識の側面からではなく、存在そのものの様相として捉えることができたのは、ヒュームやスピノザやベルクソンの研究を通してではなくニーチェの研究によってであるということである。『ニーチェと哲学』(1962) において把握された《否定を含まぬ差異の戯れ》というイデーは、六年後の『差異と反復』において、徹底的に開かれた存在論の試みとして展開されている。むろんここでも、ライプニッツの微分的差異化、ヒュームの印象の流れ、ベルクソンの質的強度というイデーを経由してはいる。しかしそれは、西洋の形而上学的伝統の根幹をなす「同一性」の枠の外を記述するためであり、したがって、ドゥルーズはしばしばニーチェに回帰することによって自身の思想を立て直しているということができる。

『差異と反復』においてもドゥルーズは、「神の死は自我の崩壊 (dissolution du Moi) によってしか実効あるものにならないということを見た最初の人こそニーチェである」(Deleuze, 1968, p. 81)

と書いている。したがってまた「自我の崩壊」を前提にしない「永遠回帰」もない。「自我の崩壊」は、「同一性」とその派生態である「目的論」の解体を意味する。それゆえ、ドゥルーズが自我の「同一性」と「目的論」の破砕を通して、差異化運動によって異なるものが関り合う「非対称のシステム」を記述する方向へ進む過程は、フッサールがヒュレーの受動性に基づきながらも究極的には「理性の目的論」を目指す過程に対する明確な反証となっている。フッサールは根源的時間における「受動的構成」によって「欲動」の連合的「相互内属」が背進不可能な「根源的事実」(Hua. XV, S. 366, 372) として確認されうると考えていた。そして、「欲動」の事実性から「理性の自律性」(Hua. IV, S. 269) へ向かう連続的進展を「理性の動機づけ」(Hua. IV, S. 220) によって現象学的に記述可能とみなした。たしかに「意識」という表層だけからみれば、人間的「投企」が介入するところではどこにおいても、目的論的構造が見いだされるかもしれない。しかし目的論とは、現在における未回収の「同一性」を時間的に先送りしたときに発生する「同一性」のヴァリアントである。そこには「自我」の「同一性」がすでに前提されているといわなければならない。したがって、もしも「受動的構成」における「生ける現在」が「意識」の「他性」あるいは「差異化の反復」として記述されうるならば、目的実現の「現実原則」を原初的「習慣」として記述するだけでは明らかに不十分であるだけではなく、歪曲ですらあることが判明するであろう。なぜなら、「習慣とは反復から何か新しいものすなわち差異を抜き取る (soutirer) ことであり」(Deleuze, 1968, p. 101)、この抜き取りは同時にその裏面に虚なる「同一性」を「想像的なもの」として定立することを伴ってはじめて成立するからである。ドゥルーズの証言によれば、

「時間は諸瞬間の反復に関わる根源的綜合（synthèse originaire）においてしか構成されない。この綜合は、継起する独立した瞬間を互いに縮約する。こうしてこの綜合は、体験された現在（le présent vécu）すなわち生ける現在(le présent vivant）を構成する。そして時間が展開するのはまさにこの現在においてである。……こうした綜合は、あらゆる点で、受動的綜合（synthèse passive）とよばれなければならない。それが構成的（constituante）であるからといって、能動的であるのではない。それは、精神によってつくられるのではない。そうではなくそれは、あらゆる記憶とあらゆる反省に先だって、観想する精神のなかで出来上がってくるのである。［たしかに］時間は主観的ではある。しかしそれは、受動的主観の主観性である。受動的綜合あるいは縮約（contraction）は本質的に、非対称的（asymétrique）である」（Deleuze, 1968, p. 97）。

「受動的綜合からは、二つのきわめて異なった方向に向かって、二重の展開が現れてくる。一方では、一つの能動的綜合が諸々の受動的綜合の基礎の上に確立される。この能動的綜合は、現実的なものとして定立された対象、われわれの行動の目標として定立された対象に結びついた興奮刺戟（excitation）に関係するという点にある。能動的綜合を定義するものは、《対象的》といわれる関係のなかでの現実吟味である。……［他方で］受動的綜合が能動的綜合へ超え出て行くときには、必ずそれは別の方向へも深まるのである。この別の方向においては別のものに到達するために、［現実の目標と］結びついた興奮を刺戟利用しながらも、現実原則とは違った仕方で、受動的観想的な綜合（synthèse passive et contemplative）のままにとどまる。しかもその場合、受動的綜合が同時に存続し、それなりに同時に展開されるのでなければ、そしてまた能動性に関する非対称的で補足的でもあるような新たな定式を見いだすのでなければ、能動的綜合が受動的綜合の上に構築されることはありえないと考えられる」(ibid. p. 131)。

たとえば、幼児が母に向かって歩き始めるとき、現実的目標はあくまでも実在する母という対象であり、これを定立するのは、たしかに一つの能動的綜合である。しかし、この能動的定立には同時に必ず幼児自身にとって必要な別の潜在的に隠れた対象つまり「虚焦点」(foyer virtuel)を構成する必要がある。なぜなら、一方では母という現実的対象なしに幼児がひとりで純粋内発的に歩き始めることはありえないからであり、同時に他方では現前する母に向かうこの歩行試行が成功するにせよ失敗するにせよ、歩行試行する自分自身を補償してくれるような「虚なる対象」をも必要とするからである。一方の手の指をしゃぶりながら、他の腕でそうした「虚なる母」を抱く仕方で歩く姿勢は、潜在的な「虚なる対象」の擬定立を伴った二重の現実性である。ここで、もしも能動性の裏側で「虚」の方向に深化された相関者たる「虚焦点」が独立して自己内において自己充足するならば、それは、第二の綜合として、純然たるナルシシズムの開始であるといえよう。

「たしかに、結合の受動的綜合つまり〔現実目標に〕結びついた受動的綜合から出発して、幼児は二重の系列において自身を構築する。しかし、この二重の系列は対象に向かう(objectales)ものである。すなわち、能動的綜合の相関者たる現実対象(objets réels)の系列と受動的綜合の深化

(approfondissement) の相関者たる潜在対象 (objets virtuels) である。深化された受動的自我 (le moi passif approfondi) がいまナルシス的心像 (image narcissique) によって充たされることになるのは、虚焦点を観想することによってである。一つの系列は他の系列なしには存在しないであろうし、それでもふたつの系列は相互に類似していないのである」(ibid. p. 132)。「[しかも] これら二系列のいずれもが、どれが根源的でどれが派生的として示すことはできない」(idid. p. 139)。「これら二系列の一方は他方なしに存在しないということは、二系列が相補的であるばかりではなく、それらが本性上、非類似であり差異があるためにかえって相互に借用しあい養いあっているということを意味する。潜在的なものは現実的なものの系列から先取りされ (prélevé) ているると同時に、潜在的なものは現実的なもののなかに組み込まれ (incorporé) ているということが確認される」(ibid. p. 133)。「潜在対象は現実対象のなかに組み込まれているのである。この意味で、潜在対象は主体の身体とか他人の身体の諸部分に対応することがあるし、さらには玩具やフェティッシュといったタイプのきわめて特殊な対象にさえ対応しうるのである。[しかし] この組み込み (incorporation) は、けっして同一化 (identification) でもなければ [精神分析でいう] 取り込み (introjection) ですらない。なぜなら、組み込みは主体の諸限界を超えてしまっているからである。組み込みは分離 (isolation) に対立するのではなく、むしろそれを補足するものである。潜在対象が組み込まれる現実がどのようなものであれ、潜在対象が現実に統合されるのではない。むしろ潜在対象は現実に植え込まれ (planté) 差し込まれ (fiché) ているのであり、現実対象のなかに自身を補う半身 (moitié) を見いだすのではない。そうではなくそれは、現実対象のなかに、どこまでもその対象に欠け続けている別の潜在的半身（l'autre moitié virtuelle）〔の存在〕を立証するのである」（ibid. p. 134）。

ドゥルーズにとって、受動性から能動性へ向かう発生は、このように二系列の同時的生起である。二系列の差異化運動が形成する発生の「非対称的システム」は、ドゥルーズの場合、一切の実在が差異を反復する「永遠回帰」の存在構造と対応している。ドゥルーズによれば、「永遠回帰が、同一なもの類似したもの等しきものの回帰ではないといわれる場合、それは、永遠回帰が何らの同一性をも前提しないということを意味している。反対に永遠回帰は、同一性なき類似性なき等しさなき世界について語られるのである。その地盤そのものが差異であるような世界について語られるのである。そのような世界にあっては、一切は食い違い（disparités）に基づいているのであり、無限に反響していく差異の差異（強度の世界）に依存している。同一なもの、類似したもの、等しきものとは、永遠回帰それ自体のことである」（ibid. p. 311）。したがって「大地」としての原自然が故郷であるなどという思想は、「永遠回帰」の思想から最も遠い。むしろ「永遠回帰」は最高に恐るべきノマド性を意味する。ここにあるのは永遠の変換であり、本体なきシミュレーションである。元来「シミュラークルとは、異なったものが差異そのものによって異なったものと関わる諸システムである。すべては諸系列中の差異であり、諸系列間のコミュニケーションにおける差異の差異である。諸系列において置き換えられるもの、偽装されるものは同一化されえないし、されてはならない。むしろ、それらは、差異を差異化するもの（le différenciant de la différence）として存在し、作用する」（ibid. p. 383）。

ドゥルーズが捉えた存在の世界の存在論的形式は、このように差異を差異化するものが相互に変換することとの反復である。そこには存在としての「同一性」はなく、あるのは差異の反復だけである。しかし、ニーチェの「永遠回帰」がこのようなものであるとしても、それでも差異の反復という存在論的形式だけによって、歴史的時間の不可逆性と出来事の一回性を十分に説明することはできない。たしかに歴史的な出来事も差異を差異化する形式のひとつの内実であるとしても、そのことだけで、開始と終結に挟まれた有限な物語的持続を意味する歴史的時間のなかで起こる出来事の各々が独自の役割を演じている事実を具体的に説明することはできない。ニーチェの場合、「永遠回帰」の開示は、決断的な「運命愛」の個人的体験を通して「大いなる正午」という時間の結節点が内面を襲うことに拠る。なるほどこれによって、個人の内面上の「回心」は差異の反復という構造の把握を可能にするかもしれない。しかしだからといって、それが歴史的時間における出来事の特殊な意味を把握させてくれるわけではない。それが不可能であるのは、一方では、「大いなる正午」の「瞬間」に固有の「個別性」と「偶然性」が歴史の不分明な時間の「特殊性」に適合しないからであり、他方では、差異の反復という構造的「普遍性」がこれまた歴史上の共同体的「特殊性」によく適合しないからである。この問題の解明に関連して、ニーチェの「パースペクティヴィズム」から出発したドゥルーズの存在論から、次に、歴史的時間のなかで「ジェネアロジー」を遂行しようとしたフーコーのニーチェを考察したい。

（2）目的論の考古学的解体——フーコーのニーチェ

（2）－1　歴史感覚と歴史物語

フーコーはニーチェの「ジェネアロジー」について次のような七つの提言をしている。

第一に、ニーチェの「ジェネアロジー」は、パウル・クレーが道徳について行なったのとは違って、「起源」から直線的に進む「歴史」を跡づける作業ではなく、理念のメタ歴史的展開に反対することである。なによりもそれは、「起源」の探究に反対することである。

第二に、「起源」という語は、フーコーによれば、ニーチェによってきわめて反語的に使われている。すなわち、「ジェネアロジー」とは始元を探究することではなく、諸々の始元がもっている偶発性に踏み止まり、その恣意性に対して綿密な注意をはらうことによって、始元の仮面をはいで別の顔を露呈させ、偽装の背後にある迷宮へ向かって時間をかけて遡行することである。「ジェネアロジー」が歴史を必要とするのは、ひとえに「起源」の妄想を払拭するためである。

第三に、ジェネアロジーはあくまでも隠れた「発生」（Entstehung）もしくは「由来」（Herkunft）を顕在化することであるから、「分散」（dispersion）の彼方に新たな「起源」を構築しようとして時間を遡行するのではない。「由来」における入り組んだ手順を辿るということは、過ぎ去ったものをそれ固有の「分散」状態のままに保持し続けることである。「由来の探究は、不動と感じられたものを動揺させ、統一していると思われていたものを粉砕し、それ自身に一致していると思われていたものの異質性を指摘する」（Foucault, 1971, p. 153）。

第四に、「ジェネアロジー」は、「隷属の多様なシステム」（les divers systèmes d'asservissement）

と「諸々の支配の偶然的な働き」（le jeu hasardeux des dominations）を確認する。支配と隷属に関するこうした分析は、力と力が戦う状態を、力の過剰と衰弱の両面から観察する。ここで展開されるのは、支配と被支配の繰り返される「価値の差異化」（différenciation des valeurs）のドラマである。或る暴力が他の暴力に対して発動しうるのは、そして支配しているものに対して別の支配が服従を強いることができるのは、フーコーによれば、まさしく「規則」（règle）が存在するからである。「規則」それ自体は空虚であり、意味も目的もない。「規則」が意味をもつのは支配関係においてである。すなわち、「規則」を利用していた者たちにとって代わって、その「規則」を奪取し、それを反対の意味へと仮装させ、かくして支配していた者たちが自身のためにつくった「規則」によって、こんどは支配されるという結果になる。「解釈」することが、このような「規則のシステム」を力ずくで我有化し、新しい意志に向かってねじ曲げることであるとしたら、「人類の生成とは一連の解釈である」（ibid. p. 158）といわなければならない。

第五に、「実効の歴史」（histoire effective）を捉えるものは、超歴史的な視点から目的論的連続ドラマを書く「歴史的理性」ではなく、まさしくフーコーによって「歴史感覚」（sens historique）といわれているものである。「歴史家の歴史」と違って、「歴史感覚」は《ジェネアロジーの特権的な道具》（instrument privilégié de la généalogie）である。一般に人は、身体はそれ自身の生理学をもち、歴史的次元からはずれていると思い込む。しかし実状は、身体は身体をしつける「一連の制度」（une série de régimes）のなかにあるのであり、労働や祝祭や休息に慣れさせられ、そのなかで身体は抗体をつくり上げていく。「ジェネアロジーが由来の分析である以上は、それは身体と歴史の相互分節に帰属している。ジェネアロジーは歴史によってどっぷり刻印されている身体を示さなければならない」(ibid. p. 154)。こうした身体の歴史性に接近できるものこそ「歴史感覚」である。それは、生成のなかに出来事の不道徳と偶発性を発見する「パースペクティヴ知」(savoir perspectif) (ibid. p. 163) である。「パースペクティヴィズム」とは、自分が見ている対象とともに、自分がどこから見ているかをも知っている眼差しである。「真の歴史感覚は、われわれが、失われた無数の出来事のなかで標準点もなく基本座標軸もなしに生きていることを認識している」(ibid. p. 162)。

これに対して第六に、歴史を究極目的実現のための必然的な発展とみなす「歴史家」は、いったい何をなしているのか。「歴史家」は自身が構築した物語を説得的にするために、「客観性」(objectivité)「事実の正確さ」(exactitude des faits)「罷免されない不動の過去」(passé inamovible) を召喚する。そうすることによって、自身が立っている解釈視点を隠蔽し物語に正当性を付与するために、「一つの虚構的に普遍的な幾何学」(une géométrie fictivement universelle) を代置しようとする。「歴史家」におけるこのような客観性へのこのような動機づけは、目的論すなわち一種の摂理への信念のなかに見いだされる。

したがって、最後に第七として、歴史に近づこうとすると、まさに解釈視点それ自身が出来事の海に浮遊していることを知らなければならない。これを知ることのできる「歴史感覚」にとって、歴史は三つの機能をもっていることをフーコーは指摘している (ibid. pp. 167-172)。そしてこれらの機能はすべて共通してプラトン的なイデアから見られた歴史様態に対するアンチテーゼである。一つは、歴史上の主題に対立するような「実在」を設定することに対して、歴史は「パロディ的」

(parodique) な破壊の機能をもつ。二つめは歴史は、出来事の不連続性に対立するような「同一性」に対して、「解離的」(dissociatif) な機能をもつ。三つめの機能としては、情念から離脱した不死の「真理」を歴史のなかに求める「エジプト主義」に対して、歴史は「認識主観の犠牲」(sacrifice du sujet de connaissance)を要求する。かくして知の意志は、普遍的真理を探究するのではなく、逆に危険を増殖し幻想的防衛を粉砕し主観の統一を解体する。

(2)－2 アルケオロジー的方法

このようにフーコーがニーチェから引き出したものは、知の視点の「分散」であり、歴史的目的論に回収されない出来事の特異性についての考古学的発掘である。不動の「指示項」へ向かって秩序づけることができない知の相対的状況は、これを価値論的側面からみれば、まさしく絶対的な価値基準の喪失であり、ニーチェのいう「ニヒリズム」の精神状況と変わりがない。しかし、「ジェネアロジー」が現出させたこの解体的状況において、フーコーは何を手掛りに知の探究を進めるのであろうか。事柄自体へ直進する明証的真理観を退け、事柄と言葉の「一致」を時間的進展の過程において漸近的に保証しようとする目的論を拒み、さらに歴史的時間における伝統の持続に依拠しようとする解釈学的基盤をも払拭するとき、知の探究にとって残された選択はきわめて苦渋にみちたものにならざるをえないであろう。探究が言葉によってなされる以上、確実な手掛りは、事柄そのもののなかにではなく、言葉の側からの接近のなかに見いだす以外にないであろう。そこでフーコーは物質的な文字として現出する「言葉としての出来事」の背後へ帰らない決断をすることになる。フーコーの『方法叙説』ともいえる『知の考古学』は次のように証言している。

「思想の分析は、思想が用いている言説（discours）と比較すれば、常にアレゴリック（寓意的）である。思想分析においては必ず《語られていることのなかでいったい何が語られたのか》ということが問われる。［それに反して］言説領野（champ discursif）の分析は全く違った方向をとる。［ここで］重要なのは、言表（énoncé）を言表としての出来事の狭さと特異性において捉えること。言表の存在環境を規定すること。言表の諸限界を最も正しく定着すること。ある言表がそれと結びつきうる他の言表との諸々の相関関係を確立すること。そして、その言表がどのような別の言表形態を排除しているかを示すことである。……なぜその言表がその通りでない別の言表ではありえなかったか。どのような点でその言表が他の言表を排除しているか。他の言表のただなかで、また他の言表に比べて、いかにしてその言表は他の言表が占めることのない位置を占めているのか、ということを示さなければならない」(Foucault, 1969, p. 40)。「私［フーコー］が示したいことは、言説が、実在と言語の間の接触の表面つまり衝突の薄っぺらな表面ではないということ、また語彙と経験との錯綜でもないということである。的確な実例に関して私［フーコー］が示したいことは、言説そのものを分析することによって、言葉と物のいっけん強そうな絆が緩められることが分かるということ、言説遂行（pratique discursive）に固有の諸規則の全体が現れてくることが分かるということである。この諸規則は、実在の無言の存在を規定しているのでもなければ、語彙の標準的な使用を規定しているのでもない。むしろ、その諸規則は対象の体制（régime des objets）を規定するのである。……『言葉と物』は言説を記号集合体（ensembles de signes）（内容もしくは表象を指示する意味表示の諸要素）として取り扱うのではもはやなく、その言説によって語られる諸対象をシステムとして形成する遂行として言説を取り扱うような仕事の表題なのである。たしかに、言説は諸々の記号によってできている。言説のなすことは、物を指示するためにこの記号を使用する以上のことである。この以上（plus）こそが、言説をラングやパロールに還元することを不可能にしているのである。そして、この以上をこそ現出せしめ記述しなければならない」（ibid. p. 66）。

だからフーコーにとって方法は「解釈」ではなくやはり「記述」である。しかしそれは、事柄の「記述」ではなく、「出来事としての言表」の、言説内での位置と固有性と比較に関する「記述」である。それは「言表の集合体」としての「言説」に関するフーコーに特有の意味での「実定性」（positivité）（ibid. p. 164）の探究を意味する。「言説」をラングの統語論的構造へ還元するのではなく、かといってパロールの個別的な意味論的分析に依拠するのでもなく、「言説」を遂行状態において記述分析することによって、歴史的時間内において作動する諸規則のシステムをそこに見いだそうと努めるのである。しかし、これが成功しているかどうかを判定する基準をアプリオリに設定することはできない。なぜなら、フーコーの言説遂行の分析が目指しているアプリオリとは、つねに彼の特定の言説集合体（例えば博物誌、経済学、臨床医学など）における狂気、権力、性などを主題とする夥しい実例分析であるからだ。そこからフーコーが導出しようとする「歴史的アプリオリ」（apriori historique）（ibid. p. 167）は、判断の妥当条件ではなく、言表の実在性の条件として理解されている。フーコー自身が言うように「ここにおいて重要なのは、一つの断言を正当化しうるものを見いだすことではなく、諸言表の出現の条件、その言表と他の言表との共存の法則、その言表の存在様相の特殊形態、その言表を存立せしめ変形せしめ消滅せしめる諸原理を隔離することである」（ibid. p. 167）。彼はこのような諸原理の総体を「書類庫（集蔵体）」（archives）（ibid. pp. 170-172）と名付けている。知の「混沌の海」に漂うフーコーの悲願は、時間を経過して「比量的」（discursif）に機能している「言説性のシステム」（système de la discursivité）をアプリオリなものとして発見することであった。「集蔵体」という「歴史的アプリオリ」が、制度の場合と同様に、「出来事としての言表」（énoncé-événement）（ibid. p. 170）をして言表可能にしていると彼は考えようとする。もちろん、「集蔵体」が「言表」に対して規制的に働きかける領域は歴史的時間のなかにおいてであるかぎり、その領域は単なる現在にとどまることはない。現在をとりまき、現在をはみだし、「われわれの現在をその他性（altérité）において指示するような時間の縁（bordure du temps）である」（ibid. p. 172）。したがって「集蔵体の存在閾は、もはやわれわれに語ることのできないものからわれわれを区別し、われわれの言説遂行の外に陥っているものからわれわれを区別する亀裂によって樹立される。集蔵体は、われわれ自身の言語の外（le dehors de notre propre language）とともに始まる。集蔵体の場所はわれわれ自身の言説遂行のずれ（écart）である」（ibid. p. 172）。

フーコーの「言説」分析が「言表」から始まりながら、「現在をその他性において指示する時間の縁」とか「われわれ自身の言語の外」に関わる地点まで進まざるをえなかったということは、決して見逃してはならない。なぜならこれは、構造主義の枠を越える開放系システムこそが特殊な閉鎖系の可能条件であることの指摘を意味するからである。いいかえれば、特定の「可逆性」を成立可能にしているものが、その内部に浸潤する「不可逆性」であることの指摘でもあるからである。だからこそフーコーは、「アルケオロジー（考古学）という用語はいかなる始元の探究を促すものでもない」(ibid. p. 173) といったのである。通常、考古学的方法は幻の始元を求める旅である。しかしフーコーにとって「アルケオロジー」は「他性」を実践する場所であった。それが、彼の「集蔵体」をして探究と尋問と記述の果てしなき実例分析の山たらしめた所以である。フーコーによる「他性」の実践が「起源」の探究を意味しなかったことを誘発したものは、やはりニーチェからの刺戟であった。同様にデリダに対しても、ニーチェの言説は「エクリチュール」の「無起源性」という思想を誘発したと考えられる。

(3) 記号論的無起源性——デリダのニーチェ

(3)－1　意味作用と解釈

すでにみたように「発生」に関するドゥルーズの記述は、フッサールのヒュレーに関する「質料的現象学」の成果と違って、志向性の目的論へ向かって直線的に展開しないような原初的「二重分裂」の発見を可能にした。そしてこのことに多大の影響を与えたのは、ニーチェの「永遠回帰」の思想であった。これに対して、根源的時間の自己構成に関するデリダのフッサール批判は、ヒュレーではなくモルフェーに関する「形式的現象学」の成果に対する告発である。根源的時間の形式を現象学的に同定しうる基準地点は、もちろん「生ける現在」である。根源的第一次層におけるこの「今」は、過ぎ行く方向への「把持」と来たるべき方向への「予持」という微細な幅をもって経過する。しかしこの幅の画定はできない。なぜなら、先端にいくほど境界はぼやけて消えてしまうからである。したがって、明示的な「回想」や「期待」の内容が時間の第二次層を形成することができるのは、この不分明な幅をもつ「今」が言語によって反省的に定立され直すときである。反省によって定立的に把握されるものは常に「事後的」に捉まれているにすぎない。出来事はすでに生起してしまっている。ここで問題となるのは、事後的に定立されたもの、つまり音声あるいは文字によって物質的に現前して定立されているものが、消えていく「今」の印象に対して、どれだけの認識上の権利をもちうるのかということである（Hua. X, S. 111）。フッサールはここで根源的体験の層とその反省との「一致」可能性を支持する。「流れの現出は第二の流れを必要とせず、流れはそれ自身のうちで現象として構成される。構成するものと構成されるものは合致する」（Hua. X, S. 83）。構成するものは「今」の位相に属し、構成されるものは「把持」の位相に属する。「今の厚み」が「一致」の秘密である。フッサールにおいては、時間の非定立的第一次層における自己合致がなければ、定立的第二次層の自己認識に関する権利はない（Hua. III, S. 184）。内在的反省に対してフッサールが絶対的権利をあたえることができたのは、この自己合致にある。しかしながら、時間流の第一次層において自己合致があることを保証するものが、非定立的原初性における「今」と「把持」という位相の差異の「一致」であるとするなら、この立論には明らかに循環論があることになる。むしろ逆にこの自己循環が自己認識の絶対的権利の根拠とされているのである。

ところが、いま「循環」を「認識の権利源泉」ととるか「証明不成立の証拠」ととるかを問わないとしても、ここで次の二つの事態は見逃されてはならない。まず第一に、非定立的原初性を言表可能にしているものは言語的に述定的な定立作用であり、しかもこの作用によって述定的に語られている内容が「起源」の「代理現前」(représentation) であるという保証は音声や文字のなかには見いだされないということである。にもかかわらず原初的次元の反省がありうることの証拠は、やはりこの音声か文字による「表現記号」のなかに探す以外にない。なぜなら、音声あるいは文字なしに反省内容は言語的に表現されえないからである。だから音声や文字には「起源」の「代理現前」としての保証すなわち「起源」との「一致」が見いだされない以上、それらの「表現記号」は「起源」に対して「判断中止」状態にあると同時に、「痕跡」という性格をもつことになる。

したがって第二に、「意味」の真理性に関しても、「起源」とその「表現」との「一致」という事態にそれを求めることもできない。いいかえれば、表現一般に関して、「表現と意味」に関する五項目、すなわち「表現者」(発信人)「表現記号」(言語等)「表現内容」(意味あるいは概念)「指示項」(対象あるいは出来事)「記号受容者」(受信人) の間の「一致」連関を保証するものもこの各項のいずれにもない。わずかに「記号」と「意味」の相関を保証するものは社会的慣習だけである。したがってこの事態は、現象学的「明証」論、その時間的ヴァリアントたる「目的論」、さらに「伝統」の経験的同一性のなかに「解釈の相剋」を克服しようとする「地平融合」論などに対して反論を動機づける。デリダはこうした動機づけの端的な現れを、ニーチェの遺稿のなかの引用符つきの独立の一文「私は雨傘を忘れた」(Ich habe meinen Regenschirm vergessen.)(Nietzsche, KGW. V2, 12 [62]) のなかに読み取ったのである。第一に雨傘がひろげられた場合、その「ヴェール効果」(effet d'un voile)(Derrida, 1973, p. 46)は「処女膜・結婚のグラフィック」(graphique de l'hymen)(Derrida, 1973, p. 79, 92. Pautrat, 1971, pp. 80-81)という背反する「ファルマコン的隠喩」を生む。この両義性は隠すことと露にすることとの同時性を意味する。さらに第二に雨傘が閉じて巻かれた場合、それは「尖った突起」(éperon stylé)(Derrida, 1973, p. 86)という「ファリュスの隠喩」となる。これは、あらゆる隠蔽性を突破し解体するエネルギーの隠喩である。したがって、ここまでのところで確認されるファルマコンは、「ヴェール効果」自身の両義性と「ヴェール効果」と「尖った突起」とで形成される両義性との重層的ファルマコンである。しかも第三にこの重層性には、この一文が引用符に囲まれていることによって、より上位の重層性が付加される。すなわちこの引用文は、遺稿テキストのなかのこの五語のドイツ語文全体の著者(発信人)がニーチェ自身なのかどうかすら同定できないという可能性、すなわち「表現記号」と「起源」との「不一致」または「無起源性」の可能性を孕んでいる。したがって、引用符に囲まれた引用文に含まれた幾重にも重なる両義性が意味するものは、伝統的な形而上学の真理観を粉砕する起爆性である。デリダによれば、

「よしニーチェが何かを言おう〔意味しよう〕(vouloir dire)としても、それは何かを言おう〔意味しよう〕とすることがもっている限界のことではないだろうか。……誠意のある解釈をどれほど推し進めたとしても、こうした仮説を中断することはできないであろう。したがって、ニーチェのテキスト全体が、おそらく並外れて《私は雨傘を忘れた》式のものなのである」(Derrida, 1973, p.

112)。

このようにデリダが、根源的時間に関するフッサールの「形式的現象学」に対する批判に始まって、ヨーロッパ哲学全体の「脱構築」を語ろうとするのは、ニーチェの独特の読解に拠ることをここでも指摘しなければならない。ドゥルーズは『差異と反復』の終わりにおいて「長い誤謬の歴史とは、表象（代理現前）の歴史であり、イコンの歴史である」（Deleuze, 1968, p. 385）と書いている。ニーチェは『偶像の黄昏』において「ある誤謬の歴史」について語っている。デリダはニーチェのこの断章に触れて、特異な記号論的ニーチェ理解を展開している。それはそのままポスト構造主義の鮮明な特徴を示している。

(3)－2テキスト概念の変容

ニーチェは『偶像の黄昏』のなかのこの断章において「真なる世界とともに仮象の世界をも廃絶した」といっている。その両方を廃絶したときに最初に現れるのは「大いなる正午」であり、その「人類の頂上」から次に始まるのがツァラトゥストラだという。すなわち「ある誤謬の歴史」と題されているこの断章は六つの部分に分かれている。その第一段階は、プラトン的「イデア」が真理であった世界。第二は、「真の世界」が到達不可能になって、心清く知恵をもち悔い改める人にとっては、それが約束されているようなキリスト教化された世界。ここでニーチェは「イデアが女性になる」という表現を用いている。第三は、「真の世界」は約束も証明もできなくなるようなカントの「不可知論」

的世界。第四は、イデア世界はすでに知りえず到達もできず救いにもならないとみなす「実証主義」が支配する世界。第五は、イデアはもはや無用の理念となり、ここでプラトンは「自由な精神」の前で恥をかかされる。獅子の否定力が働く時である。そして最後の第六段階において、「真理」も「仮象」も廃絶され「大いなる正午」が現れる。ニーチェのこの断章に関して、デリダは次のようにいっている。

「ニーチェが女性に対して認めていたすべての属性、すべての特徴、すべての傾向、それは、誘惑の距離であり、巧妙に人を捕獲する到達不可能なものであり、どこまでもヴェールのかかった約束であり、欲望をそそる超越であり、隔たりである。そして、それらがまさしく、真理の歴史すなわち誤謬の歴史に属しているのである」(Derrida, 1973, p. 72)。

ニーチェのいう「誤謬の歴史」には、その始めに「イデア」があり、その終わりに「大いなる正午」がある。したがって「誤謬の歴史」の両端に、時間からはずれた世界、すなわち没時間的永遠性が見いだされる。しかし、たとえ歴史的時間が、本当にニーチェのいうように「誤謬」に充ちているのか、ハイデガーのいう「存在史」のように「存在忘却」に浸されているのかは明確でなくても、もともと時間が「永遠」(没時間)であること自身が不可能である以上、歴史的時間が「イデア」でも「存在」でもありえないことだけは確かである。だから問題なのは、歴史的時間の背後に時間を越えたものを想定するかどうかである。ここで、もしも何らかの仕方で時間を越えたものを想定して、そこから歴史を見ることを避けるならば、しかも時間に内在しつつ批判的な視点をとることができるならば、それこそ本来の意味で歴史的時間に対する「超越論的態度」といわれうるであろう。デリダはそのような批判的遂行に「尖った突起」(éperon stylé) という隠喩を割り当てたのだと考えうる。それは、あらゆる自明性のヴェールを突き破って、「覆われたものと覆われていないもの」(le voilé et le dé-voilé) が相互に折り曲げられてできる「ひだ」(pli) を歴史的時間のなかに見いだすことである。デリダはこの視点からニーチェの「真理が女性になる話」を取り上げることによって、ハイデガーの「存在論的差異」よりも「性的差異」の方が哲学的に重要であることを強調する (Derrida, 1973, p. 64, 68-70, 84, 89)。

一九六九年から翌年にかけてエコル・ノルマル・シュペリュールのセミナーにおいて、デリダは「哲学的言説論」(Théorie du discours philosophique) という主題のもとに隠喩による哲学的表現に関する考察をしていた。ちょうどそのとき、ポトラは『太陽のヴァージョン』(Versions du soleil) と題する独特のニーチェ論を仕上げつつあった。両者のあいだには研究上の交流があった (Pautrat, 1971, p. 10)。この交流はその後のデリダのテキストにもその影をおとしている。この交流の事実を踏まえて、「誤謬の歴史」のなかでプラトン的《真理》がキリスト教的「去勢」(castration) (Derrida, 1973, p. 75) へ変容していく「《真理》＝女性」(《vérité》-femme) への過程に対して、なぜデリダが「女性＝真理」(femme-vérité) (ibid. p. 50) への過程を対置するのかを正しく理解しようとすれば、ポトラが『太陽のヴァージョン』において次のようにいっていることを参照する必要がある (Pautrat, 1971, pp. 81-82)。一方でポトラは「《真理》＝女性」の過程は《真理》が「恥じらい」

(pudeur) と「欲望」(désir) の間で実現されてくる歴史であり、そのさい「恥じらい」は「欲望」の赤裸性を隠すヴェールの機能を果たしている。これに反して「女性=真理」の過程は、ディオニュソス的欲望がそのヴェールの彼方に透けて見え始める過程である。ここでは、括弧つきの《真理》が「イデア」の意味をもち、括弧なしの真理が赤裸の生という意味をもつ。したがって、ニーチェによって「イデア」から「大いなる正午」へ至る中間過程とみなされている歴史的時間は、ポトラやデリダの用語でいえば、「《真理》=女性」が「女性=真理」に入れ替わる過程を意味する。デリダにとって「女性」は常に「ヴェール」であり「距離」であるから、この過程において現出しているのは、「恥じらいのヴェール」の差異的変様である。それは、「処女膜・結婚のグラフィック」(graphique de l'hymen) (Pautrat, 1971, pp. 80-81, Derrida, 1973, p. 79, 92) に内属するファルマコン的二重性であり、究極的には「所有〔被所有〕過程」(procès de propriation) (Derrida, 1973, p. 92) における「与える」(donner) と「取る」(prendre) の交換過程である。

このことをニーチェに即して解明するために、デリダはニーチェのテキストのなかで女性という語が占める「位置」(positions) (ibid. pp. 78-79) が三つあることを指摘している。第一は、女性が虚言力の似姿として断罪され軽蔑される位置づけである。これは、独断的形而上学と男根中心主義をまとめてデリダが表現した「ファロロゴサントリスム」(phallologocentrisme) (ibid. p. 47) によって男性側からみられた女性像である。第二は、こんどは女性が真理の似姿として断罪される場合である。すなわち、ここでは女性自身が「女性に対して女性を去勢する操作」(ibid.p.75) として登場する。つまり「不妊性」(stérilité) こそが《真理》であり徳目とされる。「老女性」あるいは或る種のフェミニスムも、女性の男性化としては、これに含まれる（ibid. pp. 50-51）。これに対して、第三の位置づけにおける女性とは、女性自身において自己肯定されている赤裸の生である（ibid. p. 75）。そこでは「去勢」としてのフェミニスムも、それに対抗するアンチフェミニスムも起こりえない。女性は、本来、従来から《真理》といわれていたものに関係もなければ関心もなく、真理と非真理という対立にたいする決定的「他性」である。

このように女性に関する三つの位置づけを解明することによって、デリダは、ハイデガーがそのニーチェ理解において女性の位置の重要性を看過し、「女性を迂回している」（contourner la femme）（ibid. p. 68）ことを批判する。デリダにとって、ニーチェを読解することとは、「女性がこのように書き込まれていることを解読すること」（déchiffrer cette inscription de la femme）（ibid. p. 70）を意味する。したがって「ハイデガーの［ニーチェ］読解は、真理の筋立てのなかで女性を欠いている。ハイデッガーの読解は性的な問いをたてないし、少なくともそれを存在の真理への一般的な問いのなかに従属させてしまっている」（ibid.p.89）。このようにニーチェ読解に関するデリダの戦略は、ハイデガーの「存在の真理」への一般的な問い方のなかに含まれている存在論的思考を、ニーチェ自身が行なった女性の位置づけを利用して解体しようとするだけではなく、さらに一歩を進めて、ニーチェ自身の提言をもグラマトロジー的還元の方向へ向かって、あくまでもニーチェ的に脱構築することにある。つまり「性的差異」（différence sexuelle）（ibid. p. 87）を取り上げることによって遂行されるデリダの「脱構築」（déconstruction）の道は、「存在論的差異」（ontologische Differenz）を厳守することによって「存在の真理」への問いを設立するハイデガーの「破壊」（Destruktion）路線を突き抜けてしまうのである。それは、デリダ自身がいうように（ibid. p. 70, 84）、ハイデガーの意図と遂行にただ反対することが目的ではなく、ハイデガーに沿って歩みを徹底させれば必然的に「存在の真理」に関する思索を追い越さざるをえなくなるということを意味している。なぜなら、デリダがいう「女性」が歴史的時間のなかで占める位置と機能は、デリダがニーチェから導出した「ヴェール効果」（effet d'un voile）（ibid. p. 46）のなかにあるのに反して、ハイデガーの「存在論的思惟」はこの「ヴェール効果」の「不決定性」（indécidabilité）（ibid. p. 84）を「我有化」（appropriation）したり「同一化」（identification）することを意味するからである。もともと「ヴェール効果」が生起しうるためには、女と男の「距離」、生命とイデーの「距離」が必要であり、しかもその「距離」が単に空間的な隔たりではなく「記号」の「指示項」（référent）たる「起源」からの遊離を意味する不断の「宙吊り」（suspendre）状態すなわち「判断中止」（époqué）の遮断状態が現出している必要がある。かくしてデリダのいうところによれば、

「女性問題は、真なるものと非真なるものとの決定的対立を宙吊りにする。女性問題は、哲学的決定性のシステムに所属するすべての概念に対して括弧入れの判断中止的体制（régime époqual des guillemets）を創設する。女性問題は、テキストの真の意味を要請する解釈学的企画を失格させる。女性問題は、存在の意味あるいは存在の真理から地平の読解を解放し、生産作用の諸価値を生産物から解放する。すなわち現前性〔の諸価値〕を現在から解放するのである。そしてそういうことが起こるやいなや爆発的に発生するのは、エクリチュールの問いとしてのスティル（style）

の問いであり、あらゆる内容、あらゆる主題、あらゆる意味よりも強力な作用、つまり突起で砕く作用（opération éperonnante）の問いである」（ibid. p. 86)。

「ヴェール効果」の「不決定性」からみると、裸形の「イデア」も裸身の「生命」もない。ただ在るのは、無際限に位置が入れ替わるファルマコン的過程でしかない。そのようなところで、「生」そのものとか「存在」そのものについて真面目に語りうるであろうか。たとえ多様な文化的表現形態が「生」の「解釈」であると言ってみたところで、現前しているのは多様な「形態」ないし「解釈」だけであって、しかもそれらが「生」を「起源」とする「生の表現」であるという保証はない。なぜなら、多様な「解釈」の制御枠のなかに「生」そのものや「存在の真理」が入ってくることはないからであり、それでいて何らかのエクリチュールやテキストなしに「生」や「存在」に接近することはできないからである。したがって、「ヴェール効果」の「不決定性」とは、まさしく表現の「宙吊り」あるいは「無起源性」（anarchie）を意味する。こうした「判断中止」状態にある無起源的な記号こそ、まさに「痕跡」（trace）としてのエクリチュール（écriture）であり、そうしたエクリチュールの集合体が新しい意味での「テキスト」である。

このようなテキスト観をデリダがニーチェから読み取ることができたとすれば、おそらくそれは、「文献学」に関するニーチェの見方からであろう。アラン・シュリフトによれば（Schrift, 1990, pp. 160-164)、「文献学」に対するニーチェの関心の変化は三段階をなしている。第一の時期すなわち文字通りの文献学者であった初期、ニーチェは文献学に対してアカデミックな関心を抱いていた。テキストに対する古典的な態度とは、テキストがそれ固有の仕方でもっていると思われている「原義」(sens propre) の「同一性」を読解は発見し、それに「一致」する意味を汲み取る作業である。しかし、この発見作業にも必ず視点の介入を避けることはできない。このとき、古代を現代の視点から理解し、同時に現代を古代の視点から理解するという背反が避けられない。ニーチェの言い方によれば、これはまさに「文献学的アンチノミー」(philologische Antinomie) (Nietzsche, KGW, IV, 1:3 [62]) である。これは、読解者をして過去と現在の地平融合が不可能であることを自覚させるであろう。このことに対する反省が、第二の時期として訪れる。それは、一八七〇年から八〇年にかけて、アカデミックな読解に対して批判的な態度をとる時期である。『悲劇の誕生』はこの時期の記念塔であった。ところが第三にやってくるのは、『余りに人間的』二七〇節で表明されているような「正確に読む術」(Kunst des richtigen Lesens) ではなくて、むしろ『反キリスト』五二節における「良く読む術」(Kunst gut zu lesen) が賞揚される時期である。一八八五年から翌年にかけて初期の著作における読解の立場をニーチェ自身が批判的に反省して、コメントをつけたり再版を企画するようなことがあったのは、読解の姿勢を視点の多様な変換によって複眼化する必要を感じていたからである。ニーチェの「パースペクティヴィズム」の成立がこの態度と深く関わっていることは明らかである。

「パースペクティヴィズム」が何よりも拒否しようとするものは、記号フェティシズムである。なぜなら、記号フェティシズムによれば、「表現記号」(signifiant) はその「表現内容」(signifié) あるいは「意味」を表現するだけではなく、さらに「意味」に対応する「指示項」(référent) の実在性を自らの表現のなかに内属させているとみなしているからである。したがって、一見するとニーチェの「ディオニュソス的生成」(dionysisches Werden) という概念は「生」そのものを表わす存在論的表現であるかのように見えるが、むしろそれは、記号論的にみれば、「表現記号」が「指示項」へ収斂することの不可能性を「指示項」の側から表現した言葉である。もちろん、すべての「表現記号」には、流れ去る生成に対して固定点を設け、そこを橋頭堡として流れる現実に対応する防衛戦略が秘められている。ところが記号フェティシズムは、流動への恐怖感からこの戦略源泉を忘却することによって、「言語」と「思想」と「現実」の「一致」を信ずる錯誤の迷宮に迷い込んでいる。もともと「表現記号」は「原義」を「転義」(sens figuré) へ向かって展開するための一つのステップにすぎない。しかもこの展開過程においては、「原義」の「起源性」を失格させるような活性化が起こりうる。しかし、そのときこそ表現は創造的になり、かえって「表現記号」は動く現実にうまく適合し、それに対応しうるのである。もしも「表現記号」にそのようなことがなければ、言語は記号フェティシズムの固着性に病的に執着する存在論を準備するか、もしくは表現をすべてアルゴリズムの形式性へ譲渡するかに終わるであろう。

そうだとすると、ここでテキストという概念も変容を被るであろう。単なる文字群として現前的に与えられている物質的確実性から、大きく揺れ動き食み出すであろう。物質的文字群というテキスト概念に含まれている、「原義」への解釈学的固着は、ポトラの言葉をかりていえば、「テキストのすべての読解の共通の場所」(le lieu commun de toutes ses [du texte] lectures) (Pautrat, 1971, p. 277) もしくは「テキストのすべての代補の無限系列」(la série infinie de tous ses [du texte] suppléments）という概念へ移行する。したがって、このようなテキストとは、揺れ動く開かれた場であり、視点の交差点であり、「起源」も「目的」も「主体」もない断片のスクランブルである。これは、まさしくニーチェのアフォリズムが持つ性格にほかならない。物質的文字群のなかに組み込まれているこの種の「他性」に耐え抜くことは、ニーチェの「パースペクティヴィズム」の誇りであり、それはひとつの「高貴な精神」（ein edler Geist）を意味する。雨傘の二重性と記号の不決定性をニーチェから読み出したデリダの「尖った突起」（éperon stylé）は、この「高貴な精神」と同質でないとはいえない。それは、自己自身の解釈の地盤をすら相対化してしまう「他性」を内蔵するような「超越論的態度」でもある。

4　虚構的同一性と倫理的責任

(1) 物語的同一性

「同一性」、「表象」（代理現前）、「目的論」の思考に対して、ポスト構造主義運動が行なった解体の作業は、差異的現在、分散の思想、記号の浮遊性などを現出せしめた。この徹底化がもたらしたものは、現象学の学説のなかにも残響していた伝統的真理観を廃絶する契機であるとともに、「無起源性」の積極的な承認を迫るものであった。すでにニーチェは、こうした事態を「ニヒリズム」「ジェネアロジー」「パースペクティヴィズム」によって予告していた。むしろ「無起源性」は、単にラディカリズムの到達点であるばかりではなく、人間の文化的営為の出発点でもある。しかし文化形成の行為は、自然的生成過程の上に何らかの虚構的「同一性」を構築しようとする。それは、文化的自己同一性を維持するためである。それに対して「脱構築」の作業は、虚の「同一性」を真の「同一性」とみなすことを拒否しつづける。たしかに、「脱構築」のラディカリズムは文化的営為の出発点を露出させた。しかし、一方で人間の「過去」を重視しつつ文化の伝統的価値を尊重する精神からみれば、「脱構築」のラディカリズムは歴史的現実を無視した貴族的な「遊戯」としか映らないかもしれない。また他方で人間の「未来」を見据えて歴史過程のなかに人間的価値を実現しようとする精神からみれば、こうしたラディカリズムは新手の全体主義を準備する危険思想とみえるかもしれない。前者は「伝統への帰属性」をもって、後者は理性による「イデオロギー批判」をもって、「無起源性」という思想のカオスを克服しようとするであろう。「脱構築」のラディカリズムに対する、現代的な意味における歴史的「経験主義」（ガダマー）と歴史的「合理主義」（ハーバマス）のこうした対立は、どちらも「脱構築」の「不決定性」に決着をつける仕方に関する論争である。リクールは、こうした論争に融和的な解決を与えようとして、理性批判自身が歴史的伝統に支えられているという事実を出発点にしようとする。それは、討議期間中に機能する「真理要求」そのものを基礎づけることが不可能であることを承認する立場である。この傾向は、理性の普遍妥当性を要求することから経験へ後退を余儀なくさせられることを意味すると同時に、経験における「不一致」「分散」「視点交代」といった「無起源性」から脱却しようとする意図をも示している。そのためにリクールは、ガダマーに従ってもう一度「伝統」へ復帰しようとする。その意味では、この試みはポスト構造主義運動からの復古的揺り戻し計画といえる。リクールは「伝統」に関する三つのテーゼをたてることによって、「真理要求」（prétention à la vérité）を「真理推定」（présomption de vérité）へ切り換えようとする。それによって、一方では「無起源性」からの脱出を目指して「伝統への帰属性」という緩やかな客観性を確保し、他方では主体的側面での倫理的責任を導出するために、発話行為内に伴われているはずの「誠実」に依拠するという両面作戦をとる。そのターゲットは二つ、すなわち「客観性の確保」と「主体的責任の保証」である。

まず、客観性を通時的に確保するためにリクールは次のようにいう。

「伝統（tradition）という観念が通り抜けた道を次のように跡づけることができるであろう。（一）伝統性（traditionalité）とは過去を連続して受容できるよう保証する形式的連鎖様式を指す。それゆえ、伝統性は歴史の影響作用（efficience）と、われわれが過去から影響を受けること（notre-être-affecté-par-passé）との相互性を意味する。（二）諸々の伝統は伝達される内容であり、これが意味の担い手である。したがって伝統は受け継がれたすべての遺産を象徴界序列のなかに位置づける。潜在的にはそれは、言語次元、テキスト次元に位置づける。それゆえ伝統とは意味提起（propositions de sens）である。（三）伝統は、正当性判定の審廷であるかぎりで、討議（discussion）の公的空間における立論に対して提出される真理要求（prétention à la vérité）（真とみなすこと le tenir-pour-vrai）を指す。諸々の伝統内容の真理要求が自己破砕に陥るような批判（critique）に直面した場合には、より強力な理由すなわちより良い論拠が妥当せしめられないかぎり、それは真理推定（présomption de vérité）とみなされてよい。私〔リクール〕は真理推定を信用

(crédit) すなわち信頼をもって受容すること (réception confiante) と解する。この信頼によって、われわれは、あらゆる批判に先立つ最初の運動において一切の意味提起に、そして一切の真理要求に応えうるのである。なぜなら、われわれは決して真理係争過程 (procés de vérité) の最初に位置することはないからであり、またあらゆる批判行為 (geste critique) に先だって、推定された真理の支配に帰属しているからである。この真理推定という考え方をすれば、あらゆる理解 (compréhension) にとっての避けがたい有限性と、コミュニケーション的真理という理念の絶対的妥当性とを論争の最初において隔てていた深淵の上に架橋がなされる。必然 (nécessité) と正当 (droit) との間で移行が可能であるとすれば、それを保証するものは、この真理推定という考えである。この考えのなかでこそ、不可避なもの〔伝統〕と妥当なもの〔批判〕とが漸近的に合流するのである」(Ricœur, 1985, pp. 328-329)。

ついでリクールは、主体的責任を言語行為から導出するために次のようにいう。「ひろい意味でいえば、すべての発話行為もしくは言説行為 (actes de parole ou de discours) は話者を拘束するし、話者を現在のなかへ繋ぎ止める。私が何事かを確認することができるためには、私が発言する場合に暗黙の誠実条項 (clause tacite de sincérité) が必ず導入されなければならない。誠実条項のおかげで私は自分が発言していることに実際に意味を与えているからである。そしてまた、私が断定することを私が本当だとみなすのでなければならない。かくして発言の開始は、私が発言内容を語るということについて、私に責任あらしめるのである。しかし、すべての発話行為は潜在的な仕方で話者を拘束しているが、そのうちの或る発話行為は顕在的な仕方で話者を拘束する。すなわちそれは、《行為拘束型》(commissifs) の場合であり、その典型は約束 (promesse) である。約束することによって、私は、そうするだろうと言っている事柄を実効する義務のもとに自分を位置づけてしまう。私が私自身に課するこの強制には、現在において課された義務が未来を拘束するという注目すべき点がある。……現に約束することは、私が何事かを実行するだろうと約束することだけではなく、私が私の約束を守ることをも約束しているのである」(ibid. pp. 335-336)。

こうして一見すると、「伝統」という共通地盤の確保によって、歴史的過去は客観的に影響を及ぼしうる「同一性」として保証されるかにみえる。しかし現象学的にみれば、歴史的過去は根源的な体験的時間から離れた言語的上位層に定立された第二次的時間層に属している。そのかぎりでは、歴史的過去は顛末経緯について言語によって語られた物語的性格を免れえない。にもかかわらずリクールは、歴史的過去を物語的「同一性」から区別しうる要因を「伝統」のなかに見いだしうると考えている。しかし、歴史が特定の出来事の経過について或る視点をもって語られた記号論的「同一性」しかもちえない以上、そして記号論的「同一性」は「代理現前」としての何がしかの虚構性を含意する以上、視点の共通性を保証するはずの「伝統」の「影響作用」も同種の虚構性を含んでいるはずである。なぜなら、「伝統」はたしかに個人の感性をすら拘束するほどに行動の「自明性」として作用するにもかかわらず、いかに強く感性内容を拘束するからといって、そのことが真であることの保証とはなりえないからである。ここには「言語の壁」(mur du language)(Lacan, Séminaire, 2, p. 287)が立ちはだかっている(第二章5節参照)。たしかに感性内容の拘束は「過去」から「現在」を規定する一つの形式であるが、しかしそれは「文化的自明性」が個人を拘束する統計的多数に関する次元において問われる主題である。したがって「伝統」の統計的客観性から行為の「主体的責任」を導出することは不可能である。

リクールはこの不可能性を十分に承知しているからこそ、こんどは「責任」の「超越的」原理を「発話内伴行為」の約束性という外見上の「内在性」すなわち言語行為に伴う不在の未来性から引き出そうと試みるのである。いいかえれば、「伝統」の「過去」性から「未来」に関わる行為の普遍的規範を導出することが不可能であるため、こんどは言語の「現在」から行為の「未来」を拘束するはずの普遍性を説明しようとする。しかし、言語的定立作用の次元がよし「現在」において定立されたものであっても、それは言語記号に本質的に内属する僅かばかりの「虚構性」を払拭することはできない。もともと言語内の「約束」が「未来」の現実の行為を拘束する仕方は、「定言的命令」の普遍性と次元を異にしている。言語内の「約束」が「未来」を拘束する仕方は、あくまでも経験的社会関係の次元においてでしかない。なぜなら「現在」における言語内「約束」が「未来」の出来事の「違反性」を完全に排除することはできないからである。それは、言語の「虚構性」に起因するからである。むしろ逆に、「約束」という事態の成立可能条件は「未来」における「違反」可能性に依存しているのである。

だから、もしもこの「違反性」を完全に排除しようとすれば、言語外の「超越的」原理を接ぎ木する以外にないであろう。リクールがレヴィナスを持ち出すのはまさにこのときである。リクールは言う。「物語的同一性（identité narrative）が真の自己性（ipséité）と等しくなるのは、倫理的責任を自己性の最上の要因たらしめるような決断的契機によってだけである。これを証示するのが約束に関する周知の分析であり、ひとことでいえば、それはエマニュエル・レヴィナスの全著作である」（Ricœur, 1985, p. 359）。たしかにレヴィナスは「倫理的言語だけが現象学が突如として陥ったパラドックスに拮抗することに成功する」（Lévinas,1967,p.173）と考えていた。しかし、レヴィナスによって倫理学が存在論に優先する基礎学とみなされた「倫理的言語」の立場は、歴史を越えたところからやってくる歴史批判を徹底的非暴力の「倫理的抵抗」（résistance éthique）として実現するような「超越性」を意味する（拙書『現象学の射程』一六〇—一七九頁、『現象学の変貌』三八—四三頁参照）。だからもともと、レヴィナスの倫理的責任の由来は、言語的発話行為の次元に発生する現俗的「内在」から行なわれるような「約束」実行のための「決断」という主題の枠内にはない。

したがって、物語的虚構の「同一性」から歴史的過去の客観性を区別し、しかもそこから導出不可能な「主体的責任」の「普遍性」を別途確保しようとすれば、リクールのような折衷的保守主義の道を選ばずに、「誠実」（sincérité）概念を背進不可能な「普遍的規範」として提示できるような方法を選択する必要があるであろう。リクールの次世代に属するジャン＝リュック・ナンシーは、レヴィナスとニーチェが同じ「誠実」家族の一員であるとみなすことによって、リクールとは異なる論拠を準備する。ナンシーによれば、命令は理性の外からやってくるのでもなく、かといって能動的であるのでもない。命令は義務への「尊敬」（respect）（Nancy, 1983, p. 23）であり、そのかぎりレヴィナスの「倫理的抵抗－抵抗力をもたぬものの抵抗」(ibid. p. 24) と同質の「定言的命令」に属する概念である。そして同じことをナンシーはニーチェの「誠実」(Redlichkeit, probité) についても妥当すると考えている。「誠実とは自己評価 (auto-évaluation) のことであり」(ibid. p. 67)「それ自身で論拠のあること」(de soi probant) (ibid. p. 74) である。そのかぎりでは「誠実」は行為のみならず言説が成立するための可能的な法則でもある。こうしてナンシーは、カントを引き合いに出すことによって「伝統」の経験主義と「責任」の超越主義を同時に克服しようとする。すなわち「定言的命令は誠実の位置と類似した位置にある。どちらの場合も作動しているのは同じ浄化作用であり、同じ徹底化である。いずれの場合も、その内容が価値評価そのものの形式以外の何ものをも内容としないような《道徳》の前に人は立つことになる」(ibid. p. 79)。

しかし、カントに基づくナンシーのレヴィナス解釈は基本的に不可能である。「定言的命令」の自由はレヴィナスの「顔」の命令と両立しえない。というのは「定言的命令」による行為は、必然的因果連関を越えた新たな連関を開始することのできる「超越論的自由」の領域に属する。一方「顔」の命令は、「命令が表明される以前にその命令に服従している」(Lévinas, 1974, p. 16) ような種類の「選択なき責任」(responsabilité sans choix) (Lévinas, 1967, p. 229) であり、これは人間が行為の開始時点においてすでに神の「人質」(otage) であることを意味しているからである。またナンシーのニーチェ理解にも同意できない。なぜなら、ナンシーはニーチェをカントから始まる思想系譜の完成者とみなしている (Nancy, 1983, p. 84) が、しかしニーチェの「誠実」(Redlichkeit) 概念に自律的道徳法則の「普遍性」を見いだすことはできないからである。ニーチェの「誠実」とは、「伝統」

とか「文化的自明性」に含まれた固着性と欺瞞性を告発する精神である。たとえば、もともと「キリスト教」(Christentum)の根底にあるはずの「キリスト教精神」(Christlichkeit)が制度と化した「キリスト教」の欺瞞を暴くという「世界史的イロニー」である。まさしくニーチェ自身がこの逆説を実行する「ダイナマイト精神」であった。それは「定言的命令」の法則的普遍性がもたらす結果ではなく、むしろニーチェのテキストから雨傘の二重性と記号の不決定性を読み出すデリダの「尖った突起」と同質の精神である。

しかし、リクールやナンシーの提示する解答がこのように拒否されるからといって、彼らの問題系そのものが消失するわけではない。リクールによれば、歴史的時間は現象学的体験時間が宇宙的年代時間の上に書き込まれることによって構成されると考えられている(Ricœur, 1985, p. 184)。その意図は、歴史構成のさいに物語的性格の介入が避けられないことを認めたうえで、歴史的時間を物語中の時間から区別することにあり、歴史的現実を虚構としてではなく実在的なものとして確保しようとする動機に由来している。このようにリクールが「歴史と虚構の交差」(entrecroisement entre l'histoire et la fiction)(ibid. p. 279)を提唱したとしても、それは、歴史的現実と文学的虚構をそれぞれ自立した領域として前提することによって始めて可能になる指摘である。むしろ現象学的時間から発生的にみるならば、「生活世界」そのものがすでに物語的に構成されているといわなければならない。個人的な「身辺世界」としての「生活世界」であれ、集団的な「文化世界」としての「生活世界」であれ、日常経験そのものがすでに物語的特徴をもっている。カーの次の二つの指摘はこのことをよく表わしている。

「(一)われわれが経験する出来事、経験そのもの、そしてわれわれが遂行する行為は、《単なる》連鎖(sequences)からなるのではなく、時間位相の構造化され形態化された連鎖からなる。この連鎖には始めと終りがあるために、その時間的《周辺》(surroundings)から切り離され、保留と解決、出発と還帰、手段と目的、問題と解決といった諸関係として内的に分節化される。(二)これらの時間的現象がわれわれにとって上記のような構造を有しているのは、つぎのような時間の把握によるのである。すなわちその時間把握は、[一方では]短期的で前反省的レベルにおける把持的予持的[把握]として、つまり単純な経験と行為として記述されうる。しかし[他方で]それは、より複雑な経験と行為のレベルにおける反省的で明らかに物語的[な把握]として記述されうる。いずれの場合も時間的多様性は隔てられ、集められ、まとめられる。あとの場合、行なわれた行為やなされた経験に関する語り手(story-teller)の視点を前提するという特徴がある。その結果、日常生活の複雑な行為や経験においては、われわれが主体であり、行為者であり、物語者であり、自分が体験した出来事や自分で企画した行為の観察者ですらある」(Carr, 1986, p. 64)。

しかし、歴史的現実と文学的虚構の二分法に先行して、すでに「生活世界」の次元そのものが共時的想像定立あるいは通時的物語定立なしにはありえないということは、必ずしも、或る個人が自らの生活環境や自ら所属する共同体について物語定立を開始したときから外的現実が存在しはじめるということを意味するのではない。むしろ逆に、歴史家や作家といえども、すでに「共通の物語」が特定の「文化的自明性」として存在している環境のなかに生まれつくのである。いいかえれば、特定共同体が社会的実体性を擬似的に獲得しているのは、すでに特定の文化環境そのものが、たとえば社会規範という「共通の物語」をもっているからである。人間にとって外的世界が出来事の布置関係の地平として定立されているのは、物語形式に拠っている。そこに生まれついた成員は、既存の物語を受け継ぎ、書き加え、書き直すであろう。歴史家が資料に基づいて歴史的時間経過の世界へ超越することと、作家が想像力によって虚構の筋立てを構築するのとは、「生活世界」自身の物語次元を超越する仕方の差異であって、外的現実の側に差異があるからではない。人間にとっては、外的現実といわれうるものがすでに物語性をもっているからである。

したがって、つぎに考察しなければならないことは、そうした「共通の物語」が個人の自我形成といかに関わるかということであり、それは「共通の物語」を支えている「言語」が自我形成といかに関わるかという問題でもある。さらにそれは、「言語」が「他者と自己の関係」をいかに成り立たせるのかという問題でもある。ポスト構造主義運動が現象学のなかに生き残っていた伝統的真理観を破壊し解体して、そこに「無起源性」を露呈させ、文化的世界の物語性を開示したことは、単に消極的な意味しかもたないのではなく、むしろ「同一性」「表象」「目的論」の思考への固執から精神を解放し、期せずして現象学に対しても新たな還元を準備したと解することができる。現象学的思考はここで「無起源性」という新たな出発点から「他者」と「自己」の関係を考察し直してみなければならない。

第二章　他者と無意識

現象学的方法の根幹をなす「還元」は、必ずしも「超越論的主観性」を確保することではなく、むしろ「自然的態度」による考察を「遮断」することによって、あらゆる「文化的自明性」から精神を解放することにある。「超越論的態度」に意味を与えるものは、「超越論的主観性」ではなく、この解放性にある。したがって、現象学に未来を拓く可能性を与えるものも、「超越論的主観性」ではなく、主観性に付随する多様な「地平」の側にある。むしろ「地平」の思想が現象学の可能条件なのである。「地平」の本質を照射するものは「他性」である。なぜなら、「他性」は主観性の成立の不可避的限界としてつねに主観性に随伴するからである。それゆえ、現象学の現在は「他性」を回避することはできない。というのも、もともと「他性」の問題が登場したのは「超越論的主観性」という伝統的な「残余」のなかへ「他性」を回収することが不可能であることの自覚に基づいているからであり、それでいて他方、もしも現象学的方法が「他性」という主題を「還元」の「残余」のなかから排除するならば、現象学は閉域形成による自閉化のために現実性を説明することができなくなるからである。しかし、現象学が従来の態度のままでも記述可能な出発点は、それが「超越論的」であれ「経験的」であれ、「意識」以外にはない。その「意識」にとって「他性」とは、一つは「外なる他性」すなわち「他者の他性」であり、他は「内なる他性」すなわち「無意識」である。ところで、これらの「他性」は相互に無関係に現出するのではない。なぜなら「無意識」は、それが「意識」の「地平」に影響する「彼方」である以上、実体として存在するのではなく、「無意識」が「意識」の統制のとどかぬところに果たされぬ心的エネルギーとして沈殿するのは、まさしく「他者の他性」の面前においてだからである。そのために自我は意識統制の圏内にある「言語」の壁を超えて現実の他者に到達することができず、ナルシス的回路のなかで自我が構成した「小文字の他者」に出会っているにすぎなくなる。したがって、意識的自我のコミュニケーション願望を実現するためには、「無意識」を顕在化することによって何らかの解放を遂行するいがいにない。ところが、このことを適正に実現するのを困難にしているのは、まさしく現代社会の構造なのである。

そこで本章の課題は、「地平」の思想を基盤としながら「他性」の現象学を構造的に記述する基礎的な試みとして、自己の内なる「無意識」の「他性」と自己の外なる他者の「他性」との基本的関係を解明することによって、現象学そのものの可能条件としての「他性」に照準することである。

全体を五節に分けて考察する。第一に方法の問題。第二に、まず「内なる他性」としての「無意識」へ現象学的方法がどのように接近することができるかという主題。第三に、もうひとつの「外なる他性」である「他者の他性」に関する現象学の現在は、いかなる状況にあるかという主題。第四に、現象学が主題化できる「無意識」は「作動態としての無意識」であるということ。最後に第五として、「内なる他性」と「外なる他性」の関係はいかなるものかという主題を取り扱う。

1　方法の問題

(1) 現象学の外部

「他者」への到達不可能性が議論される仕方は、現象学的方法のなかでも一様ではない。さしあたっては、それは「他者」に対して「構成的」態度をとるか「発生的」見方をとるかに関わっている。フッサールは「構成的」視点から「他者」の超越性を架橋しようとした。しかし、その静態学的「構成」理論はかえって「他者の他性」を顕在化する結果になった。それに対してメルロ＝ポンティやアンリは、「他者と自己」の差異性を前提しながらも、自他の「共発生」の事実に基づいて、「肉」や「生」の同一性のなかに自他関係に通底する共通基盤を見いだそうとしている。しかし、たとえ「発生的」視点をとったとしても「他者の他性」が何らかの共通性へ還元可能かどうかは問題である。その意味では、レヴィナスやデリダの指摘は他者問題に関する省察に対しても批判の矢を仕掛けているといえるであろう。それは、「他者の他性」が自己の固有圏域のなかへ回収できないという事実が現象学に突きつけられたことを意味している。

一方「無意識」についても、それがいかなる意味でも実体的存在であるということはできない。もしも「無意識」を実体もしくは実詞の対象とみなす見解があるならば、それは、「無意識」の作用を理解することができないであろう。フロイトがそれをエスとして表現せざるをえなかったのは、インド・ヨーロッパ語系の言語がもつ形式的慣習に従ったまでである。すなわち、すべての作用に作用主体を表わす主語を設定するという慣習である。しかしながら、このエスは、エス・ギプトのエスと同様に、作用源の不明な贈与現象の「無起源性」(anarchie) を意味するにすぎない。逆に、もしも「無意識」がなんらかの存在者であるならば、通常の普通名詞によって記述されえたであろう。それに対して、「無意識」(das Unbewußte) は、正確には形容詞の名詞化として表現されている。これは、沈黙の作用態を記述言語のなかに取り入れるための言語境界にたつ表現であったと理解される。

それならばいったい、現象学的記述はこのような無起源的な「内なる外」の作用に対して、どのようにして接近することができるのであろうか。しかし、この問いのたて方はおそらく正確ではないであろう。なぜなら、「他者の他性」とか「無意識」が自己に対する作用であるかぎり、外部から現象学的に接近することが可能な静態的対象ではないからであり、だからこそ逆に、現象学がなによりも記述言語に依拠するのである以上、「他者」や「無意識」の「他性」が現象学そのものの成立を可能にする条件ですらありうるからである。

(2) 質料的領域と形式的領域

およそ現象学にとって、現象学的還元の操作以前に自我や対象などの存在を前提することは許されない。その意味では、現象学にとって記述できる領域は何らかの仕方で意識に関わる経験だけである。そしてその経験の原初的な層は、質料的領域においては発生的受動的な触発現象であり、その形式的領域に関しては内的時間意識の予持・把持構造いがいにはない。

いま質料的領域に関していえば、還元が作動している間は、最初から触発作用の起源を還元的に遮断された外部にもとめることができないのは明かである。したがって、ここであえて触発の「起源」を求めようとすれば、もしも遮断された内部にそれが見いだされるならば現象学にとっては整合性が保たれたことになるであろう。ここに生まれるのが、いわゆる「自己触発」現象として純粋意識内に「起源」を設定する思考法である。しかし、このような仕方で「起源」を内部に確認することの正当性は、還元の持続期間に限られているということも看過されてはならない。なぜなら、純粋な経験領域の確保は「還元」の人為的な閉域設定操作に依存しているからである。このことは、現象学が独断的な形而上学になることを防いでいるとともに、無条件に「起源」について語ることを自らに禁じている現象学自身の存立が、現象学の外部もしくは以前との関係を無視することによっては確立されえないということをも意味しているのである。このように現象学がその存立のために外部もしくは以前との関係を考慮せざるをえないとすれば、現象学がまず着手しなければならないことは、いかに遮断操作の厳密性を保持し続けても遮断された内部に外部もしくは以前が浸潤していないかどうかということについて、徹底的な自己点検を行ない、その成果について明示的に記述しなければならないということである。たとえば、意識が自らの予想と制御を超えた作動力に突き動かされる「無意識」的な経験をするとか、内在における僅かばかりの超越を意味する身体的キネステーゼを前提しなければ触発現象そのものが成立しえないとか、「他者」の現出が自我による構成の圏域を完全に超越した仕方でしか与えられないとか、しかもこれらすべての受動的経験を現象学的に記述するためには、個人的創造を超えた自立的構造をもつ「言語」に依存しなければ不可能であるということなどを反省するとき、現象学の存立にとって外部や以前の介入が皆無であると主張することはできないであろう。

形式的領域に関しても同様のことがいえる。意識現象の根源層において確認される内的時間構造の中心に立つ「生ける現在」の推移は、現在の同一性の持続を意味するのではなく、「今」が「把持」へ落ち込み「予持」を吸い込むという仕方で起こる差異もしくは亀裂の反復によって成立する事態である。このことは、遮断された圏域の内部を表わす形式がすでに自己同一性によってではなく、差異の反復もしくは「他性」の介入によってしか記述しえないということを物語っている。

しかしながらここで注意しなければならないことは、「質料的」と「形式的」という用語は現象学的記述にとって不可欠な操作概念だということである。現象という統合的な事態へ現象学的に接近してそれを記述しようとすれば、全体を同時に直観することがわれわれに許されていない以上、全体がとりうる多様な様相を言語的に整合的ないくつかの局面に分解せざるをえないであろう。もしもそうすることが形而上学的傾向を強くもつ人達からの批判を誘発するとしても、現象学者はそこで踏み止まらなければならない。したがって、質料的領域と形式的領域は記述局面としては分離していても、事態としては分離されているのではない。内的時間形式は「今」の把持・予持構造の反復される差異であると同時に、その「今」には常に触発的感覚の「強度」が閉じ込められているのである。こうした「生ける現在」の推移する原初的な統合的事態を発生的起点として記述を開始するならば、さらにその上に顕在的に構成される上位層が「生活世界」として広がっていることが展望される。むろん「生活世界」は「生ける現在」の「内在」から見れば、僅かに「超越」した層をなしているであろう。

しかし、統合的現象はここでもいくつかの層局面に分けて記述する以外に方法はない。それでも、現象学が完全に遮断された外部から記述を始めることができない以上、現象学的記述は原初的な内部のなかに作動するかぎりの外部について遂行されるしかない。すなわち方法的な記述起点は受動的触発現象である。むろん記述「起点」が存在論的「起源」であるはずはない。いいかえれば、「起源」はつねに非人称的な不明のエスの非現前性につきまとわれ続けるであろう。なぜなら、還元によって遮断された内部に差し込む作動の贈与者そのものは、つねに現象学的記述の枠を超えているからである。原初的な層における「起源」の不明関係と同様のことが、生活世界の次元において現出する「他者の他性」に関しても妥当する。自己は他者の身体的現象から「他者」の属性を無限に掻き集めても「他者」の中心には到達できないからである。

方法に関する以上の反省を踏まえた上で、「無意識」と「他者」のそれぞれと、それらの関係について考察をすすめたい。

2 「無意識」への接近

(1) 表象連合の現象学的規則とフッサールの「無意識」

「無意識」の探究は、「超越論的主観性」に関する「静態的現象学」(statische Phänomenologie)によっては期待しえない。なぜなら、「静態的現象学」は「超越論的主観性」が遂行するノエシス・ノエマ的定点観測の「明証性」しか提供しえないからである。むしろ、フッサールにおいてこの主題を取り扱いうる領域があるとすれば、それは、「発生的現象学」（genetische Phänomenologie）の守備範囲のなかに見いだされうるはずである。それにもかかわらず、「発生的現象学」が「無意識」を十全に記述しえたかどうかについては十分に検討の余地がある。なぜなら、フッサールが理解する「受動的構成」の原初的な層のなかにはすでに、「理性の目的論」へ繋がる萌芽が見いだされるのに対して、「心的エネルギー」仮説に依拠するフロイトの「無意識」にはこうした目的論へ繋がる性格が見いだされえないからである。とはいえ、フッサールが「無意識」について全く言及していなかったとはいえない。フッサールは、意識の根源的発生状態を現象学的に考察するために、次のような方法的自覚を表明している。

「われわれは、最下層の発生段階を考察するにあたって、体系的発生にとって必要な抽象化をすることによってこの問題を設定する。すなわち、自我の世界は印象的現在（impressionale Gegenwart）であるにすぎないものとする。そして広汎に広がった主観的規則に基づいて［この現在を］超え出ていくような統覚（Apperzeptionen）もまだ働いていないし、世間生活において獲得される認識も美的関心も実践的関心も価値付けなども全く働いていないものとする。このようにしてわれわれは、印象的なものだけに基づく触発性［情感性］（Affektivität）の機能を考察するのである。さらに、感情領域（Gemütssphäre）から受け入れてもよいとされるものは、感覚所与（sinnliche Daten）と一つになっている感情（Gefühle）だけであり、そのさい、実現されてくる触発（Affektion）は、一方では機能的に対照（Kontrast）の相対的な量に依存しているが、他方では好ましい感覚的感情（sinnliche Gefühle）にも依存しているといってもよいであろう。たとえば、際立ったもの（das Abgehobene）によって統一態として基づけられている快感（Wollust）の場合である。また、本能的で欲動に即した好ましさ（das instinktive, triebmäßige Bevorzugungen）も許容されるであろう」（Hua. XI, S. 150）。

まずわれわれは、ここで登場しているいくつかの基本概念に注目しなければならない。そのなかで第一に注目されるのは、「印象的現在」と「触発」である。なぜなら、フッサールにとって、意識の原初的形態は「生ける現在」以外にないからであり、その現在における対象的表象の原初的「素材」または「感覚所与」は「触発」によって与えられるからである。第二に注目される概念は、「対照」と「際立ったもの」である。なぜなら、伝統的な連合心理学の規則である「類似性」「隣接性」「対照性」のうち、フッサールが重要視しているのは、「類似」（Ähnlichkeit）と「対照」（Kontrast）だからであり、「触発」された「素材」はこれら二つの規則によって「生ける現在」において対象的表象の連合的統一性を獲得することができるからである。また、「生ける現在」の内的時間性においてこの連合的統一が発生する様相を記述することが、フッサールにとって、「受動的構成」（passive Konstitution）の理論をなしているからである。

フッサールにとって、内的時間性における「連合」（Assoziation）現象は三つの発生段階に区別されている（Hua. XI, S. 180-181）。

その第一段階は「原連合」（Ur-assoziation）である。これは「組織化する触発的覚醒」

(systematisierende affektive Weckung) とも呼ばれ、これによって初めて「生ける現在の対象的構造」(gegenständliche Struktur der lebendigen Gegenwart) が可能になるのである。「原連合」において作動している構造は、一面からみれば、ある対象に関する諸表象間の「類似」(ibid. S. 129-133) に基づく「融合」(Verschmelzung) であり、同じ事柄を他の面からみれば 他の対象との「対照」(ibid.S.149)を「際立たせるもの」が統一態として成立することでもある。「原印象」の現在において受動的に構成される対象的統一は、このようにして、「内的差異と外的際立ち」(innere Unterschiede und äußere Abhebungen) (ibid. S. 169) に条件づけられて成立する。かくして、「類似と対照の茫漠たる連合原理が、生ける現在の必然的構造を分析することによって、はるかに豊かで深い意味をもつ」(ibid. S. 180) ことが分かる。

しかし、このように原連合的に起動した表象は、たとえ意味としての同一性がノエマ的に確立されたとしても、時間の流れとともに「差異と際立ち」を喪失していかざるをえない。これが連合の第二段階である。このような経過を、フッサールは「触発力」(affektive Kraft) (ibid. S. 169, 175, 182, 188) が減少する過程と理解している。すなわち、「把持への過程は、意味の連続的同一性があるにもかかわらず、直観性がある間からすでに絶えざる貧困化の過程である」(ibid. S. 174)。なぜなら、このような表象の不明瞭化の過程は、ノエシス的には「生ける現在」が「把持」へ移行する時間経過に即して生起するからである。このような「触発力」の低下は「生動性」(Lebendigkeit) の喪失過程を意味するのであるから、フッサールにとっては、この過程の極限には「生動性」の零度が想定されている。やや詳しくいえば、その極限に至るまでの中間にある「生動性の差異は、例えば音の強さや匂いの強さなどのような事象的強さ（sachliche Intensität）と混同されてはならない。意識所与の性質から独立に、生動性の度合（Gradualität der Lebendigkeit）があるのであり、この差異は注意の領域においても保持されている。この度合は、意識と意識度合という特定の概念を規定しているし、それに対応する意味での無意識（das Unbewußte）への対立関係をも規定している。無意識という概念は、このような意識生動性の零（Null dieser Bewußtseinslebendigkeit）を表わしているのであり、けっして無を表わしているのではない。むしろ、ここでいう無は、触発力に関してのみ言われるのであり、したがって、（零点を超えて）積極的に意味のある触発性〔情感性〕を前提するような能作に関してのみいえる無である。それゆえ、ここでは音の強さのような質的契機という仕方での零が問題なのではない。というのは、ここではおよそ音というものが止まってしまうということも想定されているからである」（ibid. S. 167）。このようにフッサールにとって「無意識」は、ノエシス面では、「意識生動性の零度」を意味しているし、ノエマ面では、「生動性の零度」領域に落ち込んだ「暗転した空虚表象」（verdunkelte Leervorstellung）（ibid. S. 181）であり、これはすでに「明証」と「触発力」を失っている。

したがって、フッサールにとって「無意識」から「意識」への関係とは、想定される零度から、いかにして「再想起」（Wiedererinnerung）が可能かという問題系のなかにあることになる。これが「再生的連合」（reproduktive Assoziation）という第三段階の問題である。しかし、すでに原連合的に構成されたものが、一度は「無意識」という「非生動的」（unlebendig）な背景のなかに沈み込んだ状態から、いかにして「覚醒」（Weckung）されうるのかという主題の立て方そのものがすでに明らかに、「活性化」(Beseelung)の源泉が「意識」にあり「無意識」は「活性化」の睡眠状態であるという捉え方を前提にしている。いいかえれば、ここで捉えられた「無意識」は、「意識」の明証性からみられた「無意識」にすぎない。ここでは「意識」に「生動性」を与える「触発力」(affektive Kraft)の源泉は、あくまでも「原印象」(Urimpression)自身の「生動性」に求めざるを得ないであろう。ここでは、活動のエネルギー源が「生ける現在」の「覚醒状態の意識」そのもののなかに設定されているからである。

ところで、内的時間構造という視点からみるとき、必ずしも「再想起」の方向だけが連合形成の全体であるはずはない。「原印象・把持・予持による現在の構造を前提すれば、現在に対して判明するのは、一方では、共現在(Mitgegenwart)と把持的過去のなかへ光を放つような連合あるいは覚醒であり、他方では未来の方向へ向かう連合である」(ibid. S. 158)。そしてフッサールにとって、「未来的なものの登場は、すでに登場したことのある過去的なものとの類似性によって予期されている。……また、この連合的予期(assoziative Erwartung)は、あきらかに《想起》という覚醒する遡及的関係としての連合を前提しているのである」(ibid. S. 187)。この連合的予期が目的論の萌芽をなすことはたやすく理解されるであろう。

かくしてフッサールの連合説は、「原印象・把持・予持」の内的時間構造に即して、「原連合・把持的連合・予持的連合」の開放的連鎖を形成する。その連鎖を成り立たせているものは、「原連合」における「類似的覚醒」である。そして、この連鎖が開放的であるのは、「予持的連合」が「同一性」ではなくまさしく「類似性」に基づくが故に、「把持的連合」が過去の「同一性」からの微少な偏差を未来へ向けて生み出すことができるからである。

ところで、いま「表象連合」の次元から「言語結合」の次元へ目を転ずれば、こうした偏差の発生は、フッサールの期待に反して、主語の「同一性」による結合ではなく述語の「類似性」による「言語結合」現象を基づけていることが判明する。いいかえれば、論理的明証ではなく、隠喩的暗示が自然言語の常態をなしていることが判明するのである。ところが、フッサールは主語の「同一性」による結合の明証性を「発生的現象学」によって解明するために、「表象」の「類似性」から出発して「意味」の超越的ノエマの自己同一性を確定しようとした。フッサールによれば、「最後には触発力は枯渇し、把持的変化は特別の差異をなくした空虚な同一者に到達し、そしてそれさえも保持できなくなり、把持的綜合の路線は差異欠如という漠然とした零のなかに消失する。しかし、こうした過程の連続のなかでも、意味は同一的に保持されていて、ただ隠されただけなのであり、いいかえれば、意味は顕在的な意味から潜在的な意味になったのである」(ibid. S. 174)。しかしフッサールがかく言うにも拘らず、「意味」の発生的起源はやはり表象の「原連合」のなかに見いだす以外にないし、この次元において生起する事象はいつも変転の反復でしかない。したがって、この変転を超えて「意味」の「同一性」を確立することができるものは、フッサールにおいては、超越論的主観性の視向以外にはないはずである。ところが、自然言語における言語記号の「意味」は社会的慣習による共通性に依存する。そのかぎり、「意味」は地域的かつ時代的な持続性をもつにすぎない。だからここで「意味」の「同一性」の妥当を超越論的主観性に依拠させようとするなら、超越論的主観性と原連合との体系的関係の解明は避けられない課題であろう（第四章、1節「発生と現出と根源的暴力」参照）。そのとき、その関係に「意識生動性」と「無意識」がいかに関わるかということも当然問われるであろう。そうすると、果たして「無意識」が「生動性の零度」として規定されるだけで済むかどうかも問われることになるであろう。それでも、これらの問題を解明するためには、やはり「受動的発生」の現象学を徹底する方向で事柄の追究がなされるのが現象学的には望ましいであろう。そこで次に、フッサールの受動性の現象学を身体的キネステーゼの方向に展開したメルロ＝ポンティの「無意識」への態度を検討しておきたい。

(2) メルロ＝ポンティの「無意識」概念

「意識」の「明証性」や身体の「前意識」性からしか接近しえない現象学者にとって、身体的行為の立場からメルロ＝ポンティは、フロイトの『夢判断』について、次のようにいっている。

「夢をみるということは、……顕在的内容を通して潜在的内容を生きることである。その場合、顕在的内容とは、潜在的内容に関して覚醒した思考の視点から行なわれた《十全的》表現のことではない。まして、諸々の等価性によって潜在的内容を代行する熟慮された偽装のことではない。つまり、原初的象徴作用と夢意識の構造とによって呼び出された諸々の投影様相を使って潜在的内容を代行する偽装のことではない」(Merleau-Ponty, 1968, p. 70)。むしろフロイトが『夢判断』において行なった「諸々の記述が意味するところは、無意識とは知覚意識であり、知覚意識として含意と雑居の論理によって事を遂行するのであり、全体的な見取図のない道を少しずつ辿るのであり、無意識が保持している否定的なものを介して諸対象や諸存在を目指すのだ、ということである。このことは、これらの対象や存在を《それぞれの名によって》名付けることはできないが、それでも無意識の歩みを整序するには十分である」(ibid. pp. 70-71)。したがって、「フロイト主義の本質的なところは、諸々の現象の下に全く別の現実があるということを示したことではない。そうではなく、一つの行為を分析すれば、その行為の中にはいつも意味づけの多様な層が見いだされるということであり、それら多様な意味づけ層はすべてそれぞれの真実をもっているのであり、可能な解釈の複数性こそがまさしく混合された生の比量的表現(expression discursive)なのだということである。というのも、混合的生においては、ひとつひとつの選択がつねに多様な意味をもっていて、それらのうちのどれが唯一の真実であるということはできないからである」(ibid. p. 71)。

ここに語られた「顕在的内容を通して潜在的内容を生きる」という言葉は、いかにもメルロ＝ポンティに相応しい表現である。なぜなら、彼のターゲットは、つねにあらゆる種類の二元論を知的人為性の結果とみなして、経験現象そのものを統合作用として記述することにあるからである。このようにメルロ＝ポンティが、現象学的記述の方法を堅持しながらも、あえてフロイトの試行が目指した問題系を自らの課題のなかに取り込もうとしたのは、あらゆる「現象」がつねに既知および未知の「地平」に取り巻かれているという構造をもつものである以上、「意識」の明証性の可能条件はむしろ多様な「地平」の側にあることに気づいていたからである。そのためには経験の記述としては、「意識」の既知の「地平」をなす「前意識」あるいは「身体」、および「意識」の未知の「地平」をなす「無意識」を主題化する必要がある。そのとき、メルロ＝ポンティは、一方では夢の分析が「顕在的内容」に頼る以外に実行不可能であることを認めると同時に、他方ではその「顕在的内容」はけっして主語の同一性によって結合されている「十全的表現」のなかに回収されるような性質のものではないということをも承認している。ここから帰結しうることは次の二つである。まず第一に、顕在的な表層において行なわれる表象の結合作用が、「含意と雑居の論理」(logique d'implication ou de promiscuité) によって行なわれているということ。いいかえれば、顕在層自身が知的構成の枠を超えた境界からの影響を受けて始めて成立しているということである。そして、その影響作用の在り方は、潜在層の振舞が「含意と雑居」という仕方で顕在層に表出するということである。しかも、第二に、そのような表象結合の経過は、「全体的な見取図のない道」であり、だからこそ記述の側からは「少しずつ辿る」以外に方法がない。すなわち、この見取図のなさが意味するものは、表層において行なわれている結合関係に対しては、金輪際、全体的な目的論的歩みを期待することができないということである。何らかの目的論的指導理念によって出来事の経過をあとづけるならば、それは潜在状態を「意識」によって予め破壊することを意味する。したがって、これら二つの帰結が示唆することは、意識表層における現実の対象や存在の諸表象間の結合が、明晰な「十全的表現」ではなく、「無意識」の持つ「否定的なもの」を介して遂行される「比量的表現」(expression discursive) であるということである。ここで語られた「無意識」の否定的な性格とは、「意識」と「前意識」からの検索と再現が可能な識閾から、完全に超越しているということを意味している。このように「無意識」の「否定的なもの」は、主語の同一性に基づく結合規則の枠を超越しているのであるから、主語を基体とするあらゆる実体性として「無意識」を特定することは、その本性上、不可能である。したがって、「意識」の次元すなわち「表象」や「言語」の層において、この種の「否定的なもの」を介して表出された「比量的表現」は、表象結合の現前的共時性と整合的推論の通時性をともに超え出て、「言説」(discours)がもっている時間系列上の持続的連鎖性と、述語の類似性によって結合される「意味」の隠喩的多義性とから構成されている。だからこそメルロ＝ポンティは、そこには「意味づけの多様な層」が見いだされるのであり、唯一の正解のない「解釈の複数性」があるといったのである。

このように「無意識」に関してメルロ＝ポンティがとった方向は、フッサールが「生動性」の源泉を「意識」に設定し「無意識」を「生動性の零度」と規定した方向とは明らかに逆転している。むしろこのことは、フッサールのいう「触発力」が「意識」の内部に影響する「他性」としての「無意識」に由来することを示唆しているといえる。しかし、メルロ＝ポンティのいう「含意と雑居の論理」は、意識化可能な「前意識」と意識化不可能な「無意識」との「雑居」を解明する方法を示唆してはいない。そのためには、「他者」との関係において「無意識」を捉える必要がある。なぜなら、「意識」内の表象だけから究明を始めるときナルシス的閉鎖系を凌駕することができないからである。少なくとも「他者」を主題化しないかぎり、対人関係における「意識」すら解明することはできないからである。そのために発生的視点に立戻って、「他者」の現象学的現在がどのようなものとして確認しうるかを考察しなければならない。

3　他者の現象学的現在

（1）構成された他者

フッサールの「異他的なもの」（das Fremde）の経験理論によれば、他者の身体は、物体の場合と同様に、私の原初的領域において原本的に現前する仕方で経験される。それに反して他者の心的内面性は直接に見ることができない以上、他者身体の「現前性」に対する「共現前」（Appräsentation）の地平において間接的な仕方でしか経験されえない。ここですぐに注目される重要なことは、この理論を形成しているものに二つの特徴があるということである。その一つは、他者主体（心的内面性）は根本的に私の固有領域から「超越」しているということ。その同じことの裏面として、いま一つは、私の「意識」から出発するかぎり、他者主体への接近は私の固有領域における受動的連合によって遂行される以外にはないということである。受動的連合とは、「類似」（Ähnlichkeit）に基づく「融合」（Verschmelzung）と「対照」（Kontrast）に基づく「際立ち」（Abhebung）とによって、対象そのものと対象の属性となる諸表象を確定する前述定的な心的過程である。この受動的連合理論を他者主体の把握に適用してみれば、他者主体の認知は、対象としての他者身体と主体としての私の身体との現前的次元における相関に基づいて、私の内面性の機能中心と他者身体の中心に非現前的に想定される機能中心との「類似」連合によって、他者主体を私の「対化」（Paarung）として同定することができるという点にある。

しかし、原初的次元における受動的連合過程のなかに、他者の機能中心としての他者自我主体を「共現前」させることが果たして可能であろうか。少なくともこのことが可能であるためには、原初的キネステーゼの次元において身体的機能中心としてばかりではなく、心的機能中心としての自我があらかじめ確立されている必要がある。しかし、原初的受動的連合の次元にこのことを期待することはできない。なぜなら、身体的キネステーゼとは、常に顕在化されていない「欲動」(Trieb) からの動機づけが顕在的に作動する場所であるにすぎないのに対して、確立された自我の述定的定立作用が働く場所は構成段階としては身体よりも高次元に位置する言語レベルにあるからである。いいかえれば、原初的発生の次元においては、作動する志向性そのものが「欲動」の作用であって、そこにはまだ自己表象が志向作用に付帯することができないため、この段階において自己表象の直接的所与性を基礎にして他者表象を「類比的に統覚」(analogische Apperzeption) することは起こりえないからである。さらに言えば、原初的次元においては志向的に向かっている表象は、本人も自覚しないままに、すべて「他のもの」に関する表象でしかない。いいかえれば、この次元で確認される表象は、自己や他者のそれではなく、「欲動」が向かう対象の表象でしかない。

ところが、すでに自己表象が自己構成されているような次元、たとえば「生活世界」における成人の通常次元においては、他者の超越性に関するフッサールの他者構成の理論は部分的に妥当する可能性をもっている。というのは、物知覚の「共現前」地平は経験の進行につれて次々と顕在的「現前」に転化可能であるのに対して、他者主体の超越性は経験の進行とともに現前化することは遂にありえないからである。フッサールが異他経験の理論構築において構成的高次元のなかに受動的連合の原初的次元における「類比」を持ち込まざるをえなかったということ自体が、逆に他者への到達不可能性を証示しているのである。なぜなら、この次元混在は受動的連合次元以外に他者への接近方法を求められないにもかかわらず、他者主体は遂に見えないからである。このことはまた、知覚物が「所有」対象になりうるのに対して、知覚次元に現前的に現出している他者身体に「共現前」的に伴われているはずの他者自我主体が遂に「欲動」の対象として「所有」することができないということをも意味している。他者は私の「所有」の彼方にあり続ける。したがって、他者とは私のなかに回収不可能なものであり、他者は私がもつ他者表象の無限の彼方にいる。逆に、他者のこの超越性があるからこそ、他者主体（心的内面性）の「知覚」が主題化されることはありえず、まさしく人間的次元において、他者の「知覚」ではなく、他者への「信頼」とか「裏切り」が主題化されうるのである。また、患者の分析医に対する「転移」（Übertragung, transfert）とか、分析医の患者に対する「逆転移」（Gegenübertragung, contre-transfert）が主題化されることが起こるのである。それは、他者身体の場合と違って、他者主体については「知覚」の現前的担保はありえないからである。

（2）超越論的他者

しかし、フッサールは静態的現象学の視点だけから相互主観性について記述したのではない。たしかに『デカルト的省察』における他者理論には志向的構成の視点と発生的連合理論の混在もしくは折衷が見られた。しかし残された記述に基づいて、発生的現象学の視点から相互主観性理論を整合的に展開する試みをすることは不可能ではない。ただしそのためには、形式的現象学の原点である「生ける現在」において、質料的現象学の原点である印象の「触発現象」がいかにして生起するかを考察する地点から始めなければならない。しかもそのとき、この内在的な受動的触発と受動的連合の原初的次元においてすでに身体的運動あるいはキネステーゼへの配慮が不可欠であることに注目しなければならない。なぜなら、身体的運動なくしては「私にできる」（Ich kann）という原初的志向性が働く場所がなくなるからである。というより、身体そのものが感覚の場だからである。ということは、身体的運動空間なしの内在的主観性という概念は、少なくとも現象学にとっては不適合な形而上学的概念だということができる。さらにいえば、現象学的に記述可能な現象とは、身体的運動空間に現出するかぎりの時間性いがいではありえない、ということをここで明確に確認しなければならない。
　この確認に基づいて、いま「生ける現在」においてヒュレーがどのように経験され、そのときキネステーゼがヒュレーにどのように関わるかということについて、ナミン・リーの記述分析を参照してみることにする。

「次のような状況を想定してみよう。私は長い時間、著述に没頭していた。ところが、誤って窓をあけてそのあいだ中そのままにしていたので、仕事部屋は大変寒くなっていることに、ようやく気づいた。この知覚過程には、部屋が《寒くなること》が知覚状態までいかずに感覚状態に達する瞬間がある。そのとき問題なのは、自我中心に対して意識次元の刺戟を行使する触覚的感覚野がいつ始まり、信憑的表象志向を含む自我の諸契機とともに自我中心がいつ反応するかというその時期である。こうした状況を考えるとき問題になるのは、自我中心に対する意識次元の刺戟という意味での触発が始まる以前には、部屋が《寒くなること》はいったい何の重要な意味もないのかどうかということである。より広い現象学的反省によって確認される通り、明らかに、触発が始まる前に部屋が《寒くなること》が私にとって重大でなかったということはない。対象的なものからの意識次元の刺戟が自我中心に触発を開始する以前に、すでに私は寒さを感じていた。対象からの意識次元の刺戟が自我中心に触発を開始する以前に私が体験した部屋の《寒さ》を、われわれは、生ける現在の原受動的流れにおける自我異他的（ich-fremd）契機すなわちヒュレー的もしくはノエマ的契機として特徴づけることができる」（Lee 1993, S. 116）。「原受動的な流れのなかにあるヒュレー的契機は、超越論的発生のなかで感覚ヒュレーへ向かうもっと先で起こる経過から見ると、ヒュレーのうちでも発生的には最も根源的な形態として差異化される。……われわれが生ける現在の原受動的領域における原ヒュレー的契機を《原ヒュレー》（Urhyle）という用語でよぶのは、ヒュレーの記述の他の形式と区別するためである」（ibid. S. 116）。「原ヒュレーが生ける現在の受動的な流れにおける究極の自我異他的契機であるかぎり、原ヒュレーは感覚ヒュレーの発生的前任者である。原ヒュレーは発生的には世界の最も根底的な形式を示しているのであり、これに基づいて、多くの《創造的な層》を介して本来的な世界が構成的に現出するのである」（ibid. S. 117）。「われわれの実例においては原ヒュレーは部屋の《前意識的》な《寒さ》であるが、これは《ノエシス的》には差しあたって身体運動としてのキネステーゼに対応している。広い意味の現象学的還元が示す通り、例えば冷たくなった体に寒さを感じて私の足はたえず《動いていた》。しかもそれは、部屋の《寒さ》が感覚状態に達する以前のことであり、意識次元の刺戟という触発が私にやってくる以前のことである。このように身体はすでに原受動的な流れの《ノエシス的》契機を示している。《外界物や身体物からくるすべての触発は、私が触発を受ける私の身体に関わっている》(Hua. XV, S. 293)。ここで原受動的時間流において確認されるキネステーゼと上位の構成段階の別の形式とを混同してはならない。ここでのキネステーゼは、外的知覚の経過に関わるキネステーゼから明確に区別される。外的知覚の場合は、キネステーゼはある程度、意志的行為である。例えば家屋をより完全に知覚しようと思えば家屋の背後に回ってみなければならない。しかし原受動的時間流におけるキネステーゼは、いかなる意味においても何ら意志的契機も意識次元の契機もなしに遂行される」(Lee, 1993, S. 117-118)。「部屋が《寒くなる》ために前意識的に起こる原キネステーゼ的運動は、自己保存の本能的努力の表現にほかならない。だから原キネステーゼは、隠れたままの原本能 (der unenthüllte Urinstinkt) の効果が現れる根源的な場所 (der ursprüngliche Ort) を示している。……隠れたままの原本能と原キネステーゼとの原受動的時間流における距離なき結合 (abstandslose Verbundenheit) を最もよく表わす定式は次のようなものである。すなわち、原本能は原キネステーゼにおいて流出する (Der Urinstinkt strömt in der Urkinästhese aus.) (C 13 II, 14)」(ibid. S. 118-119)。

リーの記述分析から判明することは、まず第一に、原ヒュレーと原キネステーゼとは、ひとまずノエマとノエシスの関係に比較できるように見えるかもしれないが、実はそうした相関関係にある外的知覚段階と違って、原受動的時間流においてはこの二契機は原キネステーゼにおいて一つであること。

第二に、「隠れたままの原本能」が表出可能なのは原キネステーゼにおいてであること。すなわちキネステーゼ的身体運動なしには本能は表出された現象として現象学的に確認されることすらありえないということである。ただしここで、「本能」という多義的な記述用語を使用することには若干の躊躇いが生ずる。なぜなら、日常的使用の多義性ばかりではなく、「本能」という概念は、矛盾した意味を含意しているからである。というのは、一方でそれはどこまでも突き進む推進力を意味するとともに、他方では生の「自己保存」の防衛力をも意味するからである。いいかえれば、前者は根源的破壊力あるいは「原暴力」(archi-violence, Urgewalt) であるのに対して、後者は個体や種のシステムを外部のシステムから保護するために、把持的過去のなかに沈殿した習慣的行動型（たとえば身体図式）として発動する生存形式である。したがって、より根源的なのは前者であり、前者なくしては後者はありえない。ところが、リーは「非意志的なキネステーゼ」(unwillentliche Kinästhese) を「無意識的」(unbewußt) とも「前意識的」(vorbewußt) とも呼ぶことによって (vgl. Lee 1993, S. 116, 118)、「本能」概念の多義性に対する分析的配慮にいくらか欠けるところがみられる。「前意識」的なものはあくまでも身体的に現出したかぎりの原キネステーゼを指すのに対して、「無意識」的なものとは、リーの用語でいえばまさしく「隠れたままの原本能」に該当する。

さて、以上の確認を前提すると、原ヒュレーと原キネステーゼと「隠れたままの本能」との原受動的時間流における「距離なき結合」は、現象学的にどのように記述されうるのであろうか。少なくとも現象学的には、この結合が純粋主観性における神秘的合一であるはずはない。なぜなら、キネステーゼの可能条件はいくらかの空間的局在性を要求するからである。フッサールの記述によれば、

「身体は根源的には二重の仕方で構成される。すなわち一方では、身体は物的な事物であり、物質である。それは延長をもち、そのなかには実在する諸性質、例えば色、滑らかさ、硬さ、暖かさ、その他のこうした物質的諸性質が含まれている。他方では、私は［それら諸性質を］身体の上に見いだし、身体《上に》また身体《中に》感じる。すなわち手の甲に暖かさを、足に冷たさを、指先に接触感覚を感じる。身体を伸ばしたときの表面に衣類の圧縮と引っ張りを感じる。指を動かすと私は動きの感覚をもつ。そのときその感覚の広がりは様々の仕方で指の表面をはしる。しかし感覚複合のなかには同時に指空間の内部に局在化しているようなものが存続している。手は机の上にある。私は机を、固いもの、冷たいもの、滑らかなものとして経験する。それら［の諸性質］を私は机について経験し、机の物体的な諸規定を経験する。しかし同時に私は、いつでも手に注目することができるし、手に接触感覚を見いだすことができる。手の内部に、滑らかさの感覚とか冷たさの感覚などを見いだすことができる。しかも、経験する運動と平行して運動感覚等を見いだすことができる。ある物を持ち上げながら私はその重さを経験するが、それと同時に私は身体のなかに局在化した重さの感覚をもつ。私の身体は、身体と物たちとに関わりながら、物的関係のなかにある他の物質的な物たちが帯びている（打撃、圧迫、衝撃など）物的出来事（physische Vorkommnisse）の経験を提示するだけではなく、われわれが体感(Empfindnisse)とよぶ特殊な身体上の出来事(Leibesvorkommnisse）をも提示する。こうした出来事は《単なる》物質的な事物には欠けているのである」（Hua. IV, S. 145-146）。

この記述から明かなように、「体感」(Empfindnisse)こそヒュレーとキネステーゼとの統合の事実を証示する「身体上の出来事」なのである。さらにフッサールは、キネステーゼに関して重要な手掛かりを残している。すなわち「キネステーゼは、物体的に自己提示する身体運動(die sich körperlich darstellende Leibbewegungen)から区別されるけれども、しかしキネステーゼは独特の仕方でそれらの身体運動と一つになっている。つまり、キネステーゼは、(内的キネステーゼと物体的に実在する外的運動)(innere Kinästhesen—äußere körperlich-realen Bewegungen)という二重の側面において自己固有の身体に帰属しているのである」(Hua. VI, S. 164)。キューンは、フッサールのキネステーゼに関するこの二重性を重視するとともに、リーの「距離なき結合」の指摘を受けて、『フッサールの受動性概念』において「外身体性」(Außenleiblichkeit)と「内身体性」(Innenleiblichkeit)という概念に注目することによって、フッサールの「体感」理論を次のように解明している。

「フッサールはいまや体感を単に《純粋意識流》に内在するものと見なしているだけではなく、現象学的態度からみると、体感は内部から感性論的に経験される私の身体存在［身体であること］(Leibsein)としての時間性に属する。なぜなら、もしそうでないなら、いかにして［私の］意識流のなかで［あるのに］《感覚されたもの》(das Empfundene)が《非我的》部分(nicht-ichliches Bestandstück)として見いだされるのかということが解明されえないであろうからである」(Kühn, 1998, S. 229)。「したがって、『イデーン』Ⅱのなかで登場する《体感》は、対象構成の素材という伝統的な意味で《感覚器官を印象づける》という構成問題とは何の関係もない。むしろ、独特の身体構成と関わるのである。古典的感性論に対するフッサールの区別はまさしく次の点にある。フッサールはこの《身体感覚》を感覚器官への点的な刺戟とは理解していない。むしろそれを（遠近の方向づけに応じた）強度（Intensitätgraden）に従って起こる感覚野と、キネステーゼ的意識との間の動機づけ連関（Motivationszusammenhang）として理解している。しかも《刺戟》としての体感はすべてその《システム》をもっている。このことは、特定の状況において刺戟可能であり、『イデーン』Ⅱが詳述するように、この《システム》のなかに現れる物体には場所の差異（Ortunterschiede）が対応しているということを含んでいる。このシステムのおかげで、《刺戟は異質的な何かとしてではなく、また単に作用を受けるものとしてではなく、現出する身体物（Leibkörper）と延長秩序とに属するもの》（Hua. IV. S. 153f.）として考察されうる。なぜなら、現出する感覚野が空間的に分節化した全体であるのと同様に、器官における体感も組織されたシステムだからである。さらに《体感》と感覚野とのこの平行性は、領野が完全に充実されうるということを含意している。つまり、すべての場所は《強さ》に占められていて、それに対応して身体はそれなりに全体として（《充実された》システムとして）のみ反応することができる。その点では、機械的因果性によるモデルによって感覚する身体を説明することはもはや不可能である。それは、感覚する身体の説明が異なった志向的動機づけを同じ感覚に許容できないのと同様であり、その説明が相互に離散して飛躍する把握によってすら《システム内在的》に恒常的なものとして現れえないのと同様である」(ibid. S. 230-231)。

かくして、「フッサールが連合を単なる経験的な法則として捉える早期の把握を超えて自我の能動性を相対化することができたあと、フッサールは受動的に基礎づけられた相互主観性へ向かって決定的な歩みをすることができた。というのは、移入する対化は内身体性と外身体性の根源的統一性を前提するからであり、しかもこの統一性の直接性は再生的綜合ではなく触発的連合的な綜合のなかに探求されるからである。……再生的連合は最初は空虚な覚醒として働く。これに対して、身体性の受動的触発連合的統一においては私は私自身において外から内への空虚指示を後からの充実によってはじめて《表象する》のではない。内性が連続的に外性の根底にあるということが、根源的移入の要点をなしている」(ibid. S. 398-399)。

キューンの分析から判明することは、第一に、経験の原初層においては「外身体性」と「内身体性」は協同して「体感」経験を形成しているということ。そして第二に、「体感」における差異化は「強度」として生起することによって、そこには身体に関する一種のシステムが形成されているということであった。それでは、こうした触発的連合次元における根源的移入に基礎をおくとき、受動的時間流の原初的連合次元において「超越論的他者」はどのように「構成」されるのであろうか。しかし、この問い方は正確ではない。なぜなら、いままでの考察の通り、超越論的他者の発生的原初段階は高次元の「構成」段階以前に位置するからである。それに対して、受動的時間流においてキューンが目指す他者への通路は、「原・共パトス」(Ur-Mitpathos) である。だからキューンはフッサールの構成的現象学の限界を指摘して次のようにいう。

「欲動と時間化のなかにもまだ残留するこうした〔構成的〕志向性は、生の現象学なら指摘可能な原・共パトスから見れば、フッサール現象学の限界をなしている。というのは、この原・共パトスは、たとえこの絶対的な生が《他者》において個別的一回的な自体性として与えられるとしても、他者が生のなかに端的に等根源的（gleichursprünglich）に《沈潜している》という絶対的超越論的な《事実性》に依存しているからである。ところがフッサールにとっては、最も根源的といわれている究極は、『危機』においてしばしば語られた無名の原自我（das anonyme Ur-ich）である」（ibid.S.410）。

たしかに「原自我」は、原初的受動的「先自我」（Vor-ich）と違って、妥当性の超越論的基盤である（vgl. Kühn 1998, S. 361, 373-378., Lee 1993, S. 214）。そのかぎりでこの指摘は、フッサールの現象学が基礎づけのために「原自我」という超越論的主観性によって遂行された静態的構成の圏域を脱することができなかったということを意味する。しかしそう言ったからといって、ここからキューンが導出する帰結に全く疑問がないわけではない。明らかにアンリの示唆のもとにキューンは書いている。

「触発性〔情感性〕（Affektivität）としての受動性、非志向性としての触発性〔情感性〕、生としての非志向性、これらは言い換えればパトスである。触発的生としての超越論的受動性は、パトスのなかで開示（Offenbarung）する。というのは、こうした受動的な自己開示とは、絶対的受動的にそれ自身がそれ自身に拘束されることを意味する自己拘束ということがもっている《力》によって圧倒されることであるから、このように受動的徹底的に自己が引き渡されている状態とは、同時に、この《力》（あるいは《欲動》）であるかぎりでのこの状態それ自身が横溢することでもある。したがって、それ自身からそれ自身へ絶対的内在的に行なわれる生の譲渡ということを意味することの受動性は、それ自身を必要とすることをやめない根拠（Grund）であり、それゆえ、この受動性はひとつの自己現前（Selbstpräsenz）を創出する。そしてこの自己現前とは停滞状態（Stasis）でもなく高揚状態（Ekstasis）でもなく、むしろこの自己現前がはじめて両状態を根拠づけるのである。生がそれ自身を試す絶対的受動性を意味する生のそれ自身への絶対的拘束のなかで開示的に働く《力》とは、自身を受け入れることができるということに他ならない。だからこれは、けっして志向的な意味で《何か》を開示することではない。これはそれ自身のみを開示する開示であり、この開示することとそれ自身の現象学的な触発的質料性（あるいは肉性）（Fleischlichkeit）としての開示である。このような開示は、普遍的な《内容》でもなければ単なる形式でもない。むしろ超越論的触発性［情感性］あるいは感性という意味では、開示ということとそれ自身が生であるかぎり、すべての開示そのものの絶対的触発的な仕方である。したがって、われわれは観念論と素朴実在論と批判的実在論の彼岸にいる。というのは、開示に固有の本質である力のなかで開示が可能であるのは、純粋に現象学的な生だけだからである。だからここでは、自己開示の絶対的内在的な仕方としては、地平や意図や存在を意味するいかなる外在性もありえない。というのは、外在性は開示ということをそれ自身の外に《自己提示する》という仕方でもっているからである。［それに対して］自己触発の受動性のなかでは何かが産出されるということはなく、受動性それ自身がもっぱら生の《到来》(Ankünftigwerden) もしくは自己能与 (Sichgeben) の仕方であるから、自己触発の受動性であるかぎりの生ける開示は、このラディカルな意味では世界との《断絶》を求める。というのは世界が世界的であるのは、空間に入り込んで何かを指示するという現象性の意味をもつからである」(ibid. S. 443-444)。ところが「自己触発においては何らの距離もないのであるかぎり、つまり［ここでは］生は全的に生自身であり、ただ生自身でしかないのであるかぎり、生は永遠でもある」(ibid. S. 65)。

こうしてみるとキューンに対する疑問は、端的にいえば触発現象を「生の自己触発」と解することによって「生」のそれ自身による根拠づけが可能であると確信する点にあり、さらにそこから「生」の「永遠性」に沈潜する点にある。

しかし、第一に、このことが可能であるためには、一切の空間性からの完全な撤退を条件とするはずである。しかもそれは、キネステーゼの可能条件である身体運動の空間性からの撤収をも含意するはずである。なぜなら、キネステーゼの成立は「内身体性」だけでは不可能だからである。ところが、「生の自己触発」はそれ自身以外のすべてを必要としない。しかし、キネステーゼは「内身体性」と「外身体性」の接面にしか成立しない。ここでは内在のなかでの僅かばかりの超越を受けいれなければばならない。赤裸の純粋内在性は言語で語ることはできても、現象学的事実に合致しない形而上学的概念である。

第二に、たしかに「生の自己能与」における生のそれ自身との「一致」は、志向的「明証」の静態的性格とは全く異なっている。ここでは、すべての概念と表象が成立するための可能条件として「印象」の「自己能与」が要請され、それが「生」の力動的「起源」または「根拠」として設定されている。それは、触発「内容」（情感内容）の個別性に対してその具体的直接性のままで「生」の「自己触発」の普遍的「形式」性をもたせることによって、内在性から逸脱しないままで思考をそれ以上遡行的に背進させないようにするための「起源設定」である。ここには原点から始まる存在の自己展開作用の自己完結性が目指されている。問題は目指された哲学的願望が現象学的事実と合致するかどうかである。いいかえれば、そのような「起源設定」が哲学的な正当性を見いだすことができるためには、「印象」の個別的実質性がそのままで形式的な普遍性をもつことができるような状態が、いかなる神秘性とも無関係に日常的に実際に現出していなければならない。もともと「生の自己能与」における「触発性」（情感性）は全く個別的な実質である。触発性あるいは情感性の体験内容は、事実的であり具体的である。だからこそ体験的な「生ける現在」でありうる。したがって、ここに個人の人生のすべての出発点があることも事実である。ここで支配しているのは、もっぱら測定不可能な「強さの大きさ（内包量）」（intensive Größe）もしくは「強度」（Intensitätgraden）である。だからこそ、論理に訴えず比喩を用いることによって宗教的カリスマたちは民衆を「共パトス」的に引きつけることが可能なのである。だからといって、哲学が同じ方式を採用することは許されない。もしも

「生の自己能与」という形式の普遍性が、差異化した「強度」をもつ生の個別的内実を包括してしまったら、常に変容可能で個別的な体験内容は「生の自己能与」という普遍的形式の前で救済不可能な抑圧をうけるであろう。なぜなら、現出形態の同一性が現出内容の共通性を保証することはできないからである。たとえ「生」の現出形態が「自己能与」であり、それがすべての個人の「情感性」に共通であっても、だからといって万人のパトスが「共感」できるほどに同一であるはずはない。ある愛は他の憎悪を呼ぶ。

したがってまた、第三に、「情感性」の現出形態の形式的共通性に基づいて、情感内容相互の「等根源性」を主張することができないばかりではなく、それによって人間相互の架橋保証性や共同体の同一性を基礎づけることもできない。人間相互の架橋が必要であるときは、情感内容がいかに異なっていても、架橋の努力がなされなければならないからである。そのときに、「生」の現出形態の共通性を持ち出すことは、かえって架橋の努力を阻碍する結果を招くであろう。

第四に、たしかに「生」が「力」であることは認めうるであろう。また「力」そのものの発動源は純粋時間性の次元にあるかもしれない。しかし、「力」は作用の場所なしに現出することはできない。よしそれが超越論的空間性であっても、何らかの空間関係のなかへ現出する場所に関する記述なしで、そもそも現象学的記述が可能であろうか。あえて記述しようとしても、「生の自己能与」とか「純粋内在性としての生」とかをいたずらに「絶対的」という修飾語とともに反復することしかできないであろう。それは自身を納得させる思弁ではありえても、現象学的記述ではありえない。しかも「生」の純粋内在性を維持しているのは現象学的還元という哲学的操作であり、内在が世界と「断絶」できるとしても、それは還元の人為的遂行期間中だけでしかない。もしもこの一点を突破するなら、それは歴とした形而上学である。

（3）形而上学的他者

内在的意識のノエシスにおける「実的成素」（reelle Bestände）に関するフッサールの記述によれば、「実的成素」は「モルフェー」と「ヒュレー」とからなる。「モルフェー」に関する記述が内的時間構造に関する「形式的現象学」であり、これは「内的時間意識の現象学」として独立した領域を形成する。それに対して、「ヒュレー」に関する記述が「質料的現象学」（materiale Phänomenologie）である。これは、のちに意識の原初的受動状態を記述する「発生的現象学」（genetische Phänomenologie）として展開される部門である。むろんこれら形式的領域と質料的領域は「生ける現在」において統合的に連関していることについては、すでに「方法の問題」の箇所で触れた通りである。ところが、ミッシェル・アンリが著書『質料的現象学』（Henry, 1990）において展開するフッサール批判は、もっぱらフッサールの「構成的現象学」（konstitutive Phänomenologie）に向けられている。たしかにフッサールにおいて発表の時期的には「構成的現象学」が「発生的現象学」に先行する。しかし、内在的意識の原初性からいえば、明らかに「発生的現象学」が現象学の根底をなすことは言うまでもない。なぜなら、「構成的現象学」の中心概念である「志向的構成」は内在的意識のなかで超越的対象を構成するときの構造分析を意味するからであり、そのかぎりでは「発生的現象学」が扱う領域よりも高次元の層に位置するからである。ところがアンリは、意識の「ノエシス・ノエマ的構造」を志向的分析にかけるフッサールの「構成的現象学」を、意識現象の「超越論的」または「原本的エゴの失墜」(déchéance de l'Ego originel ou transcendantal)(ibid. p. 148)として批判している。この「失墜」をもたらしたものは、アンリによれば、意識を「志向性」として捉える態度にある。「志向性」はノエマという「非実的超越」(transcendance irréelle)をノエシスの相関項として伴っているからであり、これは純粋内在性からの逸脱を意味するからである。

「与えられるものはすべて、いわば二度われわれに与えられる。第一の能与は神秘的であり、それは感覚である(La première donation est mystérieuse, c'est l'Empfindung.)。それは或る種の能与でもあり或る種の所与でもある。というのは、ここでは能与の様相それ自身が所与であり、情感性(affectivité)は印象の能与様相であると同様に印象内容でもあるからであり、ラディカルで自律的な意味において超越論的なものだからである。この第一所与(ce premier donné)はつねにすでに(toujours déjà)与えられていて前提されているが、しかし次にそれは二度目に、志向性のなかでまた志向性によって、超越的で非実的なもの(chose transcendante et irréelle)として、志向性の対面として与えられる。《超越論的》といえども志向的な現象学は、この第二能与の記述、その諸々の本質様相の分析、つまり様々な型のノエシスとそれに相関するノエマの分析に尽きている。しかし志向的現象学は、常にそれが前提しているもの、第一能与、つまりヒュレー現象学が第一能与の瞬時に消える存在において諸々の《感覚所与》として思惟し主題化しているものを、無視したのである。ただし第一能与が、ノエシス的構成に《素材》(matière)を提供するという、つまり前提を提供するという《役割》をもっているものと解される限りにおいてである」(ibid. p. 26)。

アンリの考えによれば、印象または感覚は「神秘的」な能与即所与であり、それが「志向的構成」に先立つ第一前提である。この能与即所与の事態をアンリは「自己能与」(auto-donation) と言い換える。たしかに発生的原初層における原印象には能動と受動の区別はない。したがって受動的「触発性」(Affektivität) が「情感性」(affectivité) でもあるということは理解可能である。端的にいえばそれは、内在における自発的「生起」現象以上のものではない。しかしアンリは、ここから「生」の普遍的「同一性」とそれに基づく共通の「可能的共同体」(communauté possible) (ibid. p. 161) の理論へ跳躍する。

「常に新たに新しい印象がそこにあるという仕方で、常に新たな印象を蒙ることを止めない印象的生のなかで、変様しないものとは何か。明らかにそれは、やってくる新たな印象もまた一つの印象であり印象であるだろうということである。印象以前につねにすでにそこにあるもの、印象以後にもそこにあるもの、それは印象がやってくるために必要なものであり、それは《われ思惟す》の空虚な形式でもなければ未来への脱自的眼差しでもなく、現象学的実効性という点で生のラディカルな自己触発 (auto-affection) である。そしてすべての《新たな印象》はその生の一変様にすぎない」(ibid. p. 54)。「生は、生が与えるものを生自身に与えるという仕方で与えるのであり、生が生自身に自らを与えるものは僅かばかりでも生から分離されることはない。だから生が自らに与えるものは生自身である。生は、与えるものも生であり与えられるものも生であるという点において、ラディカルで厳密な意味で自己能与（auto-donation）である」（ibid. p. 161)。

アンリによってここに示された「生」の「自己言及性」または「自己完結性」は、様相の多様性と変様性を保持したままで「生」自身としては自己同一であることを意味しようとしている。しかし、このことを主張するために、アンリは「生」の「自己体験」（épreuve de soi）（ibid. p. 54）を一切の脱自的超越性あるいはすべての世界的地平から断絶した「無世界的体験」（épreuve acosmique）（ibid. p. 166）たらしめる。しかも、そのように体験される「生」は「第一能与」であると同時に「第一所与」でもあるから「神秘的」であるとさえ語られている。こうした神秘性の負荷は、「生」が「純粋な顕現そのもの」（la manifestation pure en tant que telle）であり「顕示そのもの」(la révélation elle-même)（ibid. p. 161）であることを示すためである。ここでは「生」の事実に形而上学的な味付けが施されている。たしかに「生」は「力」であり「欲動」（pulsion, Trieb）である（ibid. p. 157, pp. 174-175)。しかし、いかなる「構成」や「論理」にも先立って「生」の根底に働いている「力」は、それ自体としては、「生」が「根源的暴力」（archi-violence）あるいは根源的破壊力以外のものではないということを意味するにすぎない。むしろ、それ自体には「可逆的」な「自己完結性」など認められない。それは、再帰的に循環することのない「不可逆的」な推進のエネルギーそのものだからである。すでにリーの「本能」概念に関しても指摘した通り、「本能」についても「生」に関しても、根源的破壊力という「不可逆性」の側面と生体システム維持の「可逆性」の側面とを混同してはならない。むしろ、そうするとき形而上学的な付加価値はこうした混同を隠蔽する効果をはたすのである。

それに対して、もしも人が生命を尊いとか有り難いと感ずる瞬間があるとすれば、それはこの「不可逆的」な破壊的エネルギーの作動に対して「可逆的システム」維持のために防衛的姿勢をとるときである。なぜなら、自己言及的「可逆性」とは、まさしく循環システムの維持と促進が目指されているところに見いだされる現実的安定を意味するからである。というのは、そのとき生命は循環運動を続けながらも、それが循環であるかぎりそれ自身へ還帰するというホメオスターシスの安定性が確保されているからであり、したがってそこには「生」の運動の生き生きした力動性と「生」への自己還帰の安定性という背反する両側面の「自己言及的」統一が見いだされるからである。

それゆえ、「生」の創造と建設は「生」のシステム化を意味する。いいかえれば、「生」が安定的な自己完結的構造と同時に自己増殖的変容を示すことができるのは、生存環境からも自身のなかからも「生」に対して破壊的に作動する「不可逆的他性」に対抗して「生」それ自身を保全する免疫機構がシステムとして形成されることによる。そしてそのとき、この同一システムの形成に参加する成員たち（それが細胞であれ個体であれ）相互のあいだには、「不可逆的他性」という共通の敵に対抗して自らが帰属する「可逆性」システムを防衛するために、共通の抵抗戦線上に立つ「共パトス」(pathos-avec) あるいは「共感」(sym-pathie)（ibid. p. 140, 179）が交流するであろうし、そのときは「可能的共同体」が夢みられることもありうるであろう（ibid. pp. 178-179）。しかしそのためには、現象学的考察にとって、「生活世界」という環境のなかに立つ身体のキネステーゼという可能条件を無視することはできない。まさしくここで現象学的に問題になるのは、アンリからみれば「超越」の次元にあるはずの身体のキネステーゼなのである。にもかかわらず、アンリは「生」の純粋内在性を支持するために「生」の「無世界的」体験を主張するばかりではなく、「無世界性」を根拠に死者と生者の共同体の重要性を力説するところまで躍進する。

「もし現代世界が、諸々の過去の社会においては非常に大きな役割を果たした死者たちとの共同体という形式をすべて除去するとしたら、……もし現代世界が、死者たちとの共同体についての単なる記憶すらも削除するほどにその観念にいたるまで忌み嫌うとすれば、そして現代世界が各瞬間に眼前にあるものに没頭するならば、それは、現代世界が科学や技術やメディアの世界と同様に、客観主義を狂気にいたるまで推し進めたからではないか。またそれは、死者たちとの共同存在というものが、［現存の］われわれ自身がまさにそうであるラディカルに内在的で無世界的でパトス的な主観性のなかにあるからではないか。そしてこのことは、死者たちや神との漠然として不確かな共同存在だけではなく、すべての可能的共同存在についてもいえる。というのは、すべての可能的共同存在はいつでもまず絶対的主観性の直接的変様形式のもとに、効果的かつ具体的な共同存在として実現されるものである限りそうなのである。たとえば、母と子の共同存在、催眠術をかける者とかけられる者との共同存在、愛する者と愛される者との共同存在、精神分析医と被分析者との共同存在などである」(ibid. p. 155)。

たしかに死者は超越的対象としての物体ではない。生者もまた同様である。そして死者と生者を分かつものは身体的存在の有無であるが、それらを繋ぐものはパトス的現前性である。しかしこれは、アンリから見ればひとつの「超越」もしくは「失墜」を意味する「生活世界」において自明の日常である。したがって、このことを説明するために、あえて内在性を「無世界的」次元に設定する必要はない。それればかりか、そうすることはかえって、現実の人間関係に困難が生じた場合、「生活世界」の現実のなかで架橋に努めないで逆に現実に背を向けて「絶対的主観性」の閉域へ逃亡することを可能にするであろう。いったい「無世界的絶対的主観性」に基軸をおくとき、いかにして死者と生者の区別をし、いかにして死者への追悼のパトスを喚起することができるのか。死者も生者も「絶対的主観性」において同一的ならば追悼の悲しみはないはずだからである。死者と生者を存在として区別し、それでいて生者が死者を「物体」としてではなく「遺体」として悲しむことができるためには、死者も過去においてはキネステーゼとしての運動体であったのに現在はそうではないという身体的時間性と身体的空間性の差異の事実がなければならない。

むろんアンリが身体について語らないわけではない。アンリは一種の「超越」化を意味する「原本的エゴの失墜」と平行して「原本的身体の失墜」が起こると考えている。それは、「原本的身体」を志向性によって「構成された身体」として捉える対象的把握に対する批判である。

「私の帰属領域の世界に対象の形式をとって現出する心身的自我の順位にまで原本的エゴが失墜することについて、この注釈書の冒頭から述べてきたことは、ここまできてそのすべての意味を獲得する。なぜなら、どうして超越論的エゴの失墜がフッサールによって理解されるような他者経験の条件になっているのかがここで分かるからである。というのは、それ自身が対象化しているために、対化のなかでまた対化によって有機体となるような身体としての他者身体と対化するときに、その連合軸として機能するのは、原初的帰属領域の内にある内世界的エゴである。このようなエゴの原本的存在の失墜と類似のことが、相関的に身体の失墜を惹き起こす。そのとき、身体はもはや私自身であり私のエゴと同一化されるようなラディカルに主観的でラディカルに内在的な《私にできる》ではない。ましてそれは、自己性がエゴを原本的にエゴたらしめるのと同じ仕方で、身体を原本的に純粋身体性（corporéité pure）としての身体たらしめるようなものではない。むしろそれは、まさしく構成された身体であり、帰属領域に内属することによって、身体それ自身においてではなく帰属領域において提示される身体である。それは、つねに現存し私の感性に直接に現前する私の身体である。それに反して、原本的身体（corps originel）はこの感性（sensibilité）そのものである。構成された身体も、還元された世界としての帰属領域も、この感性に対して現前するのである。〔構成された身体を〕私の身体として与えること、すなわち〔それを〕私の感性に対してまた私の感性によって構成された私固有の身体にとって決定的要素として与えること、いいかえれば、現に私の感性に準拠し私の感性を前提しているのに、つまり常に究極の能与を想定するような原本的身体を前提しているのに〔それを〕私の身体として与えること、それは、あらゆる身体理論の誤謬推理であり、それら諸理論の素朴さをなすものである」(ibid. pp. 148-149)。

しかし、アンリにとって「絶対的主観性」からの「失墜」を意味する内世界的エゴと内世界的身体は、まさしく「生活世界」におけるモナド的自我でありキネステーゼ的身体である。そしてキネステーゼの可能条件は、「内身体性」と「外身体性」とを同時に要請する。「内身体性」のみを意味する「純粋身体性」とか「感性」とか「原本的身体」だけでは、キネステーゼ的身体運動は成立しない。「外身体性」をしも一種の「失墜」とよぶのなら、「純粋身体性」としての「原本的身体」は一切の空間性を失って、およそ身体の名に値しないはずである。空間性をもたない運動性とは明らかに自己矛盾だからである。たしかに、アンリのいう「原本的身体」は「私の帰属領域の世界に現出する心身的身体」が生きた身体であるための可能条件の一つではある。なぜなら、「内身体性」なしに一人称の身体は生きた身体として運動することができないからである。しかし「生きた身体」のもう一つの可能条件は「外身体性」である。もちろんアンリも「われわれの身体は一つの超越論的内的経験であると同時に一つの超越的経験である」(Henry, 1965, p. 129) ことを認めてはいる。しかしそのときに考えられている「超越的経験」の身体とは、「われわれの絶対的身体の基礎の上に構成された身体」(corps constitué sur le fondement de notre corps absolu) (ibid. p. 271) である。ここでアンリによって考えられている「構成された身体」のなかには、「等質空間」(espace homogène) ではなく「方位空間」(espace orienté) に生きる「世界内身体」(corps au monde) としてのキネステーゼ的身体すらもそのなかに数えられているのである。

「人間存在が一つの状況づけられた存在であるのは、われわれの身体が一つの超越的身体であるからでもないし、主観的身体の発見以前に哲学が理解していたような身体であるからでもない。まさしくそれとは反対に、われわれの客観的超越的身体がそれに固有のよく規定された意味において状況づけられているのは、ただわれわれの絶対的身体が、世界と超越論的な関係にある主観性として、今やすでに状況づけられているからなのである」(ibid. pp. 267-268)。

しかし、このように一方で「世界内身体」を「超越的」な二次的所与として貶めつつ、他方で「絶対的主観性」が「世界と超越論的な関係において」身体に行為の意味を付与することができると語るための正当性の権利は、「絶対的主観性」による世界の産出なしにどうして保証することができるだろうか。なぜなら、状況づけの場所である世界なしに身体が「状況づけられる」ことはできないし、したがって「無世界的」な「絶対的主観性」が世界を産出するのでないとしたら、世界はどこからきたのか分からないからである。しかし、もしも「生」であるはずの「絶対的主観性」が世界の産出も可能であるというのなら、そのような「生」は「神による世界創造」というキリスト教的な文化的自明性から確信的に遂行された通俗化の「翻訳」にすぎない。哲学的反省から見れば、そのような自明性は多様な文化的慣習のなかから選択された一つの思想型であるにすぎない。少なくともそこには、「絶対的」な権利が見いだされないことだけは確かである。

4　作動態としての無意識

(1) 無意識の超越性

アンリの「絶対的主観性」としての「生」の形而上学にとっては、フロイトの「無意識」もやはりひとつの構成的「超越」である。なぜなら、フロイトによって考えられた「無意識」とは、アンリによれば、意識次元に成立する「表象」と対応する限りでの「無意識」だからである。意識的「表象」から隠された「無意識」を「表象」に対して前提することは、アンリにとっては、「生」の「産出行為の無意識性」(inconscience de la production)(Henry, 1985, p. 355) あるいは「純粋意識それ自体の無意識性」(inconscience de la conscience pure elle-même en tant que telle)(ibid. p. 352) を、エントロピーの法則に支配された心的エネルギーという「物理的エネルギーの代理物」(le représentant d'énergies physiques)(ibid. pp. 364-365) へ格下げすることによって、純粋内在を一種の「超越」から理解することだからである。そうすることによって、「フロイトの科学主義は生の直観をすでに覆い隠してしまった」(ibid. p. 358) からである。こうした「生の隠蔽」の発生原因としてアンリが考えているのは、表象的分離操作である。すなわち「フロイトの問題系の重要で破局的な転回点が実現するのは、一方に欲動を、他方に欲動を心において代理するものすなわち欲動の心的代理物を分離して設定することによる」(ibid. p. 363)。これに反して、「欲動(pulsion,Trieb)」とその「表象的代理物」(le représentant) を分離する以前のところに「生」の動きを捉えようとするアンリの立場は、表象の意識性と欲動の活動性を同時に兼ね備えた「生」から出発することを意味する。これは、意識性と無意識性を「自己触発」(auto-affection)において「情感性」(affectivité) として統合することを意味するから、たしかに「無意識は存在しない」(L'inconscient n'existe pas.) (ibid. p. 384) という帰結はひとまず導出されるかもしれない。というのは、「表象」は意味次元に成立するノエマの一種であるから、「表象」のなかに自らの代理物をもつ「無意識」も一種の「志向的構成」の相関者であるにすぎない。したがってアンリにとっては、そのような「無意識」にはすでに「生」の活動性は失われていることになるからである。しかしそのように言うとき、同時にその言語的記述のなかにはある種の矛盾した表現が混入するのを避けることができない。なぜなら、一方で「情動」(affect) は無意識的ではなく、無意識的ではありえないし、したがって無意識的になることもできない」(ibid. p. 369) ということもに、他方では次のように語ることになるからである。すなわち「諸観念の連合とは、この連合それ自身の条件に従って各々の表象内容が次々にやってくることであり、かくして産出行為としてのこのやってくること自体はそのつど隠蔽され、その産出物のなかに隠れてしまう。同時にこの産出物はその根から切り離され、理解されないものとして湧出する。そのためその理解にはこの産出物を産出させた連合の諸過程の解明が必要になる。この場合には、連合作用とは産出行為それ自体であり、また産出行為の無意識性とは連合作用の無意識性である」(ibid. pp. 354-355) と。いったい「産出行為の無意識性」はなぜ「隠蔽」されるのだろうか。それが「無意識性」として隠蔽される以上は、ここにも「隠蔽するもの」と「隠蔽されるもの」がすでに「分離」されているのであり、もしもこの「分離」がなければアンリですら「生」に関する一切の記述は不可能であったに違いない。ところがアンリにとっては、「絶対的主観性」である「私」自身がその「産出行為の無意識性」でもあり、しかもその「私」はつねに意識的である以上、「無意識は存在しない」というつもりであろう。しかしここには重大な混同がある。それは、「私」の個別性と「生」の普遍性との神秘主義的通底である。キネステーゼ的身体運動に関する記述を欠落させるとき、こうした形而上学的願望は、言語的記述操作を通過することによって、この通底にあたかも現実的実在性が保証されたかのごとく自分自身を欺くことができる。そもそも、言語的記述にとって分節化なしに可能になることは何もない。したがって、「私」を通底軸として個別と普遍の合一的体験を根拠にすることは、それが宗教的隠喩でない以上、哲学的記述にとっては許されぬであろう。もしも「産出行為の無意識」に関する記述をしようとすれば、贈与者の不明な「贈与」物の現実存在に関する記述から始めることしかできない。それは、個別的な「私」の「意識」と「前意識」（あるいはキネステーゼ）という現実に対抗して見えない仕方で「私」の内部に作動する「無意識」を、エス的「他性」の「欲動」として記述することを意味する。そしてこの不明な贈与者を非人称的エスとして表現することに気づいていた思想家の一人が、まさしくフロイトだったのである。一般に現象学的記述の分節性にとってその現象学的基礎となるものは「他性」の記述いがいにないからである。

（2）作動する無意識

フロイトがエス概念を導入した経緯に関する研究については、木村敏著「エスについて」（『分裂病の詩と真実』一九七一―二三六頁）に詳しい。したがってここでは、必要な限りでフロイト自身の著作

『自我とエス』および『続精神分析入門』から直接参照することにする。

「われわれの知識はすべて常に意識に結びついている。無意識（das Unbewußte）でさえそれを意識化することによってのみ知ることができるのである」（GW. XIII, S. 246）。「われわれは、自我異他的な心的領域（das ichfremde Seelengebiet）を無意識の体系と名付ける権利がないことは分かっている。なぜなら、無意識性が心的領域の独占的性格ではないからである。それなら、《無意識的》というのをもはや体系的な意味で使用しないで、今までそう呼ばれてきたものに対して、もはや誤解のないもっと良い名称を与えよう。ニーチェの言語使用に依拠し、グロデックの示唆に従って、われわれは今後それをエスと呼ぶ。この非人称代名詞はこの心的分野の主要性格つまりこの分野の自我異他性（Ichfremdheit）を表現するのに特に適しているように思われる。そこでわれわれは、人格の心的装置（Seelenapparat der Person）を三つの国あるいは領域もしくは分野に分解する。すなわち超自我、自我、エスである」（GW.XV,S.78-79）。「グロデック自身がおそらくニーチェの実例に従ったのであろう。ニーチェの実例では、われわれ人間存在のなかの非人称的なもの、いわば自然必然的なものに対して、こうした文法的表現が使われるのは全く慣用的である」（GW. XIII, S. 251）（vgl. G. Groddeck, Das Buch vom Es, Internationaler Psychoanalytischer Verlag. 1925)。

この最後の引用文はフロイト自身の脚注である。しかし、ニーチェの使用例のなかに、人間の内部に働く自然的なものを表わすために、非人称主語を名詞へ転用する実例が多く見いだされるとは思えない。むしろ、ニーチェが言おうとしたことは、あらゆる「生起」現象に対して、その「原因」を「実体」として設定させるものは、すべての「述語」動詞に「主語」を設定するヨーロッパ言語の文法的習慣であるということである。生起現象を生起を起こさせる原因の結果として捉える思考の根底には、すべての動詞に主語を定立する文法的慣習が先行するというのが、ニーチェの視点である(vgl. KSA, 12. S. 136)。たしかに、ヨーロッパ言語には、天候や時間や存在などの現象に対する表現にさえも、非人称主語を付加する習慣がある。これは、人間社会の人称的関係の枠を超え出た現象に対しても、三人称主語を転用することによって、その作用因を不明のままに設定する傾向を意味する。したがって、エスに関するフロイトの真意は、「不明な作用因」としての「無意識」を表現することにあると考えられる。いいかえればエス概念は、状態を表わすのではなく、むしろ作用を及ぼしてくる当のものの由来の不明性を表わすための概念なのである。つまりこれが、「無意識」の「自我異他性」(Ichfremdheit) なのである。

かくして、すでにフロイトは「無意識」(Unbewußtes) が内なる「他性」であることに気づいていた。というのは、あくまでもこの「他性」を記述することができるのは意識次元の「自我」(Ich) からであり、「超自我」(Überich) も「自我」にとって別種の「他性」だからである。「自我」の中核は意識であり、意識次元は感覚的「表象」と言語的「概念」とによって構成されている。むろん「体感」(Empfindnisse) は「表象」や「概念」にくらべるとはるかに原初的な「前意識」(Vorbewu-ßtes) の層に属することはいうまでもない。しかし「前意識」は「意識」次元から迂回なく検索することが可能であり、「意識」次元へ残りなく回収可能であることも確かである。その意味では、「前意識」は「意識」と基本的性格を異にするわけではない。したがって「自我異他性」(Ichfremdheit)が確認されるとすれば、それは「前意識」を含む「意識」とエスとしての「無意識」とのあいだ以外にはない。この場合「無意識」のエスは、「自我」に対して充足的弛緩を求める緊張のエネルギーすなわち「欲動」として作用する。ところが他方、「自我」の外部たとえば社会関係の慣習や制度などに原発点をもつ諸規則は「自我」のなかに侵入して、「自我」を監視し検閲する「理想像」もしくは「良心」の機能をもった「超自我」として発達的に形成される。したがって「超自我」は、「自我」という場所で、エスからくるエネルギーの直線的な放出を阻む働きとして作用することになる。その結果、エスの「力」は「超自我」の「力」の前で屈折を余儀なくさせられる。したがってこの屈折現象は、「自我」の意識が自らも気づくことなく、封印されたエスの指令を「超自我」に許容される範囲内で実現するときに現出するのである。むろん、この屈折は多様な症状を呈する。しかし相互に背反する「力」の間で平衡状態がくるとき、「自我」は成人の「心理システム」として「統合」状態の安定性を獲得するであろう。そのとき「自我」はひとまず平静でありうるであろう。

ところが、平衡状態に収束するはずの途中の屈折過程において起こっていることを記述するためには、意識の次元すなわち「表象」への現出から接近する以外にない。なぜなら、「無意識」が直線的に表出しえないということこそが、「自我」に対するエスの「他性」を意味するからである。ということは、エスに関するエネルギー論的仮説を読み解くためには「表象」の意味論が要請されるということを意味する。そのためにフロイトによって導入された解読コードが「圧縮」(Verdichtung)と

「置換」(Verschiebung) であることは周知の通りである。しかしこれは、「力」が「意味」に変容する「充当」(Besetzung, investissement) 過程を読むための概念であるから、もともとそれは論理的な正解が期待される場合ではない。いわばこれは、主語の属性の「同一性」によって述語を結合するのではなく、述語の「類似性」によって異なった主語を結合する隠喩作業に似ている。したがってここでの重点は、論理的整合性にあるのではなく、「強度の移動」にあると考えなければならない。ここでは、通常の日常的連合では予想もつかないような連合が表象次元において生じていると考えられるのである。たとえば、通常の類似性を超えて背反する表象の一方が他方によって代理されるとか、強調の中心が本来は強調されていない方向へ移動するとかの現象である。

したがってここでは、フッサールの連合規則がそのまま適用されることはきわめて困難である。なぜなら、ここでは「類似」に基づく「融合」と「対照」に基づく「際立ち」を知解するだけの連合理論によっては理解することができないような現象が発生しているからである。ということは、ここでは「無意識」を「意識生動性の零度」と規定する連合理論の射程を超過する現象が生起していることを意味する。むしろ逆に「意識」が「生動性」をもちうるのは、意識次元において知解可能な連合の枠を超えた表象結合を発生させる機構が根底において「強度の移動」として作動していることに拠ると考えなければならない。ここでは「無意識」は「生動性の零度」ではなく、まさしく「生動性の源泉」なのである。その意味では正確には、すでに日常的表象連合そのものが歪曲の結果であると考えなければならない。なぜなら、エスの屈折や歪曲は日常的「自我」においてすでに作動しているからである。エス的「他性」の日常的介入ということの事態から見れば、「生ける現在」の「原連合」における「類似」と「対照」の裏側に、つねにすでに「他性」による亀裂あるいは根源的差異化が作動していると考えられる。精神分析の臨床現場における「自由連想法」(Methode der freien Assoziation) は、まさに通常の「類似」連合を超えてこの根源的差異化に接近するための個別的試行であった。

ところがフロイトは、『快感原則の彼岸』(GW. XIII.) において、臨床現場における患者の示す抵抗についてある種の困惑を表明している。

「患者は自分のなかで抑圧されたもののすべてを想起することはできない。おそらく本質的なものこそ想起できない。だから自分に知らされた〔医師の〕構築したものの正当性について何ら確信が得られない。むしろ患者は、抑圧されたもの (das Verdrängte) を現在の体験として反復するよう強制されているのである。医師が望んでいるのとは違って、抑圧されたものを過去の一部として想起することはできないのである」(ibid. S. 16)。「意識的自我や前意識的自我の抵抗が快感原則 (Lustprinzip) に仕えていることは疑いない。まさにこの抵抗は、抑圧されたものの解放によって惹き起こされるかもしれない不快を免れさせようとしているのである。そこでわれわれの努力は、現実原則 (Realitätsprinzip) を援用して、何とかこうした不快に認可を得ることにある。しかし、反復強迫 (Wiederholungszwang) すなわち抑圧されたものの力の表出 (Kraftäußerung des Verdrängten) は快感原則とどのような関係にあるのか。明らかに、反復強迫が反復体験させるものの大部分は自我に不快をもたらすに違いない。なぜなら、そうした反復強迫は、抑圧された欲動活動の諸成果を露見させるよう促すからである。しかしそれは、われわれがすでに評価したような不快であり、つまり快感原則に矛盾しないような不快である。すなわちそれは、あるシステムにとって不快であっても同時に他のシステムにとっては満足であるようなものである。ところが、いまや記述すべき新たな奇妙な事実は、反復強迫が何ら快感の可能性のないような過去の体験であることであり、しかもそのような過去の体験は、当時においても満足ではありえなかったし、そうかといってそれ以来抑圧され続けた欲動活動でさえもないということである」（ibid. S. 18)。

フロイトのこの困惑は、「快感原則」と「現実原則」の可逆的均衡を超えた不可逆的「他性」現象の出現に直面して、フロイト自身が従来のシステム的処理法の限界に気づいたことを意味する。もちろん、その現象とは極端な「反復強迫」である。そのような「反復強迫」は、過去において経験した心的外傷から逃れるための機制とは反対の行為をする場合にも顕著に観察可能である。詳しく言えば、通常、外傷からの逃避機制は、たとえば解離性健忘、解離性遁走、解離性離人などの現象に見いだされるであろう。明らかにこのような逃避は、極度の不快あるいは恐怖に対する緊急避難的防衛機制の結果と考えられる。このような自己防衛はトラウマの回避を意味する以上、それは「快感原則」と「現実原則」との非現実的な融和を意味する。ところが、こうした自己防衛とは反対に、過去のトラウマをわざわざ反復するよう強制されるような「反復強迫」は、こうした非現実的ではあるが融和的な解決に対する自虐的攻撃を意味しているのである。「快感原則」と「現実原則」だけを堅持する限りでは、この攻撃力の由来は読み取れないであろう。なぜなら、「快感原則」と「現実原則」との妥協的「統合」という原則は、不快を回避し快を社会的現実のなかでいかにして実現することができるかという「本能的目的論」に由来するからである。それに反して、「反復強迫」は「快感原則」と「現実原則」との融和によっては理解不可能な現象である。

この困難を解決するために、フロイトは「死の欲動」(Todestrieb) という概念を思弁的に導入しようとした。「生の欲動」(Lebenstrieb) の実現方法は二つの原則の融和によって説明できるのに対して、ここにいう「死の欲動」は「生」の説明原理をはるかに超過した「欲動」である。まさしくこれは、「快感原則の彼岸」(Jenseits des Lustprinzips) を意味する。しかしフロイトが「生」の「自己保存」(システム維持としての本能) に視点をとる限り、この「彼方」を十全に説明することはできなかった。彼はエスの「他性」に気づきながら、この内なる「他性」の理論化のために別種の「欲動」を設定するだけで終ってしまったのである。

もともと「快感原則」のなかには、たしかに非社会的要素がある。だからこそ「生」は「現実原則」との融和によって「欲動」の社会的充足を図ろうとするのである。しかし「生の欲動」も「欲動」であるかぎりは、原初的には一種の衝迫力であるから、それは最初から「快感」を予想して作用するのではない。なぜなら、もし「快感」を予想して作用するのであるなら、無意識的な衝迫力を意識次元の「期待」(Erwartung) に還元してしまっていることになるからである。同様に、「生の欲動」が阻害されたことのキネステーゼ的かつ前意識的に制御不可能な無意識的再現であるはずの「反復強迫」が、もしも意識的に再現可能な現象であるなら、それは「想起」(Erinnerung) の一種であり、すでに意志的な制御の射程内にあるはずである。ところが「反復強迫」は、意識次元において回想すれば不快であるにもかかわらず過去の外傷経験を無意識的不可避的に現在において反復してしまう身体現象である。いわばそれは、過去の外傷経験の現実性（生々しさ）を「強度」として再現しようとする「欲動」の執念である。そこには、阻害されたことによって圧縮され高圧化され爆発力を増した「欲動」の暴発がある。ここでは方向性のない「強度」だけが「欲動」の表現である。この意味では「欲動」の衝撃的エネルギーは本来タナトス的である。したがって、フロイトが「死の欲動」を「生の欲動」に対立するかのように扱ったのは、システム論的な混乱があったからだと考えられる。なぜなら、フロイトの暗黙の前提となっていたことは、「生の欲動」は「自己保存」を含意するのに対して「死の欲動」は「自己破壊」を含意するという先行判断であると考えられるからである。しかし、いずれの「欲動」も「欲動」である限りはつねに「破壊的」かつ「不可逆的」に作用する「根源的暴力」である。根源的に「破壊的」な作用とは目的をもたない「力」を意味する。「死の欲動」の破壊性はすべての「欲動」がもつ根源的暴力性を意味する。「生の欲動」ですらこの暴力性なしには自己実現は不可能である。

したがって、「快感原則」と「現実原則」は「生の欲動」という同一次元で対立しているが、「死の欲動」と「生の欲動」は同一次元で対立しているのではない。「死の欲動」が方向性をもたない「力」であるのに対して、「生の欲動」は方向性をもつ「力」である。そして「力」は方向性をもつときにはじめて現実性をもつことができる。なぜなら、そのとき「力」は対立物に向かって作用することができるからである。まさしく「快感原則」と「現実原則」が「生の欲動」において対立する所以である。すなわち「快感原則」は「現実原則」からくる抵抗を掻い潜って屈折しながらも実現を果たそうとする。それは、阻害するシステムに対抗して作動する逆行システムの形成を意味する。「自己保存」とは、他のシステムに対する自己システムの防衛という目的論的作用である。「自己保存の本能」とは生命システムの形成へ向かって習慣化されたときに獲得された傾向性である。したがって「自己保存」の「経済論」とは、「不可逆的」破壊力に対する防衛機制（あるいは「負のエントロピー」《né-gentropie》の拡大）のために発生した「可逆的」に循環するシステムに関する理論を意味する。この機制を個体の側面からみれば、「本能」という習慣的行動形態の獲得である。

したがって、「エネルギー論」と「経済論」とはフロイトにおいて合致するはずがない。なぜなら、「経済論」は「自己保存」の有効性に関する「可逆性」の次元に属するのに対して、「エネルギー論」は有効性と無効性の次元を超えた層に展開される「不可逆性」に関する暴力論だからである。

5　内なる他性と外なる他性

（1）自我形成の力学

発生的現象学の視点から上記の「可逆性」と「不可逆性」の関係を考察しようとすれば、「可逆性」システムのなかに作動する「不可逆性」の様相を記述することから始めなければならない。なぜなら、不可逆的な「力」は現実的な方向性をもたない「他性」であるかぎり、それ自体として記述することは不可能だからである。したがって、そのためには「内なる他性」あるいは「無意識」のエスが、他者の「他性」あるいは「外なる他性」との関係において作動する諸様相を考察する必要がある。それは、人間の対人関係と社会関係において「他性」がとる様態を現象学的に考察することを意味する。

人間は他の動物種にくらべて早産であるといわれている。それは、人間が二足歩行の習慣を身に付けて以来、頭蓋骨が発達したためであるかもしれない。いずれにせよ、早産であるという事実は、少なくとも誕生から言語習得の開始時期にいたるまでのあいだに、胎内にいるときと同じほど濃密に癒合した母子関係の存続を強制する結果になっている。したがって、この初期的な発達段階における母子癒合の関係は、幼児の自立にさいして他の動物種と異なった感情形成を促すことになる。いいかえれば、母子癒合の期間が人間における「自己と他者」の関係を独特のものにする重大な初期条件なのである。

身体としては分離しているにもかかわらず母と子が癒合状態にあるということは、人間存在の開始の当初からすでに、癒合の「安心感」と自立の「不安感」が幼児のうちに共在するという二重拘束を、すべての人間が経験させられる運命にあるということを物語っている。乳児の眼前から母がきえているあいだに、乳児がいだく不安を解消するために乳児自身が行なう「糸巻き遊び」(Fort und Da) (Freud, GW. XI, S. 11-15) に類する報告が一般的であることは、我国においても「イナイイナイ・バー」の実例とともに、つとに承認されている。しかし、通常はこの種の不安は言語習得とともに、内面化された言語コードの普遍性のなかへ解消されていくと同時に、幼児は自立の喜びを経験するはずである。幼児が鏡に写し出された自己の像を見て、対象化された自己を認知することによって、歓喜の笑いを発するという人間に特有の（というのはチンパンジーには不可能な）現象が観察できるのは、言語習得以前の鏡像段階においてすでに、自立への方向性が一般的であることを立証している(Merleau-Ponty, 1964, Bulletin de psychologie 236 XVIII 3-6 pp. 300-304)。ところがこれとは反対に、「私の口から他人の声が発言している」とか「私の思っていることがすべて他人に漏洩している」という統合失調症患者の報告は、自立の不安を超えるために他者への通底を求めた悲鳴とすら見做すことができる。一見すると第三者から客観的にみるかぎりでは、自己の自立とは母子癒合状態からの単なる脱出を意味するにすぎないかもしれない。しかし精神病理学的疾患を考慮してみれば、自己の自立とは脱出時に経験する不安を各人各様の仕方で自己克服する難行であることが分かる。

というのは、この自己克服に関して問題なのは、自立を束縛する要素が社会的に存在するという点にあるからである。すなわち、社会関係が慣習や制度のように一般化されている場合、それは個人の独力によって変容不可能な強制力をもって、つまり社会規範の圧力をもって、個人に迫ってくる。そのとき、この強制力は社会通念として家族のなかの価値観にまで浸透している。最初は家族の壁のなかで単純に自立性に歓喜していたエネルギーは、外から浸潤してきた通念に適応するために、次第にその素顔をみせなくなる。それは、「超自我」の形成が確立されることを意味している。その代わり、「超自我」の「検閲」(Zensur, censure)によって「抑圧」された心的エネルギーは、内面化された社会性に許容される表象とだけ結合するような仮面をつけ始める。

しかし、心的エネルギーのすべてが、社会的に承認された表象にうまく結合できるわけではない。何らかの仕方で表出の機会を失ったエネルギーは、内面化された社会規範からは見えない深層に蓄積されて噴出の機会をうかがうことになる。そしてその噴出の仕方には二つの道がありうる。一つは、自己のなかに内面化された社会規範の壁が厚く形成されている場合である。そのときその壁を突破することができずに圧力の高まったエネルギーは、すでに僅かに適合可能な仕方で形成されていた自己自身を傷つけ破壊してしまうことがある。あきらかに精神病理学的疾患の場合である。もう一つは、社会規範の内面の壁がきわめて薄く形成された場合である。この場合、表出の機会を失って圧力を高めたエネルギーは、不幸にして、内面の薄い壁を暴力的に突破する。これは、社会秩序の側からみれば、「違反」(transgression) である。したがってそのときは、噴出したエネルギーは今度は社会に実在する外の壁に直接激突することになる。そのとき、社会に実在する規範は噴出させた当人の責任を追及するであろう。それは当人の「自我」を、社会的に実在する外の壁が粉砕することを意味する。かくして、いずれの場合も自己の統一性は破壊され、当人は社会から脱落するか排除されるであろう。なぜなら、社会システムはそれ自身を維持するためには、コードを破る項に対しては、矯正してシステム内に回収するか、それが不可能な場合は、システム内で抹消するか、もしくはシステム外へ排除するかせざるをえないからである。

「自我」の自立に際して発生しうるこうした不幸は、すべて自我のなかに内面化された社会性と出口を見いだせない心的エネルギーとの極端な亀裂に起因する。ここに現出しているのは、内面化された一般的社会関係と封印された個別的エネルギーとの不安定な分裂状態である。この分裂状態は、明らかに自我形成の失敗を意味する。ここで自我形成に成功するためには、個人がひとりひとり程度の差こそあれ、こうした分裂状態を自分自身で克服する以外に方法はない。

(2) 自己克服の不可能性とコミュニケーション

ところが自己克服の不可能な場合がある。そのような場合がありうるのは、亀裂をもたらす契機のひとつが意識的制御を超えた内なる「他性」に由来するからである。多くの成人は、内面化された社会規範と「欲動」の「不可逆的」エネルギーとのあいだに、各人各様の「可逆性」秩序を見いだすことに成功することができる。しかしそれは常に、事態の本質からみて、分裂する両契機の妥協の産物でしかない。むしろ、もともと「自我」は、こうした妥協の一過性の上に成立しているにすぎないと考えなければならない。つまり日常的「自我」の危うい「統合」(intégration) は、つねに「統合失調」(désintégration) に対する綱渡りのような自己防衛の上に成立しているにすぎないのである。そうだとすると、意識的遂行の射程を超える事態が発生しても、全く不可解でもなければ不思議でもない。

こうした意識的意志的自己克服が不可能な事態とは、もちろん精神病理学的疾患の場合である。しかしそれが起こりうるのは、本来、人間の経験が根本的に背反した構造を持っているからである。これに関してラカンは、精神分析が解明するのは人間経験の「根本的不一致」の構造であることを指摘している。

「分析が暴露するものは何か。それは、人間が体験するものすべてについて、人間にとっての本質的な行為の根本的かつ徹底的な不一致 (la discordance foncière, radicale, des conduites essentielles pour les hommes) にほかならない。分析によって発見された次元とは、適応とか漸近とか完成によって進展するような何かとは反対のものである。むしろそれは、跳躍とか飛躍によって動いている何かなのである。それはつねに、いくつかの全体的象徴関係の厳密に不適切な適用である。そこにはいくつかの調音組織（tonalités）があって、例えば想像界が象徴界へ介入するとか、逆に象徴界が想像界へ介入するような場合が含まれている」（Lacan, Sé. 2, p. 108）。

したがって精神分析がもたらすものは、人間経験の特殊な「統合失調」の実例分析を通じながら、実は一般に人間存在の根底において経験されている人間形成の基本構造の解明である。なぜなら、多くの成人において本来は一過性現象として成立しているはずの「統合」状態は、根本的に対立する諸契機を調和的に覆い隠すことによってはじめて現出しうるものである以上、それらの諸契機が表面に露呈するのは「統合失調」現象の分析によってでしかありえないからである。このような「統合失調」現象の分析を通じてラカンが発見した経験構造の契機が、まさしく「象徴界」（le Symbolique）「想像界」（l'Imaginaire）「現実界」（le Réel）の三契機であり、これら諸契機の構造連関を示す構図が、大文字の「主体」（Sujet）と大文字の「他者」（l'Autre）という二大対立契機と、これら二契機からの影響をうけながらも「言語の壁」に阻まれて形成される二要素、小文字の「他者」（l'autre）と小文字の「自我」（moi）との間で構成される四角形の力動的連関である（Lacan, Sé. 2, pp. 284-288）。

しかしラカンによれば、「無意識が力動的な概念であるというならば、それは勿論十分ではない。なぜなら、そのように言うことは、特殊な謎を最もありきたりの謎の次元と置き換えることだからである。一般に、力とは不透明な場を示すために役立つものである」（Sé.11,p.24）。このように「力」

の概念の通俗的な使用を警戒しながらも、他方でラカンは、エントロピーなる概念については全面的に肯定しているばかりではなく、フロイト自身もその思想の重要な部分において「不可逆性」を表わすこの概念に出会ったことをラカンは認めている。

「熱力学の第二法則が規定するところによれば、エネルギーの発現には不活性な様態（modes nobles）とそうでない別の様態とがある。いいかえれば、流れを逆行することはできないのである。人が仕事をした場合、一部分は例えば熱として消費される。［ここには］喪失がある。これがエントロピーと呼ばれるものである。エントロピーには何ら神秘的なものはない。これは一つの象徴であり板書できるものである。しかしエントロピーが実在すると思うのは誤りである。エントロピーは大文字のEであり、われわれの思考に不可欠である。……現実にこれは万物の原理である」（Lacan, Sé. 2, p. 103）。「ところで、フロイトはこのエントロピーに遭遇した。……彼はこれが死の本能にいくらか関わりがあると感じていた」（ibid. p. 104）。そこで「突如としてフロイトは、物事が一定の不可逆的連続において生起するという考えを導入する。たしかに不可逆という語は見当たらないが、《時間経過》（Zeitlichfolge）とか《方向》（Richtung）という表現で十分に不可逆という語が示されていると私［ラカン］は思うし、あなた方もそう思っていただきたい」（ibid. p. 161）。

そこでラカンは、「無意識」を単なる「力」と規定することの通俗的未規定性を告知した上で、「不可逆性」の原理と「言語」の構造性とによって「無意識」を構造的に記述しようとする。つまり「無意識は一つの言語系（language）として構造化されている」（ibid. p. 23）と考えようとする。詳しくいえば、大文字の「主体」（Sujet）の頭文字はその発音通り「エス」にも通じている（Lacan, Sé. 3, p. 23）。これは、言語的に発話されると直ちにそれ自身が隠されてしまうような「主体」である。なぜなら、もしも「私は嘘つきだ」と発話されたなら、それと同時に、その発話文のなかの「私」は発話者の「主体」ではなくなるからである。というのは、この発話文の真偽は、発話文の自己言及的関係だけによって保証することができないからである。発話者が真を語る人ならばこの発話文は偽となるし、発話者が偽を語る人ならばこの発話文は真である。このように、発話者の「主体」と発話文の「主語」とのあいだには常に「不一致」が生ずるため、発話「主体」は言語表現の壁に弾かれて、常に自らを知ることができない状態にある。自らを言語次元において主語である「何」として知ることのできない「主体」は、「意識」や「前意識」の前に対象として現前することができない。その意味では、大文字の「主体」はまさしく「エス」または「無意識」の次元に帰属しているといえる。

それに対して大文字の「他者」は、「現実界」に実在しているにもかかわらず、言語による彼らの語らいは「他者」そのものを「言語の壁」の彼方に隠してしまう。なぜなら、言語の連辞的連関は「象徴界」のシステムを形成しているため、「象徴界」の規則を介さずに「他者」への接近は不可能だからである。というのは、「象徴界」の壁はちょうど鏡面のように機能して大文字の「他者」はその鏡面の彼方へ持ち去られ、鏡面上では斜線を引かれた「他者」でしかなくなる。そのために、「主体」が見る「他者」は「虚焦点」（foyer virtuel）として像を結ぶ対象、すなわち小文字の「他者」としてのみ与えられる。大文字の「他者」へのこうした接近不可能性は、「主体」を独我論的位置へと落とし込む。

しかも「言語の壁」に阻まれた「主体」が自己を構成しようとすれば、現実と言語の「不一致」という事実のおかげで、自己を小文字の「他者」という欲動対象をモデルとして「想像界」において自己構成せざるをえない。ここでは、フッサールの他者構成の「対化」理論とくらべると、まさしく順序が逆転している。他者への接近不可能性は両者に共通しているかにみえるが、ラカンにおいては、自己構成は他者構成に追随することによってしか起こりえない。なぜなら、「主体」は「欲動」の根源でありつつも、「自己意識」のように透明に知られうる存在ではありえないが故に、想像的な小文字の「自我」が大文字の「他者」に届かない仕方で構成されてしまうのである。

したがって、このような事態は「超越論的主観性」を起点とするフッサールの他者理論よりも、むしろ発生の初期状態についてドゥルーズが指摘した二重分裂の現実をよく説明してくれる。ドゥルーズのいうところによれば、

「たしかに、結合の受動的綜合つまり〔現実目標に〕結びついた受動的綜合から出発して、幼児は二重の系列において自身を構築する。しかし、この二重の系列は対象に向かう（objectales）ものである。すなわち、能動的綜合の相関者たる現実対象（objets réels）の系列と受動的綜合の深化（approfondissement）の相関者たる潜在対象（objets virtuels）である。深化された受動的自我（le moi passif approfondi）がいまナルシス的心像（image narcissique）によって充たされることになるのは、虚焦点（foyer virtuel）を観想することによってである。一つの系列は他の系列

なしには存在しないであろうし、それでも二つの系列は相互に類似していないのである」(Deleuze, 1968, p. 132)。

このような「受動的綜合の深化」によって捉えられる「虚焦点」としての「他者」は、もちろん小文字の「他者」である。この「他者」が構成されるのと同次元の「想像界」において、「自我」も「ナルシス的心像」として構成される。やがて発達段階の後期においては、この「自我」は、「象徴界」からの影響のもとにやはりナルシス的次元において自らの「理想像」として形成されるにいたる。と同時に「理想像」は、知られざる「主体」の「欲動」を抑圧する機能を果たすのである。

こうしたナルシス的回路は、明らかに精神病理学的疾患に特徴的である。なぜなら、そのとき「主体」はついにナルシス的回路の外へ出ることができないからであり、それは取りも直さず「現実界」との接続を失いがちだからである。ナルシス的回路は一種の閉鎖系システムを形成している。ここには回路内での「可逆性」が確保されているが故に、その回路の孤立はかえって現実性を奪う。なぜなら、現実的なシステムはつねに開放系であるときにしか「生動性」をもたないからである。そしてシステムに開放的「生動性」をもたらすものは、「可逆性」循環のなかで作用しながらも、その「可逆性」そのものを突破する「不可逆性」の契機である。この場合、「言語の壁」を超えてナルシス的回路を抜け出る切っ掛けをあたえることができるものは、ラカンにとって、分析者と被分析者の間に「真の言葉」が流通することである。がんらい発達段階の進展からいえば、ナルシス的回路は主体自身の内部に作用する「不可逆性」によって克服されるはずのものである。それにもかかわらず、閉鎖的な疾患に陥っているということは、自身の力によって外への通路を確保することができないということを意味している。したがって、閉鎖系回路に外への通路を拓くものは、外部から働きかける「精神分析」の「真の言葉」いがいにはない。ただしその場合、語りかけは「分析者の自我がそこにないようにするという唯一の条件、分析者が生きた鏡ではなく空虚な鏡(miroir vide)であるという唯一の条件のもとに」(Sé.2,p.288) 行なわれなければならない。さもなければ、分析者と被分析者の間に「言語の壁」が形成されて、外への通路は閉ざされてしまうからである。

「分析が目標としなければならないことは、真の言葉 (vraie parole) を流通させて、主体を言語の壁 (mur du language) の向う側にいる他の主体に結合するようにすることである。分析の最終点を規定しているのは、主体と［大文字の］真の他者 (un Autre véritable) すなわち予想もつかぬ応答をしてくる他者との究極の関係である」(Lacan, Sé. 2, pp. 287-288)。

まさしく精神分析が目指しているのは、「内なる他性」(無意識) を「外なる他性」(他者) に結合することである。ラカンは、その結合の紐帯を「真の言葉の流通」(passage d'une vraie parole) (Sé. 2,p.287) にあるとしている。しかし、「真の言葉の流通」ないし「通路」とは何なのか。「言語」(langue) が独自の結合規則をもつことによってしか成立しないものであるかぎり、「言葉」(parole) ですらその連辞規則を破ることはできない。しかしラカンは、分析者が「空虚な鏡」になることを勧める。「生きた鏡」(miroir vivant) が自発的に「言語」を語り他者に対して自らの方向づけを指定する機能を果たすのに対して、「空虚な鏡」(miroir vide) とは、極端な場合パターナリスティックにすらなりうるような能動作用を一切もたない反射鏡を意味する。それはただ、被分析者が語る「言葉」を聴きながら、被分析者自身の場所において彼自身が大文字の「他者」との関係を「受け入れる」(assumer)(Sé.2,p.288) のを待つことである。これはまさしく精神分析の「しぶとさ」(insistance) である。しかし決して積極的な手段ではない。それにもかかわらず、ここで考慮されなければならないことは、被分析者の内部においてすでに連辞規則の崩壊が起こり得ているということである(拙書『現象学の変貌』一〇七―一〇九頁参照)。したがって、もしも分析者が連辞規則の堅固な健常者の立場をとり続けるならば、すなわち連辞規則が破壊されたならコミュニケーションは成立しないという理性的な多数派の立場を正当とするなら、そのことだけで被分析者に対して、むしろ分析者の側から「言語の壁」を立てていることになる。ラカンの「空虚な鏡」とは、このことへの警告と受け取らなければならない。むしろ逆に、「真の言葉」が生起するのは、「主格」や「対格」や「属格」としてではなく、連辞規則を超えた「呼格」(vocatif) としての「呼びかけ」が発せられるときであるかもしれない(拙書『現象学の射程』一六五頁参照)。たとえば、連辞規則が相互に異なっている外国人同士の三歳児たちが、自らの言語を使用しながらも同じプレイルームで同じ遊びを始めることも可能であろう。そこにコミュニケーションがないとはいえぬであろう。かえって、そこにこそコミュニケーションの原点があるとさえいえる。だから人間関係を汚染している元凶は、通常はコミュニケーションの媒体とみなされている「言語」がもつ「壁」なのでる。

　この点に関してのみいえば、これはレヴィナスが「他者の他性」への「接近」(approche) について語っていることからそれほど遠くはない。ラカンが「言語の壁」を超えて大文字の「他者」へ接近するために「真の言葉」の必要性を主張しているのに類似して、レヴィナスも言語に二つの機能を認めている。すなわち、システムを形成して普遍的に「語られたこと」(le Dit) と他者への「接近」を可能にする「語ること」(le Dire) である。ただし、「語られたこと」においても「語ること」においても、言語が使用されるにもかかわらず、両者は決して「対称的」な相関関係にあるのではない。むしろ、これらは「非対称的」に捉えられなければならない。なぜなら、「非対称」(asymétrie) に含意されている「否定性」は、「肯定」に対する論理的「否定」の「対称的」射程をはるかに超絶しているからであり、この超絶性が「言語の壁」の「彼方」へ人を誘導することができるからである。

「言語が思考されたものの諸々の限界を超えることができるとすれば、それは、システムの同時性と概念の論理的定義が持っている記号に向かってやってくる意味とは異なった意味の含意性を、決して理解させる (faire entendre) のではなく、暗示したり (suggérer) ほのめかしたり (laisser sous-entendre) することによってである。[言語のこの] 効力は、詩的な語りとその語りが無限に促す解釈のなかに露呈する。[またこの] 効力は、一種の空中浮揚状態において自らの環境を無視する予言的語りのなかにも現れる。《語られたこと》がいつまでも越えがたい曖昧さをもち、同時性を拒否する意味をもち、存在に陥ることも全体を構成することもないような意味をもち続けているのは、たとえ《語られたこと》によって記されてはいても、接近 (approche) のおかげであり、《語ること》が有する『他のための一』(l'un-pour-l'autre) [という性格] のおかげである。

接近ないし《語ること》は、全集合に含まれないものと関わっているのであり、系列外つまり本質の転覆と関わっているのである。《語ること》は、それが言表する主題を食み出ているし、《語られたこと》の《すべて一緒に》とか《すべて含めて》というのを食み出ている」(Lévinas, 1974, pp. 215-216)。

だからラカンの「真の言葉」(vraie parole) とか、レヴィナスの「語ること」(le Dire) が拓く通路は、「想像界」の表象や「象徴界」の概念が立てる「壁」の「彼方」にある「現実界」の「他者」へ通じているはずである。たしかにコミュニケーションが成り立つとすれば、ここにおいてでしかない。「自我」のナルシス回路のなかにはコミュニケーションはないからである。しかし「真の言葉」や「語ること」が言表する発生期の意味は、どのような社会性をもつのであろうか。というのも、言語表現と意味の関係は社会慣習として通用しているからであり、もしも通常の言語と意味の関係枠を越えるならば言語としては通用しなくなるからである。しかし、まさしく言語の限界状況にコミュニケーションの原点を見いだそうとするラカンやレヴィナスの見解は、「論理」の次元やすでに社会的に通用して停滞している慣用的な意味ではなく、意味そのものがそこから生まれ出てくる「強度」の場所としてのコミュニケーションが言語に先行することを認めさせようとしている。その地点から語り出されてくる言語こそが初めて「発生期の意味」もしくは「生きた意味」をもつと、彼らは考えているのである。

「もしもコミュニケーションが自我のなかで始まるのでなければならないとしたら、明らかにコミュニケーションは不可能である。というのは、自我という自由な主体にとって、それ以外のすべては、戦争、支配、予防、情報を誘発する規制にすぎないからである。たしかに自己を伝達する (se communiquer) ことは自己を開く (s'ouvrir) ことである。しかし、このような開け (ouverture) も承認を狙うものであるなら、全面的な開けではない。開けが全面的になるのは、他者に見てもらうとか承認されるために自己を開くのではなく、自己を他者に対する責任たらしめる (se faire responsabilité pour l'autre) ことによってである。……コミュニケーションの開けは、ある真理を自己の中に抱え込まずに外へ置くために、単に場所を移動させることではない。それを外に置くと言う考えもしくは狂気こそ、驚くべきことである」(ibid. pp. 152-153)。

したがって「コミュニケーションの開け」(ouverture de la communication) は、「知の交換」でもなければ「情感の交流」でもない。それは、「予想もつかぬ応答をしてくる他者」(l'Autre qui donne la réponse qu'on n'attend pas) (Lacan, Sé. 2, p. 288) に対して「自己を責任 (応答可能性) (responsabilité) たらしめること」(Lévinas, 1974, p. 153) である。ここでは「コミュニケーションの開け」の事実が「自我」の成立より先行している。にもかかわらず現代社会においては、この原点が見失われている。あるいは隠されている。この隠蔽が人をして精神病理学的屈折へ追いやるのである。いったい現代社会における人間関係はどのように歪曲されているのであろうか。そこにおけるあるべき人間の姿とはどのようなものであろうか。

(3) 現代社会におけるコミュニケーションの隠蔽

たしかに人間は自然によって生まれ、身体の自然的秩序の崩壊によって死ぬ。このように個人としての人間は自然的拘束をうけているという意味で有限であると考えるものもいるであろう。しかし、人間の有限性は自然的拘束を意味するだけではない。人は特定の文化社会に生まれつき、特定の文化価値の強制をうけながら生存し、特定の文化形式によって葬られる。その意味では、人間は自然的側面と文化的側面の両方から拘束された有限存在である。

したがって、自然的拘束ばかりではなく、文化的拘束も人間を単独の存在として生存することを許さない。文化的拘束が人間を関係のなかに束縛する仕方としては、直接的なものと間接的なものがある。すなわち、一方には身振りや表情の直接的交流の場合があり、他方には第三の媒質を介して行なわれる間接的交流の場合がある。たとえば、相互に物質を与えあうとか、象徴を儀礼的に交換するとか、規則的な体系をもった記号（例えば言語）を交換することによって関係が成立する場合である。しかし、表情や身振りの交流であれ、物質や象徴や記号の交換であれ、いずれの場合でも、前提されているのは人間相互の関係そのものである。いいかえれば、人間の生存環境においては単独の自己から出発して他者へ向かう仕方で関係が構築されるのではなく、最初に人間存在の初期条件として関係が前提されていると考えなければならない。

その関係のうちで原初的で直接的な形態は、もちろん感覚的または情緒的な場合である。ただし、ここでは関係は類型化することはできても量的測定という客観的な方法で接近することは困難である。

なぜなら、ここで支配的であるのは「論理」ではなく「強度」だからである。しかしその反面、このように原初的な交換形態が交換者相互の間で等価的測定を逸脱しているからこそ、かえってその形態の内容は直接的に理解されやすいといえる。感謝や友好や怒りの伝達はその実例である。

これに対して、関係が近代化するということは、関係のネットワークが重層的に拡大することを意味している。もちろんこの拡大を可能にしているのは、交換の媒質が現前的な伝達手段を越えた機能をもつときである。そのためには、現前的対象を代理する「記号」を発明し、それに社会的慣習による共通の「意味」を付与することによって、たとえ対象が非現前である場合でも、あたかも現前的である場合と同様の実在性をもってこの「記号」が流通することができるようにする必要がある。たとえば、貨幣も言語もその点ではこの種の代理「記号」である。ただ貨幣と言語ではそれぞれの記号間関係の結合規則が異なっているにすぎない。むしろ問題は、代理「記号」の登場が事態をさらに進展させるという点にある。すなわち、第一次の「記号」を担保として代理をさらに代理する第二次的な「記号」が開発されるとき、代理的媒質のネットワークは重層的構造をつくりだす。しかしその代わり、このような重層的拡大の方向は人間関係を狭い身辺的世界から解き放ち、それを世界的規模にまで膨張させる可能性を含蓄している。

近代市民社会は、貨幣「記号」の流通の初期からすでにこうした膨張可能性を秘めていた。いいかえれば近代社会の特徴は、個人の自立と個人相互を結合する紐帯の記号論的普遍化にある。そして個人を繋ぐ紐帯を形式的に普遍化すればするほど、それと反比例的に固有の内容は個人の中心に凝縮されていく。そのときに残る個人の中核は、「自己決定権」の作用主体だけとなる。ここで確認される重要なことは、近代的個人主義の徹底化は個人間の交換媒質の形式的普遍化によって初めて惹き起こされるのであって、逆に個人主義が形式的普遍化を呼び寄せたのではないということである。その結果、市民社会にとって自明の観念が生ずる。すなわち近代社会の自明性とは、法律的側面では「権利の平等」であり、経済的側面では「自由市場の原則」つまり「等価交換」である。

このような関係媒質の普遍化という条件のもとで、人間存在とその連関を極限的な様相にまで収斂してみれば、つぎの四つの特徴をもつ人間像が明らかになる。まず第一に、個人は「自己決定の主体」であること。第二に「自己決定の内容」については原則として先天的な制限はないということ。その代わり、第三に「自己決定の結果」については、当人に全面的な「責任」があること。いいかえれば、結果如何によっては決定的な社会的制裁をうけるということ。そして第四に「人間相互の関係」については、愛情を含めてその殆どが「等価性に基づく契約」に還元されるということである。こうした社会状態において現れている人間の様相とは、個人の人間存在としての全体層が「自己意識の先端」に位置づけられ、人間関係の全体が「意識的な約束の体系」に還元されてしまっているという状態である。むろんこれは、現代社会の基本的特徴のシミュレーションにすぎない。けれども、先進的な現代社会がこうした方向へ収斂しつつあるということは否定できない。

しかし、このような意識的な人間様相だけが人間の全貌ではない。なぜなら、発生的現象学の成果が示すように、人間の原初的な根源層には不可逆的なエネルギーが作用するからである。たしかに「権利の平等」は尊い思想であり、「等価交換」は公正な関係ではある。それにもかかわらず、人間関係の現実のなかから「等価交換」以外の関係が全面的に払拭されたことは、歴史的経験において一度もない。かえって、先進的近代社会になる以前の段階においては、交換形式はその多くが「不等価交換」の様相を呈していたとさえいえる。「不等価交換」とは、規則的体系に基づく「記号」の等価交換形式ではなく、権威ある「象徴」の儀礼的交換形式である。そこには一方に「権力の支配」があり、他方に「権力による保護」と「権力への従属」がある。だからこそ、社会から「権力の集中性」を除去して近代化をはかるということは、「不等価交換」の機会をできるだけ少なくし、人間関係において「等価交換」の機会をできるだけ多くすることを意味していたのである。そのために重要な機能を果たしてきたのが、理性の技術的計算能力であった。すなわち、目的設定とそれを実現するための最短距離の測定である。最短距離の測定は、最少のエネルギーを用いて最大の効果をあげるための技術開発へつながる。これは、人間存在の根底にある不可逆的エネルギーの実現の目的論的近代化である。この種の技術の目的論的先進化とは、「生産と消費と廃棄」の連関を量的に拡大することを意味する。したがって、このように合理化された社会関係において承認された普遍的な「自明性」は、もっぱら「有効性」または「効率」だけである。

しかしここで見逃されてならないことは、「有効性」が基準である以上、社会システムの維持と促進にとって無効な契機は必然的に排除されるという構造的欠陥が隠されているということである。秩序維持のために排除が発生するということは、秩序内に「秩序の他者」を産出することを意味する。しかし、もともと現代社会の公正さを表わす「等価交換」の概念のなかに、そうした欠陥意識はありえない。なぜなら、「自己意識の先端」に位置づけられた「自己決定の主体」と社会秩序にとっての「有効性」とが優先的な「自明性」であるとき、無効契機の排除は公正な処置ですらあるからである。

にもかかわらず事実として、その秩序に不適合な主体のなかに、「秩序の否認」と「秩序への帰属」という背反した心情を再生産し続けているのは、まさしくその「公正な秩序」の側である。

たしかに現代社会にも「等価交換」形式のシステムと「不等価交換」形式のシステムが混在している。たとえば、一見すると家族共同体の外壁は、まるで中世の城郭のように、これら両システム間の「均衡」を保つための役割を果たしているかのように見えるかも知れない。効率主義の近代社会において、逆に家族第一主義者の親たちが増えるのはそのためである。しかし、従来から家族共同体が果たしてきた諸機能（例えば育児・教育・介護等）が社会のなかへ制度（保育所・学校・介護施設等）として機能分化するとき、家族の核化そのものも解体へ向かう傾向をもつ。それは、家族内の諸機能が社会における諸機能へ効率的に分解独立するとき、その機能分化は、家族内で行なわれていた諸機能の相互性がもっていた身辺的「対面性」を同時に失わせるからである。そうなると家族第一主義者たろうとする親たちの焦燥感は、自らの共同体の防壁を固めようとしてますます内なる次世代者に対してパターナリスティックな姿勢をとらせる。その結果、若者は街角に無益な救済をもとめ始める。大都会におけるストリート・カルチャーの増大傾向は、家族の共同体的防護壁が崩壊しつつあることを物語っている。原子論的個人の集合的な流れに向かって原子論的個人が働きかけること以外に心的ェネルギーの表出形態を知らない世代が増殖することは、個人の内面に輸入されるはずの社会規範に対する先行的逆行の現象である。それに反して、通常の多くの成人は、社会通念を内面化し現存の社会関係に妥協的に適合することに、ある程度成功するであろう。しかし、少数の不適合者にとっての選択肢は、違反者までいかずとも前衛的に先行的逆行を選ぶか、もしくは心的ェネルギーの表出方法を見いだせずに自己崩壊に身を任せる仕方で、秩序から脱落するかである。若者は前者を選び、高齢者は後者を選ばされるかもしれない。しかし精神病理学的患者の場合は、選択の問題ですらない。

ところが考えてみれば、ある社会がそれ自身の社会秩序を維持するために、その社会のなかから不要な契機を排除せざるをえないということは、当該の社会システム自身に欠陥があることは明らかである。少なくとも、そのシステムに彫塑的開放性が欠けていることだけは確かである。したがって、社会が開放されたシステムであろうとするなら、何らかの意味で「秩序の他者」を排出しないような社会構造へ向かってシステム自身が自己変容しなければならないであろう。おそらくそのときに始めて、「他者」と「自己」の現在は社会的現実として希望を見いだすことができるであろう。

したがって、このことを構造的に再検討するためには、コミュニケーションの原点を隠蔽している現代社会の「等価交換」構造の閉域を突破して、人間の社会関係を原点から開放系としてとらえ直す必要がある。そのための準備作業として、次章において、もう一度フッサールとメルロ＝ポンティの現象学的思考の展開過程を考慮することによって、とくにメルロ＝ポンティの「肉的可逆性」に対する背反する解釈をめぐって「可逆性」と「不可逆性」の本質的な関係を捉え直しておきたい。それは、「不可逆性」が可逆的顕在システムの潜在的可能条件であると同時に、システムの自己変容の開放条件でもあることを明らかにするためである。

第三章　可逆性と不可逆性

ヨーロッパの思考がながらく追求してきたのは、「一致」の思想であった。それは、エレア学派いらい現代にいたるまで、現象としての現実に含まれている「不一致」もしくは「不完全性」を、「思考」と「存在」との「一致」の立場から、説明しようとした努力の軌跡である。一方、現象学的思考は多くの現代的思考のなかでも、とりわけ、まだ吟味されていない前提を自明性として承認する手前で、それを反省の篩いにかけることを基本姿勢とする。こうした哲学的動機づけは、ときとして、自らの依って立つ地盤をも自らの手で穿つところまで、思考を先導するであろう。その場合に最初に現象学が真理基準にしたのは、「直観」であった。そのかぎりでは、現象学もヨーロッパ的思考の伝統を正当に継承しているといえる。なぜなら、「直観」とは究極的には存在と思考の「一致」を意味するからである。問題は、「直観」が「地平における現象」に出会うとき、いったいそれ自身を確立することができるかどうかにある。というのは、現象が地平を伴うとき、「直観」において「一致」しない影の部分すなわち「地平」については、パースペクティヴ的「解釈」が行なわれざるをえないからであり、「解釈」は「直観」という真理基準からはみだしているからである。はみだした部分をどのように処理するかについて、現象学的思考はフッサールの方法からメルロ＝ポンティの方法へ移行せざるをえなくなった。しかしそれでも問題として残るのは、メルロ＝ポンティの後期思想すなわち「内部存在論」(endoontologie) の中心概念である「可逆性」(réversibilité) が、地平の問題を十分に説明しうるかどうかということである。いったい地平問題は、見えている「核」と見えていないその「背景」とのあいだの「不一致」の水準に留まるのであろうか。そのような現象的な「不一致」をもたらすものは、「可逆性」のシステムへ回収しきれない「他性」(altérité) すなわち「不可逆性」(irréversibilité) に由来するのではないか。もともと「可逆性」がシステムとして形成されえたのは、あらゆる種類の「不可逆性」に対抗してシステムを防衛するためではなかったのか。この問題を解明するために、本章は全体を四節に分けて考察する。

1　目的論と内部存在論

(1)　相互内属

メルロ＝ポンティは、「時間とキアスム」と題する一九六〇年一一月のノートにおいて、「過去と現在は相互内属 (Ineinander) であり、それぞれが包み包まれるものであり、まさしくそれが肉 (chair) なのだ」(Merleau-Ponty, 1964-B. p. 321) と書いている。さらにこの「相互内属」について、その前年二月に次のように記している。「実際、理解されなければならないものは、《それぞれの個人》を超えたところにおいて、その個人を理解するための実存疇であり、その実存疇はわれわれのすべての意志的経験と非意志的経験の沈殿した意味である。このような無意識的なるものは、われわれの根底においてではなく、われわれの《意識》の背後にでもなく、むしろわれわれの前に、われわれの領野の分節として探究されるべきものである。……このような無意識的なるものは、われわれの志向的生の根源的共同化（Urgemeinschaftung）であり、他者たちのわれわれの中への相互内属（Ineinander）であり、われわれの他者たちの中への相互内属なのである」（ibid. pp. 233-234）。この二つの文章においてまず注目しなければならないことは、晩年に構想された「肉の存在論」の根本的な特徴を、前者は時間そのものの根源性として、後者は社会的空間そのものの根源性として表現するために、いずれの場合も、ドイツ語の「相互内属」（Ineinander）が使用されていることである。というのは、メルロ＝ポンティが自らの思想の根本特徴を示すためにわざわざドイツ語を使用したことの理由を考えるとき、彼自身がルーヴァンのフッサール文庫において閲読したはずの（vgl. Waldenfels, 1983, S. 43）『危機』書の（当時未刊であった）部分には、次のようなフッサールの表現を見出すことができるからである。すなわち、「素朴な実証性や客観性において相互外在的であるものは、内部からみれば志向的に相互内属的なものなのである」（Hua. VI, S. 260）。また、この『危機』書の文を内容的に敷衍するような表現を一九三四年のフッサールの遺稿のなかに見出すことができるからである。すなわち、「われわれはすべて存在の共同体のなかにあるし、時間的相互外在のなか（im zeitlichen Auseinander）にあるし、時間化する相互内属のなか（im zeitigenden Ineinander）にある。そのなかにはまた遡及的には諸々の時間化の一なる時間化（eine Zeitigung der Zeitigungen）もあるのであり、原時間に化する諸原始性の一なる時間化(eine Zeitigung der urzeitigenden Urtümlichkeiten）があるのであり、あるいはそれらを内的に共同化すること（eine innere Vergemeinschaftung derselben）がある。それゆえまた、《時間様相でないという意味での原現在（Urgegenwart)》つまり一なる停留的原始的生動性（eine stehende urtümliche Lebendichkeit）すなわちモナド全体の生動性（Lebendichkeit des Monadenalls）について語ることができるのである」（Hua. XV, S. 668)。また、フッサールにとって「相互内属」の「原現在」は「原事実」とも考えられていた。すなわち「この相互に向き合っていることの内部性（Innerlichkeit des Füreinanderseins）は、志向的に相互内属していること（intentionales Ineinandersein）の内部性でもあり、そのような内部性は《形而上学的》な原事実（Urtatsache）であり、それは絶対的なものの相互内属（Ineinander des Absoluten）である」（Hua. XV, S. 366)とフッサールは記している。

このように、フッサールの三四年の遺稿とメルロ＝ポンティの六〇年のノートを照合すると、時間系列における「相互内属」と自己と他者の社会空間系列における「相互内属」とに共通した同一構造をなす「肉」について語るときにメルロ＝ポンティが表象していたものは、フッサールが現象する「時間様相」と「共同体」より以前に存在する根源的領域として想定した「原現在」および「原事実」としての「大地」（Erde）について抱いていた表象と重なり合うことが判明する。

メルロ＝ポンティは、コレージュ・ド・フランスにおける『講義』（1956-57）において、「大地」の経験について次のように語っている。「大地とは、一般的にいえば、究極のすべての可能性を含んでいて、その可能性に対して揺り籠の役を果たす典型的な存在である」(Merleau-Ponty, 1995, p. 110)と。彼は「大地」に感覚の普遍性の根源を見出そうとしたばかりではなく、理念的普遍性の根源をも見出すことができると考えたのである。

たしかに、こうしたメルロ＝ポンティの探究の方向を先導したのは、後期フッサールの遺稿の読解であった。しかし、フッサール自身は「相互内属」から現実の歴史過程における「理性」の実現へ向かう「超越論的目的論」の途をえらんだ。これに対してメルロ＝ポンティは、「相互内属」から出発して相互に他なる項の可逆的交換関係を基本特徴とする「内部存在論」(endoontologie, ontologie du dedans)を構想した。ここでわれわれは、相違するこの二方向への分離発展がそれぞれの哲学者の内的必然性に基づいていることを理解することができる。ということは、両者のあいだには地平論的な「不一致」の解決の仕方に根本的な差異が見出されるということを意味している。現象学的な真理が、全面を同時に十全的に直観することによって獲得されるのではなく、つねに地平における真理であるかぎり、現象学的な真理追究の歩みは完了することはありえない。この探究の未完結な性格に伴われている隠れた部分と顕在的に把握された部分とのあいだに生ずる地平論的な「不一致」を理論上どのように処理するかということは、現象学的思考にとって深刻な問題である。

(2) 目的論と地平

フッサールは一九三四年に同じ遺稿において次のように書き残している。「わが大地においては人間は《無価値な》出来事である。同様に、わが大地も取るに足らぬ宇宙物体である。そしてまた星全体のなかのどの大地も同様である。しかしながら、超越論的考察においては事態は逆になる。いまやそれは、大地の上で人間は発展し、人間は自らの大地の上で普遍的な種発生における種としての「超越論的な」種の誕生となったのである」(Hua. XV, S. 667)。それ自体としては無意味な自然や歴史の展開過程に対して究極の意味を与えることができるものは、フッサールにとって、ただひとつ普遍的真理を発見することのできる能力、すなわち「超越論的反省」が可能な新種としての人間だけであり、それは人間のなかにのみ宿る「理性としての絶対的なもの」(ibid. S. 667) のなせる業である。したがって、フッサールにとって歴史に意味があるとすれば、それは特殊的で多様な歴史の展開過程がすべて普遍的「理性」の実現過程となるときだけである。フッサールにとっては、その実現過程を先導する「指導者」(Führern) (ibid.S.669) すなわち「執政官的モナド」(archontische Monaden) こそ「理性」の「公僕」(Funktionär) (Hua. VIII, S. 197) たる哲学者であった。

一見すると、理性の絶対的確信を復興するフッサールのこのような解決法は、ヨーロッパの近代的思考に適合しているようにみえるかもしれない。しかし、こうした解決法には地平論的な「不一致」の処理に関して次の二つの困難が指摘される。そしてこれらの困難は、メルロ＝ポンティの解決法と対比してきわめて重要な差異を示しているのである。

第一に指摘されることは、このような解決が起因するのは、あくまでも解釈学的循環を回避して、思惟と存在の「一致」を実現しようとする根本的な選択のなかにあるということである。あらゆる前提を基礎づけうる「無前提」の真理基準がフッサールによって「直観」とくに「必当然的明証」(apodiktische Evidenz) に置かれるとき、その真理基準自身の真理性を保証するものをその「直観」

は自身のうちに含んでいなければならない。これにたいして、解釈学的方法は真理の自己完結性への断念もしくは自己言及の不可能性の自覚から出発している。解釈学的方法が「無前提」の真理ではなく経験を出発点にするのは、「述定的」(prädikativ) な知もしくは顕在化された「解釈」(Auslegung) が「いつもすでに」(immer schon, toujours-déjà)「現存在」(Dasein) の「前述定的」(vorprädikativ) な潜在的自己「理解」(Verstehen) を「前提」するからである。たしかに、フッサールも「内的時間性」(innere Zeitlichkeit) の構造を主題とする「形式的現象学」(formale Phänomenologie) とは別に、「原現在」の受動的「原事実」から出発して経験を触覚の根源的受動性から理性の完全な能動性に向かって記述しようとしたときに構想していた「質料的現象学」(materiale Phänomenologie) もしくは「発生の現象学」(Phänomenologie der Genese) は、明らかに「受動的経験」を「前提」としていたといえる。しかし、フッサールの場合、「前提」となる「原事実」はあくまでも「原現在」の自己言及的構造によってその無前提的真理性が保証されているものと考えられている。これは、経験の自己回収が不可能であるからこそ「理解」と「解釈」のあいだに「循環」を経験の不可避的構造として認めようとする解釈学的方法とは根本的に異なる。

ところが、それでもフッサールは「発生の現象学」の延長線上に「理性の目的論」を展開せざるをえなかった。その重大な要因の一つは、一方で理念としては、理性の真理基準（明証）の自己言及性を堅持しつつ、他方で現実としては、探究途上で付き纏われる真理の「地平性」が回収の完了を保証しえない無際限な過程性を意味しているという事実にある。ここで理性主義を維持し続けようとすれば、現在において到達されていない「一致」を理念として設定し、それを「目的」として実現する時間系列のなかへ探究過程全体を回収する方途しか残されていないであろう。かくして、発生の過程は理性の自己実現の過程と解されることによって、「理性の目的論」が学説化されるのである。

このことと関連して第二に指摘されることは、「理性の目的論」は「歴史の目的論」に接木される可能性を秘めているということである。「理性の目的論」は最初は個別的探究者と普遍的理念のあいだで生起する。ところが、思惟と存在全体のあいだで生起するはずの「一致」の普遍性は、目的論が哲学探究の個別性の段階に留まることを許さない。なぜなら、目的論に理念的に内属する「形式中の形式」(Form aller Formen)(Hua. XV, S. 380)の普遍性は、それが普遍的であるが故に、「受動的構成」(passive Konstitution)からの発生の特殊性をも指導する概念でなければならないからである。これは、「理性の目的論」がたんに個別的探究の統制的原理たるにとどまらず、歴史的共同体の多様な諸特殊性を統括し歴史全体に普遍的な意味を付与する使命を帯びているということを意味している。

これに対して、メルロ゠ポンティにとっては、意識的遂行も身体的遂行もそれらが置かれた環境世界の「意味」に対する応答であった。そのかぎり、回収しきれない「偶然性」(contingence)(Dauenhauer, 1979, p. 166)を地平のなかに残しつつ暫定的な意味統一を実現するようなシステムを彼は構想したのである。このような探究の方向は、『知覚の現象学』においても『見えるものと見えないもの』においても、その表現と使用概念の相違はあれ、変わっていない。しかし、だからといって彼の思考が解釈学的遂行であったということはできない。むしろ、彼の思考は現象学的記述を出発点としながら地平における真理性を開放された可逆的システムとして記述する存在論の方向に向けられていたということができる。

2　裂開における肉

(1) 野性の知覚

メルロ＝ポンティは死の前年に次のように書いている。「私は目的論者ではない。なぜなら、裂開(déhiscence)が在るのであって、人間の目的論的な組織化をわれわれの知覚や思考が延長していくことによって、ひとりの人間が身体の合目的性を介して実現するような積極的な産出が在るのではないからである」(Merleau-Ponty, 1964-B, p. 319)。メルロ＝ポンティが最後に構想した存在論は、人間の述定的判断に基づく未来投企によって設立されるような組織ではない。むしろそれは、前述定的経験の構造的把握がもたらすような存在様態の提示である。

ところで、前述定的経験を構造的に捉えるためにメルロ＝ポンティが企てた方法は、文化によって形成され自明化された述語を使用しないことであり、それによって獲得しようとする目標は文化的汚染以前の経験を取り出すことにある。したがって、ここにおいて「自然的態度」(attitude naturelle)といわれるものは、特定の文化的自明性のなかで感性化された態度を意味している。たとえば日常の知覚経験ですら特定の時代と特定の地域の文化的自明性の影響から自由ではない。こうした「文化的知覚」(perception culturelle)から「野性の知覚」(perception sauvage)へ向かって「態度変更」することが、メルロ＝ポンティにとっての「現象学的還元」であったと考えられる。むろん、人が特定の文化圏に生活している以上、そこに居ながらその圏域を突破することができるかどうかは、大いに問題である。ここで考えうるいくつかの可能性は、ひとつには、文化的現実に生活しながら何らかの宗教的方途によって自身は現象界にいながら現実を突破し脱却するような「実践的次元」での可能性であり、いまひとつは、観察者の出自は特定の文化圏にありながらそれ以外の文化圏に接触し浸透することによって他の特定の文化類型を抽出し比較するという「理論的次元」における文化人類学的な可能性である。しかしメルロ＝ポンティがとった方途は、前者のように文化を「垂直」に超越する宗教的可能性でもなければ、後者のように諸文化相互の「水平」的水準にとどまりながら文化を構造的に捉えようとする人類学的可能性でもない。むしろ彼にとって問題であるのは、文化の底を抜くような仕方で自然に通底できるような経験があるかどうかということであった。そのために彼が依拠しようとしたのは芸術家の感性である。とくに画家の眼であった。日常的な生活は特定の文化的慣習のなかで営まれていても、画家の創造的な感性と想像力は日常の「文化的知覚」を突き抜けて「野性の知覚」の領域までとどいているという期待が、メルロ＝ポンティにはあったのである。学問の眼は、日常的関心の中核にある隠れた「有効性」にたいして「理念の衣」をかけることによって、日常性の出自をかえって曇らせることすらある。これに対して、少なくとも画家の眼は「有効性」に発する日常性のヴェールを剥ぎとってくれることが期待できるのではないかと考えて、彼はこう書いている。

「それゆえに多くの画家は物たちが彼らを見ているといった。クレーについてアンドレ・マルシャンもいっている。《森のなかで私は、森を見ているのは私ではないと何度も感じた。幾日も私は、私を見つめ私に語りかけているのは樹木の方だと感じた。私は聞きながらそこにいただけなのだ。画家は宇宙によって貫かれるべきであり、私が宇宙を貫こうと望んではならないのだと思う。私は、内面的に圧倒され包み隠されるのを待つ。私が描くのは、おそらく湧出するためなのだ》。人がインスピレイションと呼んでいるものは、文字通りに受け取られるべきである。本当に在るのは、存在（Être）の吸気（inspiration）と呼気（expiration）であり、存在における呼吸（respiration）である。それは、見るものと見られるもの、描くものと描かれるものが識別できないような能動と受動である」(Merleau-Ponty, 1964-A, p. 89)。ここでは能動と受動は、気息の進む方向をどちらからみるかによって名付けられる差異にすぎない。ここでは現象の全体は、能動と受動の「交差」(chiasme) であり、気息の交流としての「呼吸」である。

しかしながら、キアスムの聖域に浸りきっているだけでは芸術家ではない。この聖域は画家の創造の源泉ではあっても、彼は描かなければならない。ところが、描くという表現行為によって、画家は「存在」に亀裂を生み出す。画家は描くことによって、全体を目指しながらも、それを手許から逃してしまう。「画家が或る技量を獲得したその瞬間に、彼は、以前に表現しえたすべてのものが違った風にいい直されなければならぬような新しい別の分野を開いたことに気づくのである」(ibid. p. 89)。

しかし、芸術家の表現行為がはじめて存在に「裂開」(déhiscence) を生じさせるのではない。むしろ「裂開」は、メルロ＝ポンティにとって存在に帰属する本質的な様態である。画家の経験は、「野性の存在」への道標にすぎない。メルロ＝ポンティが記述しようとした世界は、「裂開」を起こしつづける可逆的関係を固有の構造とする世界である。そこでは、関係を構成する各々の項が問題なのではなく、各項が分離と対立を通して相互浸透しているシステム全体の運動が問題なのである。

（2）可逆性

すでにフッサールも、そのような相互浸透的関係に関する現象学的記述を残している。それは、知覚の最も根底的な層として知られている「二重感覚」（Doppelempfindungen）の現象である。「触覚的領域においては、われわれは触覚的に構成された《外的客体》をもっているし、さらに第二の客体として、同様に触覚的に自己構成をしつつある《身体》をもっている。たとえば触っている指であり、しかもその場合、指を触っている指である。したがってここには、あの二重把握がある」（Hua. IV, S. 147.）。ところが、この「二重感覚」は、フッサールの場合、自己の身体にたいする自己の触覚にかぎられていて、たとえば視覚には妥当しない。すなわち、「私は、私自身を触るようには私自身つまり私の身体を見ることはできない。私が見られた身体と呼んでいるのは、触られた身体としての私の身体が触られた触るものでもある場合と違って、見られた見るものではない」（Hua. IV, S. 148.）。というのは、視覚の中心である眼は、それ自身を「有り体に」（leibhaftig）見ることはできないからである。眼は見ることによるかぎり「零点」（Nullpunkt）（Hua. IV, S. 158）として、見られた客体から距離化されている。それに対して、自己触覚は、触るものと触られるものが同一の身体において生起するのであるかぎり、距離のない可逆的交換関係として現出している。アジアにおいて感謝をあらわす身振りとしての「合掌」の形態が、触覚的自己完結性の宇宙論的シンボルでもありうるのは、触覚による自己確認がたんに知覚の水準において根源的であるからだけではなく、これがまた宇宙論的「可逆性」の根源性に合致する形態であるという「世界観」に由来する。ということは、自己触覚的「可逆性」を他の知覚層へ拡大するとか、他の存在物の次元へ拡張するためには、特定の「宇宙論」ないし「世界観」が介在する必要があるということを意味している。だからこそ、フッサールは触覚と視覚において「可逆性」が同様の仕方で生起しえないと記述したのである。この記述が意味しているのは、第一に、触覚が視覚や聴覚に比して、より直接的に身体構成にかかわる根源性をもつということであり、しかし第二に、そのことだけでは必ずしも触覚以外の知覚において「可逆性」が生起することを確認することはできないということでもある。

メルロ＝ポンティが森のなかの画家の経験を通して野性の次元における宇宙との通底を目指して、「文化的知覚」の自明性から「違反」（transgression）（Merleau-Ponty, 1964-B, p. 257）を敢行しようとしたのは、まさしくこの地点においてであった。メルロ＝ポンティにとっては、「見る者と見えるものとのこの奇妙な癒着」（cette étrange adhérence du voyant et du visible）（Merleau-Ponty, 1964-B, p. 183）が生起しているのであり、見る者と見える客体を項として含む関係そのものが、大文字で始まる「視覚性」（Visibilité）もしくは「可感性」（Sensibilité）として現出しているのだと考えなければなるまい。つまりここには、「すべての視性がもつ根本的なナルシシスム」（narcissisme fondamental de toute vision）（ibid. p. 183）の「可逆性」が現れているのである。メルロ＝ポンティがここで強調しようとしたのは、見る主体の個別性とか見られる対象の個別性から出発して主語を定立する思考を廃棄して、逆に存在者としては顕在化しない「見ること」という働きそのものの非実体的普遍性もしくは「生得的無名性」（anonymat inné）（ibid. p. 183）に着目することであった。その意味でのみ「肉」（chair）は、物質でもなく精神でもなく、およそいかなる実体でもなく、むしろ古代的な意味でのエレメントであるといえる。いいかえれば「肉」とは、個別的な存在物が相互に分離し対立したままでそれらを距離において在らしめつつ相互の可逆的交換運動を支えている普遍的な「場所」である。したがって「肉」は、距離において在る存在物たちから離れて見出されるような「媒介の第三項」であることはできない。むしろ「肉」という場所は常に可逆的関係としてのみ生起するのであるから、それ自体を存在する主体を表わす「主語」として取り出そうとすれば、おそらくそれは、「述定化」というあらゆる知的把握の手許からこぼれ落ちてしまうであろう。主語として「肉」を取り出そうとする試みはすべて、空間的外部からの視点をとる態度を意味している。いいかえると、「肉」の可逆的関係はいつも関係の内部からの視点を要請している。しかし、視点というものがつねに空間的外部からの距離を必要としているという意味では、「肉」はあらゆる視点の抹消を要求しているといわなければなるまい。あえて矛盾した言い方をすれば、それは「無の視点に立つ」ことを要請しているといえるであろう。ここにおいては、「裂開」状態にある諸々の項としての存在者の個別的な立場は捨て去られているのであるから、獲得されたと想定される「肉」の同一性は個別的存在者の自己同一性ではない。むしろそれは、絶対的な無の同一性だといえる。したがって「裂開」する「肉」は、相互に分離し対立するものたちが形成する可逆的関係の直接性であり、媒介関係それ自身の直接性である。

たしかに、このような事態は通常の言語表現にとっては矛盾であり、「違反」でしかない。形式論理的同一性とか、「文化的自明性」のなかに取り込まれた言語論的フェティシズムからみれば、「裂開における肉」(chair en déhiscence) という表現は誤解を招くかもしれない。それは、単なる「一致」

でもないし、単なる「分離」でもない。むしろ、この二重の「ない」が作動しているところではじめて現出するような「可逆性」である。それゆえにこそメルロ＝ポンティは、「いまこそ、つねに切迫的（imminente）であって事実上はけっして実現されえない可逆性が問題だということを強調しなければならない」（ibid. p. 194.）と書いたのである。

しかしながら、われわれは「野性の知覚」の次元に生きているわけではない。現実にわれわれが生活している特定の文化的自明性は、個人の反応型を固定することで自由を規制するかわりに、生存を安定させ保護する役割もはたしている。それゆえにこそ、われわれが現実に生きている「文化的知覚」は「野性の知覚」を隠蔽し忘却させるのである。ダステュールはこう書いている。「肉の昇華は、ある意味では《文化》の到来である。つまり《見えないものの見えるもののなかへの下降》であり、この下降は《野性の》知覚を文化的知覚のもとで全く抹消することへ導くこともあるであろうし、結果として、現象的なものの次元に対して自立性を認めず、現象的なものの次元を客観的次元の単なる一地方にしてしまうであろう」（Dastur, 1988, p. 123.）と。またそのためにダステュールは、別のところで、文化的知覚の水準からみるならば、全面的な「可逆性」は達成されないから、そのような「可逆性」は、むしろ「ゲシュタルトの構造的同一性」（stuructural identity of Gestalt）（Dastur, 1993, p. 29）を保持するしかないと考えている。しかし、もともとこの種の同一性はけっして実質的な「一致」を意味するのではなく「可逆性」という構造的形式の同一性を保持しうるにすぎないのであるから、そこに含まれる「裂開」の各項は、触覚、視覚、さらには知覚一般、そして相互主観性、言語等の実質的な各領域へ「可逆性」の層が移行するに応じて、「構造的変化」（some structural

に断言している。

それにもかかわらず、「可逆性」を階層的に構造化することによって、その後もダステュールは「可逆性」が「究極の真理」(vérité ultime)(Merleau-Ponty, 1964-B, p. 204)であることを誇らしげchanges)(Dillon, 1988, p. 157)を蒙るであろう。

「可逆性の思想すなわち《究極の真理》、それはまさにメルロ＝ポンティが肉となづけた自身への回帰あるいは循環性の思想である。この思想はいかなる綜合の現実化をも必要としない。なぜなら、否定的なものと肯定的なものとの対立、能動性と受動性との対立に関する絶対的でない性格に依拠しているからである。したがって、肉は理念とか言葉のアンチテーゼではなく、むしろ逆に《沈黙の世界から語る世界への移行(passage)》(ibid. p. 202)があるのであり、二方向の移行あるいは可逆性がある。この可逆性は《理念の殆ど肉的な現実存在と肉の昇華によって示される》(ibid. p. 203)のである」(Dastur, 2001, pp. 214-215)。「肉は個別化された身体という空間的時間的内属関係に還元されるような身体《そのもの》のことではなく、感覚するものと感覚されるものとの、触られるものと触るものとの、見るものと見えるものとの間の可逆性の《循環全体》(cycle entier)である。……事実、キアスムの思想はこれら対立するものの不一致(non-coïncidence)と浸食(empiétement)とを同時に前提する。したがってこの思想は、理念的な同一性すなわちフッサールの形相的還元が到達するような不変項に類似した同一性ではない同一性の観念に帰趨するのである。むしろこの思想は、その同一性が別の次元つまりその裏側の次元に開かれたという意味で構造的（structurale）な同一性の観念である」（ibid. p. 215）。

しかし、「可逆性」のこうした階層的構造化によって語られるキアスムの観念は、「可逆性」の静態的階層構造を設定することだけによって、実質的な文化領域における共同体の「特殊性」や人間の「個別性」が、あらゆる文化の根底に見出されるはずの可逆的交換関係の「普遍性」から出発して、いかにして導出されうるのかということを十全に説明できるであろうか。なぜなら、メルロ＝ポンティの系譜学的還元が見出した「相互内属」の根源的事実性は、必ずしも対立を解消するための根拠を意味してはいないし、共発生の事実性は相剋を克服するための根拠ではないからである。むしろ「可逆性」の力動態を説明可能にするためには、「可逆性」が成立するための逆説的可能条件の解明を必要とする。そして、「可逆性」を成立させるためのこの逆説的条件こそまさしく「他性」（altérité, Andersheit, otherness）である。いいかえれば、「可逆性」が動態的な「裂開における可逆性」であって静態的な「融合における可逆性」でないための可能条件が「不可逆的他性」なのである。

たしかに、「融合」においては決定的な亀裂は見出されないであろう。そのかぎり、可逆現象もないということができるかもしれない。しかし、「融合」が全面的合同であればそれは同一を意味する以上、「融合」といわれるものには常に部分的な乖離が含まれているはずである。そのかぎりでは「融合における可逆性」も成立可能である。これに対して、「裂開における肉」は絶対に矛盾するもの相互の同一性を意味している。それゆえいま問題なのは、このことの可能条件の呈示である。ここでこの問題を検討するための戦略として重要なことは、まずメルロ＝ポンティの「内部存在論」に対する両立不可能な二つの解釈が示されている事実を回避しないことである。そして、その論争に決着を与える素材がメルロ＝ポンティの「内部存在論」のなかに見出すことができるかどうかを吟味しなければならない。

3　肉の外

ヨーロッパの哲学者が「可逆性」モデルを解釈する場合、ヨーロッパの思想的伝統のなかで彼らが「超越」をどのように位置づけるかによって、解釈に大きな相違が生ずる。なぜなら、「可逆性」モデルは「内在」のなかに「超越」の契機を読み込む可能性を秘めているからである。そのときに問題になるのは、可逆的関係に含まれている「他性」をこの関係のなかに回収可能と考えるか、それとも回収不可能とみなすかである。というのは、「可逆性」の「他性」が「不可逆性」であるとすると、可逆的関係のなかに「他性」を回収できると考える解釈は、「裂開における肉」の成立可能条件としては「内在」だけで必要にして十分だとみなす見解を意味するからであり、それに対して、可逆的関係のなかの「他性」の由来を説明するためには「可逆性の根源的事実性」を主張するだけでは十分ではないと考える見解は、「内在」のなかに沁み込んできた「超越」こそが不可逆性の作用だとみなす立場を意味するからである。いずれにせよ、「可逆性」システムの可能条件を問うとき、そのシステム形成にとって「不可逆性」がどのように作用するかを不問に付することはできない。その意味において、メルロ＝ポンティの「内部存在論」の成立に関して根本的な問いかけをしながらも、相互に対立する立場を以下において検討する必要があると思われる。

(1) 不可逆性の原理

まず最初に取り上げなければならないのは、「内部存在論」の構想に対して一見すると外在的批評のようにみえるけれども、ヨーロッパの思想的伝統を深く省察すれば、けっして外在的なのではなく、むしろ重大な指摘を含んでいると思われるシュトラッサーの論点である。

シュトラッサーはメルロ゠ポンティの後期の哲学を特徴づけるために次の四つの指摘を行なっている(Strasser, 1986-A, p. 504)。

(1) メルロ゠ポンティは前期の哲学とくに『知覚の現象学』について明確に自己批判をしていること(Merleau-Ponty, 1964-B. p. 253)。

(2) 前期哲学においてメルロ゠ポンティは、かなり一貫した仕方で、一方で《自然的》すなわち《無名の主体》(sujet anonyme)、他方で《実存》(existence)を区別している。この区別は『見えるものと見えないもの』では見出されない。

(3) 前期哲学でメルロ゠ポンティは『人間における形而上学』(la métaphysique dans l'homme)(Merleau-Ponty, 1948, pp. 51-82, 165-196)を提示しようと努めている。遺稿著作では「形而上学は素朴な存在論であり、存在者の昇華であることを示すこと」(Merleau-Ponty, 1964-B, p. 240)を計画的な仕方で目論んでいる。

(4)『見えるものと見えないもの』においては、主題概念でもあり操作概念でもある新たな諸概念が決定的な役割を果たしている。たとえば、《肉》、《ナマの存在》、《野性の存在》、《可逆性》等である。可逆性の観念は《究極の真理》（la vérité ultime）（Merleau-Ponty,1964-B,p.204）と宣言されている。

これらの四項を前提にして、シュトラッサーは、「可逆性」がそれ自身に還帰しそれ自身に一致する差異的構造をもつことを認めた上で、「人間の人格の内面性と外面性は完全に可逆的でありうるのか」（L'intériorité et l'extériorité d'une personne humaine sont-elles parfaitement réversibles ?）（Strasser, 1986-A. p. 510）という問いをたてている。メルロ＝ポンティ自身は主観性と客観性の二分法から出発するかぎり、あらゆる二元性の迷宮から抜けだすことができないと考えて、後期に至って次のように断言する地点まで到達した。すなわち、「他我（alter ego）の問題はない。なぜなら、見ているのは私でもなく彼でもなく、一つの無名の視覚性（une visibilité anonyme）、すなわち一つの見ること一般が我々二人に住み込んでいるからであり、しかも肉はいまここに在りながら、遍在的・遍時的に延び広がっていて、個体であると同時に次元でもあり普遍的であるという、肉に内属するこの原初的性質によっているからである」（Merleau-Ponty, 1964-B, pp. 187-188）。この発言に対してシュトラッサーは、「メルロ＝ポンティの後期哲学に示されているような世界の理論に欠けているのは、人格のカテゴリーである」（Strasser, 1986-A. p. 511）と反論している。シュトラッサーからみれば、「責任」（responsabilité）「罪責」（culpabilité）「悔悟」（repentance）などという概念は、可逆的システムの存在論を記述する言語によって説明することはできない。彼にとっては、これらの概念は本当は「命令的言語」（language prescriptif）の次元に属すると考えられている。しかしそれは、存在に関する「記述的言語」(language descriptif) に劣るどころか、それと同程度もしくはそれ以上に基本的かつ不可欠な言語である。「記述的言語」が「存在」について語るとすれば、「命令的言語」は「不在」(absence) について語る。たしかに、メルロ＝ポンティも「裂開」(déhiscence) について語るという仕方で「不在」に触れようとはした。しかしそのとき「裂開」は、「肉」自身の再帰的可逆運動のなかで起こる出来事として、結局は「肉」の同一性へ回収されている。これに対してシュトラッサーは、「人間と超越 (la Transcendance) の関係は可逆的ではなく、この関係は肉の構造をもたない」(Strasser, 1986-A. p. 514) という。ここで彼が指摘しようとしたのは、可逆的構造から食み出した「世界の肉の彼方」(au delà de la chair du monde) (ibid. p. 514) と「可逆性」とのあいだにおいてはじめて、真の「裂開」が起こるということである。

なるほど、「彼方」を巻き込んだ「裂開」について語ることは、従来の記述的現象学の枠を逸脱するように見えるかもしれない。しかし、「経験はかならずしも実在の経験ではない。それはまた不在の経験でもありうる」(Strasser, 1988, p. 163)。「不在の経験」に関する現象学的記述の範例を、シュトラッサーは、レヴィナスの「顔」(visage, Antlitz) に見出している。「顔」に属する「ラディカルな他性 (altérité radicale) は最初から予見することのない帰結を含んでいる。同一者 (le Même) たる私は、定義上、現前しているから他者 (l'Autre) はその他性のおかげで不在 (absent) である」(Strasser, 1977, p. 115)。「現前する私」(Moi présent)が「不在の他者」(l'Autre absent) を経験する仕方は、同一性を確保している私の空間系において「他者の顔の面前で」(en face du visage de l'Autre) 発生する。

しかしこの「共発生」の事実は、純粋な空間系における出来事を意味するのではない。なぜなら、自己同一者たる「私」の空間系のなかに「他者」が「存在」するのではないからであり、むしろ「私」の空間系においては「他者」そのものは「不在」しているからである。しかし、その「不在」も「存在」の否定としてのそれではありえない。もしそうなら、その「不在」は私の空間系のなかに位置づけられたことになってしまうからである。「顔」の「不在」(absence) は「現前」(présence) と「非現前」(non-présence) の両側面をもっている。というより、正確には「非現前」という仕方で「現前」するのである。この「非現前の現前」という特徴は、空間系の属性である「共時性」(synchronisme) によって理解することはできない。「共時性」においては「不在」は単なる「否定」を意味するにすぎないからである。むしろ「非現前の現前」は、時間系における「通時性」(diachronisme)の特徴をもっている。むろん、空間的「現前」(présence)は、時間的「現在」(présent) でもある。ただしそのあり方は、「他者」が「現在」に対して、すでに過ぎ去ってしまって共時的現前の姿ではそれ自体を掴みえないようなものの「痕跡」(trace, Spur) として、「現前」するという仕方である。ヨーロッパの伝統に纏わるシュトラッサーの別の表現によっていいかえれば、「絶対的過去という概念は、被造物と創造者の諸関係における非相互性 (non-réciprocité)、すなわちラディカルな非対称 (asymétrie) を可能にする。この概念は、世界とその歴史に関する創造者の絶対的先行性 (antériorité absolue) を表わしている」(Strasser, 1978, p. 339)。

このように、「顔」の現出が時間から空間に落とされた影すなわち「非現前の現前」であるかぎり、「他者の顔の面前で」の「共発生」の事実は「私」と「他者」を架橋しうる根拠でもなければ、「我々」

の共同体の共同性を保証する根拠にもなりえない。したがって、自己と他者の「共発生」の事実を自他の「等根源性」と同一視する哲学があれば、それらはすべて、共時的同一性の思想に属するばかりではなく、真に「他者」に向かって架橋しようとする努力を怠る思想であり、さらに架橋の努力を「等根源」の一元的全体主義によって隠蔽し抑圧する思想でもある。もちろん、この立論は全く不適正とはいえない。

だからまた、レヴィナスによって先導された「可逆性」についてのシュトラッサーの解釈によれば、世界の《内在的》「可逆性」もしくは「対称性」と《超越的》「不可逆性」もしくは「非対称性」とは両立しない。しかし、この非両立性をシュトラッサーのように「記述的言語」と「命令的言語」とにカテゴリー区分をして、「存在」の同一性と「超越」の人格性を対比することによって、一方で他方を断罪するだけならば、問題を先送りしただけに終わるように思われる。なぜなら、このカテゴリー区分は二つの次元を相互に外在的に並列させているだけだからである。追及を免れえない重大な視点は、「可逆性」と「不可逆性」、「対称性」と「非対称性」とがいかに関わりあうかである。次にこの問題を考察するために、「内在」のなかに含まれている「超越」の契機について語ろうとするディロンとマディソンの解釈を検討する。

(2)　可逆性の自己言及原理

メルロ＝ポンティの哲学を体系的に把握しようとしているディロンによれば、「可逆性」は「非対称的」であると考えられている。彼は次のようにいう。「実際、他者は私の鏡であるが、しかし私が鏡のなかに見ている眼を介して私が見るということはできない。そこから、《私が他者を見る》というのと《他者が私を見る》ということの間の可逆性は非対称的であると結論する」(Dillon, 1988, p. 168)。さらに、私が樹木を見る場合も「樹木は私自身の視覚性を経験させてくれる鏡の役割をはたしている」(ibid. pp. 168-169)。そのかぎりで、私によって見られている樹木とその樹木を見ている私の間に生ずる「可逆性」も同様に非対称的であると語られる。それゆえ、ディロンによれば、可逆的関係に含まれる両項の間に起こる「非対称性」は、人と人との関係においても、物と人との関係においても、全く同様である。彼によれば、可逆関係の「外」(dehors) にある「超越」は考えることができないから考える必要もない。

しかしディロンのいう「非対称性」は、「可逆性」そのものを超越した「不可逆性」としてシュトラッサーが表象したような「ラディカルな非対称性」と同等の資格をもっているであろうか。シュトラッサーにあっては、「超越」を「不在」として経験する責任の主体は、「肉」の可逆性に回収されるような物と人との交換関係とは異質である。ディロンは「可逆性」を構造一般として主題化するのに対して、シュトラッサーは「可逆性」の適用範囲に制限を与えようとする。それは、シュトラッサーが可逆的構造は一般化できないと考えていることを意味している。

当然のことながら、ディロンの一般化の傾向は、このようなシュトラッサーの「超越」の「上昇的傾向」に対立するだけではなく、ルフォールが語る「外部」の「下降的傾向」に対しても対立している。まず、ルフォールは次のようにいっている。「名前は不可逆なものの記号であり、私自身のなかの他性の記号である。もしわれわれが自分自身の名前を問うならば、われわれはもはや肉の環境の限界内に留まることはできないように私にはみえる。……〔感ずるものと感じられるものの〕この関係は常に二元的関係型に対応している。だから〔ここで〕一般的に考慮されていないものは、他者であり、第三者であり、他性を代表するものである」(Lefort, 1990, p. 12)。これに対してディロンは次のように反論する。「世界の肉は身体の肉と同じものであり、それは内部の外部である。回路は肉のなかで、肉と肉自身の内部の関係のなかで閉じられ、肉の自己同一性のなかで閉じられている。一なる肉が肉の亀裂、肉の裂開、肉の肉自身への折れ重なりの二元性を包含しているのである」(Dillon, 1990, p. 15)。この反論を分析すれば、ディロンのメルロ＝ポンティ擁護は次のように要約される。

(1)肉の自己同一性がメルロ＝ポンティによって表明されるのは、肉があらゆる存在者のエレメント、すなわち「大地」として規定されるときである。したがって、肉の裂開を度外視して癒合としての同一性を強調するルフォールの見解は公正さを欠くであろう(ibid. p. 16)。

(2)他性は超越的なものとして見出されるべきものであって、超越論的自我によって構成されるような内在的な意味ではない。このことは、まさしくレヴィナスの発見した洞察であり、メルロ＝ポンティの見出した洞察でもある。ところが、ルフォールはレヴィナスにそれを認めてメルロ＝ポンティにそれを認めていない(ibid. p. 17)。

(3)母子癒合的次元における幼児の経験は内と外の差異のない経験であり、これに対して他性は成人世界において十全的に出現するというルフォールの見解は、人間発達に二段階を設けてその間に非連続を認める見方である。ディロンによれば、幼児から成人への発達は経験の連続性を前提する。ルフォールは発達の連続性を否認している(ibid. p. 19)。これに関するディロンの主張は、幼児が内と外の同一性経験をし成人になってはじめて他性を経験するのではなく、幼児もすでに他性を経験しているのであり、そのかぎりでは幼児の経験と成人のそれとに差異はないということ。したがって、いずれの発達段階においても「裂開における可逆性」の構造は保持されているということである。

全体としてディロンの解釈は、「肉の存在論」を「裂開における可逆性」という構造をもったシステムとして理解しようとしている。この解釈の重要点を摘出するならば、それは、超越論的観察者の特権的な位置を考察領域の外に設定しないこと。むしろ観察者の反省構造を「重層的反省」(surreflexion)(Merleau-Ponty, 1964-B. p. 70)として自己産出する構造をもった存在論を要請することである。この点に関しては、すでにマディソンが一九七三年に次のような指摘をあたえている。

「意識の哲学としての現象学の究極課題は、その課題によって現象学がまさしく存在論すなわち存在の哲学になることができるようなものであるから、そうした課題は、《現象学と非現象学との関係を理解すること》(Merleau-Ponty, 1960, p. 225)である」(Madison, 1973, p. 203)。「メルロ＝ポンティの存在論はやはり現象学ではあるが、しかしいまや、その限界を知るようになった現象学であり、その限界を限界として思考しようとする現象学である」(ibid. p. 204)。「メルロ＝ポンティは一九五九年一月の研究ノートにおいて例の文『悪循環としての神』(circulus vitiosus deus)(Merleau-Ponty, 1964-B, p. 233)を強調しながら《直接的存在論をたてることはできない》と書いている。人は存在を《間接的方法(存在者のなかの存在)》によってしか思考することができない。

メルロ＝ポンティは、この《間接的》存在論を、《否定哲学》としてしか成就できないものとして理解させようとしている。この表現はメルロー自身のものであるが、いわば《否定神学》に似ている。メルロ＝ポンティのこの《否定哲学》が結局何に似ているかを知りたければ、可能なモデルをハイデガーの側からではなく、おそらくはハイデガーの側からは完全に見捨てられた知、すなわちフロイトの精神分析のなかに求めなければなるまい。事実、メルロ＝ポンティにおける視点の変化からの、すなわち肉の発見からの直接的帰結、現象学の《反省以前のコギト》を完全に見直すことを彼に強いた発見からの直接的帰結は、精神分析にまで増大した感覚性（sensibilité）であり、とくに、無意識という概念にまで膨らんだ感覚性である」（ibid. p. 205）。「メルロ＝ポンティは、《それ自身の地下にまで降りていった現象学はフロイトが行なった諸研究といままで以上に一致している》（A. Hesnard, L'oeuvre de Freud, 1960, p. 6）といっている。このことは、精神分析が漠然としかいっていないことを現象学が明晰に語っているという意味ではない。むしろこれは、両者ともどもに《同じ潜在性（latence）へ》向かっているということである」（ibid. p. 206）。

以上の引用からも明かなように、マディソンによれば、メルロ＝ポンティにおいて現象学を「間接的存在論」へ進展せしめたものは、「否定神学」に似た「否定哲学」の追究であった。その現代的モデルをマディソンは、「無意識」と「自我」の関係を探究しようとしたフロイトの精神分析の方向に見出そうとしている。ここで「否定哲学」として語られた内容は、システムを外から観察する者の位置をシステムそのものの内部から説明しようとするときに導入せざるをえない構造であり、それは自己分裂と統一の動的連関あるいは自己言及的循環運動と規定されるようなシステムを意味する。そして、まさしくこの規定は、「カテゴリー」によって形成される地上的な知の外部に、「トランスケンデンタリア」によってのみ規定される「超越者」を設定する「肯定神学」とは明らかに対立した方向に立っている。

問題は、「肯定神学」において規定される「上昇的」超越に関する地上的には説明不可能な「他性」部分を、（マディソン説では「否定神学」に似た）「裂開における可逆性」の構造によって説明可能にしようとする試みが、なぜ幼児における「他性」の経験について「下降的」方向に立って究明しようとする精神分析をモデルとしうるのかである。これが問題視される理由として考えられるのは、さしあたって以下の二つである。第一に、全能の超越者を可逆的交換関係のなかに回収することは、「トランスケンデンタリア」を「カテゴリー」へ吸収することを意味するかぎり、論理的には不可能である。もしもこれを可能にしようとするなら、ジョンソンのいうように、「肉とロゴスは聖書のテーマのイコンである」（Johnson, 1993, p. 90）と考えなければなるまい。いいかえれば、超越者は自らを否定して「神性」（Gottheit）の顕現としてのロゴスまたは世界の肉として現出することによって、可逆的構造を支えていると考える必要があるであろう。

それにもかかわらず、第二に、「上昇的」超越をロゴスとして内在化しようとする試みが、たとえばリビドーのような「下降的」超越を可逆関係のなかへ内在化する試みと同型的だといえるであろうか。リビドーは症状を通して設定された仮説の一つにすぎない。それが「他性」として作用することを知るのは「抑圧」（Verdrängung, refoulement）の概念を介してである。なるほど、メルロ＝ポンティが「肉」という概念によって精神分析の主題領域の深さを問題にしようとしていたかもしれない。しかし、「否定神学」の場合とちがって、精神分析の領域においては神的な絶対的「贈与」が問題の最終決着を与えてはくれない。

これらの点について、マディソンはこういっている。「他性は、それなくしては身体化された主体が主体でなくなるようなものである。他性は自己性自体を構成するものである。それゆえ、ディロンと同様、私〔マディソン〕は、他性を考慮するために可逆性の現象を超えた何ものかに訴える必要があるとは思わない。……ところがディロンと違って私〔マディソン〕は、幼児性に訴えることによってこのような主張を強化する必要はないと考える。……《幼児の世界》はわれわれ成人にとっては解釈的構築物以上ではありえない」（Madison, 1990, p. 31)。「メルロ＝ポンティのアプローチはつねに《現象学的》であることに留まった。ただし彼は最後に《志向的分析》の方法をその極端まで、つまりその破壊点まで推し進めたのであるが」（ibid. p. 32)。おそらく、ディロンが「裂開における可逆性」という構造が幼児においても成人においても連続的に妥当すると考えたのは、そしてまたマディソンがことさら幼児経験の特殊性に訴えなくても可逆的構造の同一性は保持できると考えたのは、二人が共通してこの破壊点に立ったときであろう。

4　肉と贈与

(1) 不可逆性

水平次元における可逆的交換関係のなかに垂直方向の「他性」を回収することができるとするディロンとマディソンの解釈は、なるほどルフォールのいう「第三項としての他者」を可逆関係の外に残すことはない。しかし、可逆関係において経験される「他性」はいったいどこから来るのであろうか。あるいは「肉」はなぜ「裂開」を起こすのか。ディロンやマディソンにおいては、たえず「裂開」運動をしつつ関係全体としては同一性を保持する「肉」は、「裂開」によって開かれつつ「肉」としては自己完結していると考えられている。しかし「裂開」の各項が差異化を反復しつづけるとき、その無限反復は同一物(「肉」)の永遠回帰であるはずはない。なぜなら、同一の「肉」へ還帰するのなら、その「裂開」運動は閉鎖的自己完結を完遂したにすぎないからである。「裂開」が真に「他性」の運動であるためには、その反復が自己完結性を保証している共通コードそのものに変容を起こさせるはずである。そのときにのみ「裂開」は開放系運動でありうる。しかしそのとき「肉」は自らのコードの同一性を失うために、もはや「肉」以外の他なるものに変容せざるをえない。「他性」の運動とはかくのごときものである。システム全体の変容が誘発されるのは、可逆的交換関係を保証しているコードの同一性に不可逆的な力が加わるときである。逆説的ではあるが、まさしくこの意味で「不可逆性」こそが「可逆性」を一定のシステムとして自己防衛の砦たらしめるのである。いいかえれば、「可逆性」の側に反動形成としてシステム構築を誘発した不可逆な破壊力こそ、同時にまた、特定の可逆システムを永久化せしめず暫定的たらしめ消滅へもたらす運命を握っているのである。

水平次元で不可逆の方向に働くこうした「他性」の機能を、垂直方向から見直してみれば、まさしくそれは精神分析の領域に交差する。ルフォールは「名前は不可逆なものの記号であり、私自身のなかの他性の記号である」（Lefort, 1990, p. 12）と書いた。この文中における名前の「不可逆性」は、固有名が本人以外の他人によって命名されるかぎり本人の選択以前に強制されていて「可逆的」に選び直すことができないという意味の「不可逆性」ではない。むしろ、名前の「不可逆性」の意味は、言語や制度と「無意識」の関係のなかではじめて理解されうる。「私自身のなかの他性」（otherness in myself）（Lefort, 1990, p. 12）を誘発する契機は、たんに文字通りの名前ではない。むしろそれは、慣習、制度、言語など社会的に通用しているあらゆる文化的自明性である。これらは、自己と他者の水平的相互関係の媒体として作用しているにもかかわらず、またそのかぎりでは表面的には融和的共存を保証しているかに見えるにもかかわらず、こうした水平的自他関係が惹き起こす自己自身のなかの亀裂の影を、「原抑圧されたもの」（Urverdrängtes）のなかに隠してしまう。たとえば、言語の水準において、発話内容の主語が発話主体を根本的に隠してしまう場合である。「私は嘘つきだ」という命題を発話する主体は、発話文の主語の同一性のなかに回収されることはない。言語化が体験の意味を排除してしまうからである。したがってこれは、たんなる論理的パラドックスの問題ではない。むしろこれは、制度内で生活する「意識」主体とそこから排除されて誕生した「無意識」との関係の問題である。

「意識」は言語によって述定的に把握されうる主体である。しかし「意識」としての「私」は身体ではない。身体は述定的な反省より以前に行動する主体であるかぎり、フロストホルムもいうように(Frostholm, 1978, S. 69)、それはまだ「前意識」である。それでもそれは「無意識」のように「意識」や「言語」の水平的自己言及性から排除されたり隠されてはいない。「前意識」はいつかは言語的に明示化されうるからである。

これに対して、「無意識」はどのようにしても素顔の形で顕在化されることはありえない。したがって、「肉」の可逆構造が「原抑圧」(Urverdrängung, refoulement originaire) の領域で起こる「置換」(Verschiebung, déplacement) や「圧縮」(Verdichtung, condensation) による隠喩的歪曲を説明することはできない。「第一次的次元」(primäre Ordnung) において既に屈折されてしまった隠喩性が、身体または「前意識」の次元、さらに「言語」または「意識」の「第二次的次元」(sekundäre Ordnung) において隠喩の隠喩として表出されるとき、「肉」の「可逆性」だけによっては、この二重の歪曲を解明しきることはできない。なぜなら、もしも「可逆性」の構造を提示することによって、このような二重の歪曲を解読することができるのであれば、「肉の存在論」はすでにテラピーの役割を果たしえたはずだからである。ところが事実としては「可逆性」は、「肉の存在論」の一般構造を示しているにすぎない。母子癒合状態が「失われた過去」として意識下に保持される仕方は、そのような過去も、さらには癒合喪失による障害も、「意識」の上では自分にはそのようなものは全く存在しないという無自覚の仕方でしか生起しない。すなわち「他性」を経験していても「他性」としての自覚をもつことなく、第二次的に経験された「心的外傷」は「意識」や「言語」の水準から突き放されて第一次的な「原抑圧」のなかへ引き寄せられ、そこで「圧縮」され「置き換え」られるのである。

（2）可逆性と贈与

水平方向の社会的秩序が自らのシステムに適合しない力を垂直方向に隠す仕方で排除するとき、抑圧されたエネルギーは、歪曲された変化形態によってしか秩序のなかに自己を再現することができない。むろん、可逆的交換関係の自己完結性のなかへ湧出する「他性」が取りうるこの変化形態には、あくまでも秩序に身を合わせる自虐的な方向と、秩序違反として暴発する加害的な方向とがありうる（第二章5節「自我形成の力学」参照）。しかし、いずれも不可逆的「他性」運動のエネルギーに由来するという点では変わりがない。たとえば、前者は、個人的側面においては精神病理学的患者の症状であり、社会的側面では宗教的供儀や祝祭儀礼が考えられる。ところが後者についての実例は、誤解を招きやすいものが多い。なぜなら、加害的な方向に働く暴力は、通常、後の文節で触れる「外的暴力」と現象的には完全に区別することがきわめて困難だからである。せいぜい好意的にみても「病的状態」のなかにこれを分類する人がいてもおかしくない。それでも、あえて例を挙げるとすれば、個人面ではたとえば家庭内暴力であり、社会的には圧制下で暴発するゲリラ活動を挙げることもできよう。

ともかく、いずれの方向を取ろうとも、もともと可逆構造の自己言及性に破壊の危険をもたらすものは、本質的にはラディカルな「不可逆性」なのである。ラディカルな「不可逆性」は、ロゴスの秩序化に対してただひたすら破壊的に作用するという意味では、完全な意味で暴力である。しかし逆に秩序化の必要を反動的に促すものこそ、この暴力なのでもある。というのは、このような不可逆な破壊性が全く作用していないところでは、秩序内で相互に可逆する両項は完全な融合状態に陥るため、「可逆性」そのものも消滅するからである。可逆関係が動的状態としてのみ統合されているのは、そしてその関係がつねに不均衡を是正しようとして作用するのは、不可逆的な破壊力がたえず「非対称的」に作用しているからである。しかし一般に人は、自虐的方向以外はこの種の力を秩序の側からみて、秩序を破壊する「悪」と認識している。

ところが、「不可逆性」からしか理解可能でないこれら「悪」の暴力に対して、可逆的交換秩序から平易に理解されうる暴力もある。そして人はこれを一般的には「暴力」として認識していない場合が多い。それどころか、人はこれを合理的な方策あるいは「善」とすら理解している。たとえば、個人面ではパターナリズムの価値強制であり、社会的には近代国家の軍事力である。この種の暴力をバタイユは「外的暴力」（violence extérieure）（Bataille, VII. p. 316）と名づけている。「外的暴力」は或るシステムが他のシステムに対して自らの支配権を拡大するために使用する力である。それは、個人が他者に対してであれ、国家が他国に対してであれ、構造的には同型である。「外的暴力」は、空間的外部に対して内部を秩序化し、規制による関係を内部に創設し、同時に外部を排除する。さらにそれは、内部における交換関係から生じた余剰エネルギーを内部の拡大のために再投資する。近代的な意味では、それは、仮言的に作用する技術的理性とその実現手段を必ず含んでいる。したがって、この種の暴力は近代的知性によってシステム内部が秩序づけられるに応じて、ナマの暴力ではなく知性の衣を纏うようになる。しかし、近代的知性とはあくまでも手段の「有効性」を教える「仮言的理性」であるから、獲得目標そのものの設定動機はナマの「外的暴力」の場合と変わらない。それでいて、実現手段の系が複雑になればなるほど、暴力性は手段の分厚い有効的知性の下に隠されてしまう。そのために人は「外的暴力」の出自を見抜くことができずに、秩序内の知的社会通念に影響されて「仮言的理性」が企画する「有効性」を「善」とみなすにいたるのである。

これに対して、はじめに触れたラディカルな「不可逆性」に基づく暴力は、限定された目的をもたない破壊性である。その意味では「純粋」で「無償」でさえある。バタイユはこれを「内的暴力」(violence intéreure) と名づけ、その特性を表わすために「消尽」(consumation)とか「蕩尽」(dépense) という概念を使用している (Bataille, VII. p. 310, 316, 321)。「消費」(consommation) は生産に対応する概念であり、両者が「可逆的」に均衡するとき「限定経済」における等価交換の関係は成立する。ところが「消尽」の「不可逆性」は「均衡」(symétrie) を目指さない「非対称」(asymétrie) の破壊性であるから、「等価交換」の「可逆性」とは両立しえない。むしろ「消尽」はデリダのいう不可逆な「贈与」(don) にあたる。デリダにとっては「限定経済」の原則である「等価交換」も、象徴的贈与のような「不等価交換」も、いずれも「可逆的」交換を発生させるかぎり、そこに「贈与」はない。デリダによれば、

「贈与があるためには、受贈者が返さない、償還しない、返済しない、契約に入らない、負債をしないのでなければならない。……究極的には、受贈者が贈与を贈与として認知しないのでなければならない。もし彼がそれを贈与として認知したら、もし贈与が彼にそのようなものとして現れた

なら、もしそのプレゼントがプレゼントとして現前（présent）したら、その単なる認知だけで贈与を廃棄するに十分である。なぜか。それは、その認知がいわばものそのものの代わりとして象徴的な等価物を返すからである。……象徴的なものは交換と負債の秩序を、そしてそこで贈与が廃棄されてしまう循環の法と秩序を開き、構成する」（Derrida, 1991, p. 26）。「極限においては、贈与としての贈与［贈与そのもの］は、贈与として現れてはならない。受贈者にとっても贈与者にとっても。贈与は贈与として現前しないことによってしか贈与としての贈与ではありえないのである」（ibid. p. 26-27）。

逆にいえば、贈与が真の贈与として成立するところでは、贈与者はただちに「消尽」されなければならない。贈与者が受贈者の前に現前することは、与えられた物または象徴が「認知（感謝）」（reconaissance）とそれに対する返礼を交換する間の「時間を与える」（donner le temps）ことを意味する。ここでは「ただちに」の「消尽」がないために、可逆的交換のシステムが成立してしまう。ところが、交換不可能性とは「不可逆性」である。それゆえ不可逆な「贈与としての贈与」は「自己に死を与える」（se donner la mort）（Derrida, 1992, p. 37）行為である。バタイユからデリダが借用したと思われる言葉でいえば、「犠牲の一般経済」（économie générale du sacrifice）（Derrida, 1992, p. 90）（Bataille, VII. p. 61, 317, 340）である。バタイユにおいて「一般経済」は「消尽」の不可逆なエネルギーを意味するから、可逆的な「等価交換」を原則とする「限定経済」（économie restreinte）の秩序のなかに回収することはできない。

バタイユにとって、不可逆的な「消尽」の原像は、与えるのみで受け取ることをしない「太陽」であった（Bataille, VII. p. 35）。デリダにとって「贈与」の原像は、創世記二二章におけるアブラハムの行為である（Derrida, 1992, p. 66, 69, 72, 73, 76, 77, 82, 91.）。アブラハムは「殺すなかれ」という倫理規範に違反することによってしか自らに課された絶対的責任を果たすことができない。宗教的次元の「犠牲」は人間的次元の「秩序」を破壊する。アブラハムは最愛の息子の殺人者となるために、しかも「殺害」の目的を告げないという点では「虚偽」と「裏切り」を実行するために山に向かう。こうした「犠牲」の「贈与」は、「可逆性」の人間的秩序からみれば、不条理な「不可逆性」を意味する。デリダはこの「不可逆性」が「絶対的見えなさ」（invisivilité absolue）から来ると考えている。

デリダは「見えないもの」（l'invisible）を二種類に区別している（Derrida, 1992, p. 86）。一つは「見える見えないもの」（l'in-visible visible）であり、他は「絶対的な見えなさであり、絶対的に見ることのできない見えなさ」（l'invisibilité absolue et absolument non-visible）である。前者の「見えないもの」は「見えるもの」と可逆的に交換可能である。実はこれは、ヴェールや衣服によって隠された身体と同様に、本質的に「見えるもの」の世界に属している。それに対して後者の「絶対的な見えなさ」は、あらゆる感覚（視覚、聴覚、触覚、嗅覚、味覚）の次元、さらには「見えない」理念の次元にさえ属していない。もともと「絶対的見えなさ」は「隠され」（caché）ているのではなく「暗号化され」（crypté）ているのである。そのかぎりで「絶対的見えなさ」は世界におけるいかなるものとも可逆関係を形成することができない。しかしそれにもかかわらず、世界に不可逆な仕方で関わっている。アブラハムの「犠牲」の「贈与」はこうした関わりの結節点であった。

ところが、マディソンはデリダの思想について次のような考えを述べている。「さて、知覚に関してメルロ＝ポンティが拒絶した近代主義的な見方は、それ自身が、それに続いてデリダが《現前の形而上学》と名づけえたものの核心の部分である。そして《現前の形而上学を攻撃するものが何であれ、それはまた、まさしく知覚の概念をも攻撃する》とデリダが書くとき、彼は明らかに全く正しい。しかし、このことが何を含意しているかに注目してほしい。それは、メルロ＝ポンティが知覚の近代主義的な考えに対して全面的な攻撃を開始したとき、彼が攻撃していたのは、事実上《現前の形而上学》そのものであったということを意味する。かくして、デリダ本来の脱構築的企画（deconstructive project）は、すでにメルロ＝ポンティによって始められた何ものかの単なる徹底化であったようにみえる。つまり、メルロ＝ポンティの哲学的企画それ自身が客観主義的な現前の形而上学の克服への決定的な一歩であった」（Madison, 1993, p. 188）。

しかし、これまで辿ってきたわれわれの分析はマディソンのこの見解への同意を拒否するであろう。たしかに、メルロ＝ポンティの「肉の存在論」は、「超越論的観察者」の特権的な位置を「脱中心化」（décentralisation）することによって、内部から見られた「可逆性のシステム」として構想された。しかし、メルロ＝ポンティ自身がいうように、「肉の存在論」の特徴は「根本的なナルシシスム」（narcissisme fondamental）（Merleau-Ponty, 1964-B. p. 183）にあり、そこでは「肉とは《鏡の現象》であり、鏡は私と私の身体との関係の拡張である」（La chair est phénomène de miroir et le miroir est extension de mon rapport à mon corps.）（ibid. p. 309）と語られている。これに対して、デリダは「あの眼差しは私を見るが、それが私を見ているのが私には見えない」(Ce regard me voit sans que je le voie me voir.)（Derrida, 1992, p. 83）と書いている。鏡面反射による「対称的」「可逆的」交換を原型にする「内部存在論」のメルロ＝ポンティと、見られているのにその相手が見えないという「非対称的」「不可逆的」な交換不可能性を原型とする絶対的「贈与」論を展開するデリダとを比較したとき、後者が前者に賛意を示すとは考えられない。おそらくマディソンは、両者の対立する見解を整合的なものにするために、「肯定神学」における「超越」を「否定神学」における「神性」へ「内在」化することによって、両者のあいだに思想的動機の一致をすら見出しうると考えたのかもしれない。しかしそれは、ヨーロッパの思想的伝統のなかで行なわれた、一つの合理化あるいは自己欺瞞にすぎない。

したがって、これまでの分析を通じて確認されうる帰結は、一見すると控え目な定立にとどまる。第一に、「可逆関係」を誘発し維持する可能条件はその関係項の関係において働く「不可逆性」であること。第二に、それでいてその「不可逆性」は「可逆関係」のなかにその「起源」を見出すことはできない、ということである。しかしながら、すでにこの帰結だけでも、「内部存在論」の「裂開における肉」という構造が真に開放系を示しえていないことだけは明らかである。そればかりではなく、この帰結は、「可逆性」が自らの循環システムを維持するためには「不可逆性」に対抗して自己を防衛しつづけなければならないという事態を含意している。したがって最も素朴な「目的論」構造をもつ「本能」ですら、「不可逆性」に対する防衛機制として獲得され、行動型として沈殿され、習慣化されてきたという発達の事実を示している。がんらい「目的論」は人間的なものである。人間の関わる関係はすべて生体から文化形態にいたるまでシステム形成の香りをとどめている。文化形態の最上位において「超越」を主題とする宗教現象ですら例外ではない。すべては生存の必要にせまられた機制であった。なぜなら、根底において作動している「不可逆性」という根源的「他性」に対抗して「可逆性」の循環システムを、生体として、社会秩序として、また文化伝統として安定させることが、自らの生存圏域を確保することを意味していたからである。逆にこの帰結から、「意識」によって制御不可能な生体システムの可能条件とは、意味も価値も目的も不明な「根源的暴力」の「不可逆的他性」であることが逆説的に確認されるのである。この確認によって、次にもう一度、現象学的方法の根本的射程に遡及しそれを再考することによって、「不可逆的他性」と「可逆的秩序」の動態に基づいて、社会現象と歴史現象において作動する目的論と暴力論の関係について考察をすすめたい。

第四章　目的論と暴力論

「可逆性」のシステムを創設しそれを維持する活動が、可逆的秩序の内部に作動する由来不明の「不可逆的他性」に対する対抗措置であるという第三章の確認は、人間にとって目的設定の必要性と目的論の逆説的可能条件を解明する仕方を示唆している。

それにもかかわらず、目的設定の逆説的可能条件である「不可逆的他性」それ自身を主語として取り出して述語づけることはできない。なぜなら、もしも「他性」が言語表現において述語づけられようとしても、第二章で確認されたように、言語システムは「不可逆的他性」を言語系（象徴界）そのものの「他性」として「言語の壁」の彼方へ追いやってしまうからである。「他性」に関して主語的実体として把捉することのこうした不可能性を、ヨーロッパ言語の使用慣習は、非人称主語という意味不明の作用主を設定することで満足してきた。それは、「不可逆的他性」が実詞化不可能な、どこまでも隠れ続ける贈与主であり、現実の次元においては、結果としての贈与物（現実的存在者）だけが「痕跡」として現出するという事実を意味している。こうした「退去する贈与」という事態を、言語次元に関してのみいえば、それは、言語体系の内部で起こっていることがつねに「代補」（supplément）の反復でしかないということを意味する。

たしかに人間的次元の側からみれば、目的論的思考が存在することも、人間社会に内部と外部を隔絶する秩序が必要であることも否定できない。目的論は通時的系列にそって、社会秩序は共時的系列において確認される「余りに人間的な」事態である。社会秩序が内外を隔絶する壁をもっとしても、ある秩序は他の秩序との間に共通の変換コードを設定することさえできれば、秩序間の交流は規則的に可能である。これが可能なのは、社会秩序が比較的に共時的系列に属するからである。

それに対して、ある一つの目的論的思考型または歴史的伝統が、他の目的論的思考型との間の差異を克服する仕方を見いだすことは、それが通時的系列に関わる以上、かなりの困難が予想される。なぜなら、このとき作用するのは、相互変換可能な言語系であるよりも、変換不可能な力の相剋だからである。そのときに作用する力は、時系列に関わる特定の目的論的思考型への固着を支える暴力である。それは一方の文化秩序からみれば、他方は「違反的暴力」であり、他方の文化秩序からみれば、一方は「防衛的暴力」にみえる。しかし、これらの暴力は実は対称的な力の相剋にすぎない。すなわちこれらの暴力は、「可逆的対称性」の次元において、どちらかの可逆項として作用する力であるにすぎない。だからこそ、こうした対称的暴力の水準においては、「力の均衡」以外に解決策を見いだすことができないのである。しかし非対称的な「不可逆的他性」として根源的に作用する破壊力は、秩序そのものの逆説的可能条件として位置づけられる「根源的暴力」（archi-violence）である。たしかにメルロ＝ポンティの「可逆性」は、結果としては、フッサールの「超越論的目的論」に対する批判概念の一つでありえたかもしれない。しかし、「可逆性」それ自身を出発点にする思考は、「可逆性」そのものをすら説明することができない。したがってまた、それは、目的論を説明することも、批判することもできないのである。

だからここでもう一度、現象学的方法の原点に立ち戻って、目的論と暴力論の根源的関係を解明しなければならないのである。

1　発生と現出と根源的暴力

（1）発生と現出

現象学的な態度をとるということは、社会通念としてまた文化的伝統として素朴に当然と考えられている存在観や価値観すなわちあらゆる「文化的自明性」をひとたびは通用させないで、それらの妥当性を「宙吊りにし」(suspendre)、現前的に現出するものを与えられたままに記述することから始まる。それは、どのような「文化的自明性」をも一度は「遮断する」(ausschalten) ことによって、与えられるものの与えられ方を吟味にかける精神的姿勢である。

「与えられるもの」(現出対象) は多様な「与えられ方」(現出様相) において与えられる。多様な現出様相は、知覚、想起、期待というような時間内様相もありうるし、想像、中性化 (Neutralisierung) というような時間外様相もありうる。感覚的対象はその実在信憑性によって前者に属するのに対して、想像はその非実在性または非信憑性によって、そして本質的対象はその「遍時間性」(Allzeitlichkeit)によって、後者に分類されうる。

ところが時間的発生の問題は、現出様相の記述分析だけによっては解明されえない。なぜなら、現出様相の記述分析は、対象核とその地平の交換関係という水準にとどまるからである。これに対して、発生の問題はヒュレー的受動性の主題に関わる。しかも、この還元不能な受動性が時間化運動において果たす役割を分析することは、同時に時間系列における現出の本質構造を露呈させるという結果をもたらす。なぜなら、時間化運動の分析は、対象核とその地平の交換性という水準をはるかに超えた分析次元において、現出ということが退去し続ける贈与の効果としてはじめて浮上することを明らかにするからである。

ところで第二章で触れた通り、フッサールの連合説は「原印象・把持・予持」の内的時間構造に即して「原連合・把持的連合・予持的連合」という開放的連鎖を形成している。そして、その開放的連鎖を成り立たせている基礎は「原連合」における「類似的覚醒」であり、その連鎖が開放的でありうるのは、「予持的連合」が「把持的連合」の同一的反復ではなく、「把持的連合」に基づきながらも類似性による微細な偏差をもつからである。むろん連合は明らかに表象連鎖であるから、対象核の現出様相に関する記述次元に属する。しかし、その連合説の基礎はフッサールにとってつねに「把持」と「予持」の厚みをもった「原印象」の「今」である。問題はこの根源的な「今」が現出する仕方にある。「今」は意識の能動的作用によって呼び寄せられるのではない。もしそうなら、それはすでに「再現前化」もしくは「再想起」であって、時間の根源的な層を一次元超えた層として開かれる人間的に自由な「脱自的時間性」を成している。むしろ「今」は「つねにすでにそこに」(toujours-déjà-là) 見いだされる根源的受動性である。

デリダはこの根源的「今」の現出ということに徹底的にこだわることによって哲学的思索を始めたといえる。エコル・ノルマル・シュペリユールの二年生であった一九五三年から翌年にかけて、デリダは当時ソルボンヌの教授であったガンディアック（Maurice de Gandillac）の指導のもとに、フッサールに関する研究論文『フッサール哲学における発生の問題』を準備していた。また当時デリダは、ガンディアックとブレダ（P. Van Breda）の好意でルーヴァンのフッサール文庫にあるフッサール未刊行の文書を参照することもできた。書かれてから三六年後になってようやく、このフッサール研究はＰＵＦ社から出版された。そこではまだ「差延作用」とか「痕跡」という概念は登場していない。しかし、ここで登場する重要な概念は「時間の弁証法」「汚染」(contamination)「他性」(altérité) である。とくに「弁証法」と「汚染」に関しては、一九九〇年六月にデリダ自身の書いた「緒言」において誤解に対する弁明がなされている。五〇年代当時においては、「弁証法」という概念はタオ(Tran-Duc-Thao)もカヴァイエス（Cavaillès）も使用していた。しかし、そうした一般的使用の影響下にありながら、一般的使用とは違ってデリダがこの語によって表現しようとしたことは、やがて『「幾何学の起源」序説』(1962) や『声と現象』(1967) さらには『エクリチュールと差異』(1967) において登場する「差延」(différance) とか「代補」(supplément) とか「痕跡」(trace) という概念に取って代わられる意味内容を含意していたといえる。とくに「弁証法」については、『エクリチュールと差異』のなかの「表象の閉域」(La clôture de la représentation) という文章のなかで使用されている意味であるとことわっている。すなわち「弁証法とは、有限性の無際限運動であり、生と死の統一の無際限運動であり、差異の無際限運動であり、根源的反復の無際限運動であり、単一な起源の不在としての悲劇の起源である」(Derrida, 1967, Seuil, p. 364) と。また「汚染」に関しては、「超越論的と現世俗的」「形相的と経験的」「志向的と非志向的」「能動的と受動的」「現在と非現在」「点的と非点的」「根源的と派生的」「純粋と不純」などの混交をさす (Derrida, 1953-54, Avertissement, p. VII)。

デリダのこの最初のフッサール研究においてなされている根源的な「今」の分析においては、たしかに「今」が発生の中心概念として設定されてはいるが、しかしその「今」はフッサールのいうように時間の充実した起源点ではなく、非現在という他性の介入によってのみ成り立つ還元不可能な根源的受動性である。ここで「根源的」といわれうるのは、能動性に対称的な受動性ではなく、非対称的な、したがってまたそれ以上還元することのできない事実性だからであり、また「受動性」といわれうるのは、「つねにすでにそこに」あるものとして遭遇するからである。そしてこの「根源的受動性」が同時に「他者の超越性」を「今」の中心に導き入れるのである。若きデリダの記述をみてみよう。

「ヒュレーとモルフェーという観点からいえば、モルフェーの明かな介入に先立って時間的ヒュレーがすでに《受動的に知らされる》(passivement informée) のは、そしてそのかぎりで、［あとから］モルフェーによって《活性化》(animer) されるはずの質料にモルフェー自身が出会うのは、先立つ瞬間においてすでに時間的綜合が受動的に実行されていたからでしかない。この場合、少なくとも受動的体験の水準から超越論的な《私》そのものが発生することは疑いえない。その発生とともに、われわれは先ノエシス・ノエマ的で絶対的に根源的な時間を解明しはじめるのである。この根源的な時間こそが超越論的な究極の源泉としてわれわれに呈示される。そしてフッサールが書いているように、《一方に唯一の純粋自我があり、他方に唯一の体験流があり、これらは必然的な相関者である。そのさい体験流は三次元〔以前・以後・同時〕(Vorher, Nachher, Gleichzeitig)のすべてにおいて充実されており、その充実において本質的に相互連関していて、その内容的な連続を要請する》(Hua. III, S. 201)というのが本当だとしても、それでもやはり、この相関は均衡したものでもなければ静態的なものでもない。なぜなら、一方で唯一の純粋自我が時間性においてすでに構成されており、他方で体験流は主観への関係においてすでに統一化されているからである。かくして、これら各相関項の内部には構成的に働く綜合作用が見いだされる。そしてこの綜合は相関する二極を同時に必要とするのである。したがって、この相関は表層的であって、より根源的な綜合へとわれわれを送り返すのである。われわれは純粋性の諸限界点において、それ自身において主観として自己構成する綜合もしくは時間の発生に出会うのである。

「時間の弁証法は、主観のそれ自身との絶対的同一性のなかに、アプリオリに他性(altérité)を設定する。主観は根源的に同一なるもの(le Même)と他なるもの(l'Autre)との緊張として現出する。超越論的相互主観性は《自我》(ego)の絶対的内在の中心に超越を設定するものであるからこそ、超越論的相互主観性そのものがすでに主題として呼び出されているのである。志向的意識の客観性の基礎は、《私》(Je)のそれ自身との親密性ではなく、時間または他者(le Temps ou l'Autre）である。時間と他者という二つの形式は、本質（essence）に還元することのできない現実存在(existence)の形式であり、理論的主観とは異質のものであり、理論的主観に先立ってすでに構成ずみのものである。しかし同時にこれら二つの形式は、自己の構成と自己が自己に現出するための唯一の可能条件である」（Derrida, 1953-54, pp. 126-127）。

若きデリダにとって根源的な問いは、体験流が連続する流れとして統一的に把握され、それに対して反省する純粋自我が相関的に対峙するという発言をすることは、いかにして可能であるのか、もしこの相関関係に先立って時間化が生起していなければこの発言内容は意味をもちうるのか、そして哲学の問いはこの時間化運動に対して「遡及的な問い」（Rückfrage, question en retour）としてしか成り立ちえないのではないか、そのかぎりでは時間化運動とは反省主体にとって「つねにすでにそこに」ある事実として受動的に受けとる以外に仕方のない不可逆的運動ではないのか、それならばその時間化運動それ自体は「遡及的問い」の側の記述手段によって、切断され切り取られた形でしか記述不可能ではないかということであった。

この問いの視点に立てば、現象学的記述にとって方法論的にまず必要なことは、「純粋自我と体験流の相関」という発言内容を可能にする条件として、現象学的記述に使用される言語について問うことであろう。なぜなら、一見すると現象学的反省は独語（モノローグ）的に行なわれるかのようにみえるが、しかしもしその内容が言語的に記述されないならば、その反省は単なる黙想にすぎないからである。むろん、黙想的想念が実在するか否かということだけを取り上げて議論することも可能である。それは、思想に対する言語の被拘束性か、言語に対する思想の自由または優先か、という言語学的論争の論点の一つである。しかしここで問題なのは、すべての黙想的想念が言語次元を離れて実在するかどうかというような、言語と実在との一般的関係論ではない。なぜなら、黙想的想念のなかには、感覚性、想像性、妄想性など現実から非現実へいたる多様な度合が含まれているからである。そうではなくここで問題なのは、黙想的想念が普遍的理念と対応しうるかどうかという論点である。これは、すでに『クラチュロス』篇において、「言語」のみの正しさを求めれば「実在」の真理がえられないから、存在の真理は「言語」を介さずに直接的に存在から認識されなければならないというプラトンのイデア説の正当性に関する問題に端を発する。「言語」を単なる伝達手段とみなす形式的機能主義を徹底化すれば、「実在」に関する真理または本質の把握は言語の被拘束性を完全に無視することによってしか可能ではないという「直観主義」にいたる。こうした「直観主義」は、対象の側からみれば明らかに普遍的理念の「実念論」(réalisme)である。これに対する反論は、すでに周知のとおり、コンピエーニュのロスラン(Roscelin de Compiègne, †1120)に由来する「名目論」(nominalisme)において「普遍は声か名である」(Universale est vox vel nomen)という定式のなかに表現されている。ところが現代の名目論者は、まさにこの「声」こそが、普遍的理念の構成的相関者の自己同一性、すなわち「本質直観」の近代的原発点である「超越論的主観性」または「純粋自我」の自己同一性を正当化する無益な根拠とされていることを告発するのである。その告発論拠は、独語的黙想と普遍的理念との非対応性にある。

（2）意味と意義

このことを立証するためにデリダが『声と現象』において最初にとった論点は、果たして「意味」(Sinn)と「意義」(Bedeutung)を区別する論拠が正当性をもつかどうかという問題である。フッサールによれば、これら二つの概念は明確に区別されている。すなわち「《意味》という語は一般的には《意義》と等価的に使用されているけれども、われわれはいつもすべての志向的体験において《意味》について語ってきた。しかし［相違を］明確にするために、意義という語を旧来の概念のために優先して、とくに《論理的》とか《表現的》(ausdrückende)意義というような複合的な言い方の場合に優先的に使用しようと考える」(Hua. III, S. 304)。これを受けてデリダは明言している。『イデーン』Ⅰにおいては、これら二つの概念のあいだの分離は、フレーゲの場合と全く同じ機能をもっているのではない。むしろ［フッサールによる］この分離は、われわれの読解を確証している。すなわち意義は、言語的表現つまり語られた言説のうち理念的意味内容のために保持されるのに対して、意味は非表現的な層にいたるまでノエマ的な全領域を覆っている」(Derrida, 1967, PUF, p. 19)。さてそうだとすると、「意義」の理念的普遍性とそれを構成的に志向する「純粋自我」との共犯関係を解体するためには、「意義」の遍時間性と「純粋自我」の超越論的絶対性がそれ自体としては成立不可能であることを、還元不可能な発生的時間化運動から出発して立証する必要があるであろう。それを究明するキーワードは、「孤立した心的生活における表現」(die Ausdrücke im einsamen Seelenleben)(Hua. XIX/1, S. 41)にある。

およそ表現は、それが非言語的であれ言語的であれ、すべて意味をともなっている。なぜなら、もしも意味をともなっていないなら、発せられた音声なり画かれた象形は単なる雑音であり地形の断片にすぎない。しかし、意味それ自体が裸形で知覚対象になることはない。意味はつねに表現された記号の裏側に隠れて付随している。知覚されうるのは「表現記号」(signifiant) だけである。このように意味それ自体が隠れたままであり続けるものである以上、同一の「表現記号」の裏に付随している意味が、つねに同一の「表現内容」(signifié) であるという先天的な保証はどこにもない。だからといって、「表現記号」と「表現内容」の「緩やかな一致」を保証するものが全く存在しないとしたら、表現はすでに何かの表現であることすらできない。「表現記号」と「表現内容」の間には、たとえ暫定的であっても複数の人に承認されうる程度の一致がなければならない。こうした暫定的な一致を保証するものは、時代と地域に特定の社会慣習であり特殊な文化的自明性いがいにない。だからこそ「表現記号」と「表現内容」の間の「緩やかな一致」は、それが厳密でありえないが故に、つねに時間系列と空間系列を通して「ズレ」(écart) を生ずる。逆に言語が生きているといえるのは、この「ズレ」があるからである。なぜなら、「表現内容」はつねに隠れているが故に、言語使用の次元において同一の「表現記号」に新たな「表現内容」が積載されて流通することが可能だからである。こうした「ズレ」を「表現記号」の側から体系的に回収するための辞典的な努力がなされるとき、同一の「表現記号」の「多義性」(polysémie) は「原義」(sens propre) と「転義」(sens figuré) の関係として再組織化される。自然言語に「多義性」が不可避であるのはそのためである。

他方で言語表現は、こうした「多義性」をもった単一の「表現記号」を連続して結合することによって統一された意味群を表出しようとする。そのために、特定の言語体系にとって複数の「表現記号」

を結合するための独特の「結合規則」が自然発生してくる。したがって、この「結合規則」の秩序に違反した結合の仕方がおこなわれた場合、統一された意味群は意味不明となる。なぜなら、意味それ自体はつねに隠れているから、知覚可能な「表現記号」とその「結合規則」だけが統一された意味群の表出にとって唯一の物質的手掛かりだからである。

表現に関する以上の知覚可能な二つの物質的側面（「表現記号」の物質性〔音声または文字〕と「結合規則」の秩序性〔例えば統語法〕）は、言語表現が意味の表現であるための不可欠な条件である。

さて、自然言語におけるこのような「意味」とフッサール特有の「意義」との関係の問題に戻るならば、区別の意図は明瞭である。「表現内容」（意味）がつねに「表現記号」の物質性を不可欠とする以上、「意味」は時間化運動あるいは経験的発生から完全に自由であることはできない。ところが、理念的対象もしくは本質の「遍時間性」を経験的次元から自由な領域に位置づけるためには、「意義」の超時間的普遍性を「意味」とは異なった次元に確保する必要がある。もちろん、フッサールも日常的な言語的コミュニケーションにおいて「意味」が「記号」を介して流通することは承認する（vgl. Hua. XIX/1, S. 39-40）。しかし経験的日常のコミュニケーションにおいて起こっているのは、「記号」(Zeichen)を介する「意味」(Sinn)の交流であって、この次元は「表現」(Ausdruck)が「意義」(Bedeutung)を表明する学問的領域までは至っていない。経験から離脱した学問的普遍性を確保するためには、「意義」を「意味」の物質性依存状態から完全に区別する必要がある。フッサールにとっては「孤立した心的生活における表現」は、「記号」の物質性から独立に「意義」を志向している。「もちろん、ある意味では独言〔孤立した言説〕の場合（in der einsamen Rede）でも人は話しているのであり、たしかにその点では自分自身を話す者として、場合によっては自分自身に向かって話しかける者と解することもできよう。……しかしこのような場合、本来的なコミュニケーション的な意味で話しているのではなく、［したがって］何も伝達しているのではなく、ただ自分を話し手とか伝達者と思っているにすぎない。モノローグ的言説においては、言葉は心的作用の存在を表わす指標（Anzeichen）の機能においてわれわれの役に立つことはありえない。なぜなら、ここではそうした通知（Anzeige）ということが無意味（zwecklos）になってしまうだろうからである」（Hua. XIX/1, S. 43)。いいかえれば、フッサールにとって「孤立した心的生活における表現」において生起しているのは、言語の自己内回帰であり、言語が自己の外つまり他者へ向かって出ていく「伝達」（Mitteilung）現象ではないということになる。このように言語が自己内回帰をするかぎりでは、しかもその自己が超越論的な「純粋自我」であるならば、フッサールにとっては、その回帰圏域において志向的に構成される「意義」は経験的時間を超えることができるはずである。

ところがデリダから見れば、フッサールが「意味」から「意義」を峻別したのは、経験から「孤立した心的生活」の次元において「表現」と「意義」の自己内回帰性を帰結するために、フッサール自身が「声」という「表現記号」に「孤立した心的生活」という「閉域」（clôture）内で自己反射する特殊な性格を付与したからである。デリダにとっては、フッサールは「音声記号」を「書記記号」（écriture）から切り離し、それを「実念論」を基礎づける「直観主義」にとっての格好の近代的兵器に仕上げたかのように見えたのである。かくてデリダは書く。「声は自身を聞く。音声記号（signes phoniques）は、その音声記号の現在の絶対的近さにおいて、それを発する主観によって

《聞かれる》。主観は自身の表現活動によって直接的に触発されるために自己の外へ行く必要がない」(Derrida, 1967, PUF, p. 85)。「自己現前 (présence à soi) が記号の代理 (procuration de signe) を介して告知する必要がないようにするためには、自己現前が時間的現在の分割されざる統一のなかで生起するのでなければならない。現前において行なわれるこのような自身の自身による知覚あるいは直観は、およそ《記号化》(signification) ということ一般が起こりえないはずの審級であり、さらにそればかりか、そのような直観は根源的知覚一般あるいは根源的直観一般すなわち《原理中の原理》たる非・記号化 (non-signification) をも保証することになる。それ以後もフッサールは、根源的直観一般を表明するたびに、根源的直観とは記号不在の経験であり、記号不要の経験であることを喚起している」(ibid. p. 67)。

しかし「音声記号」も明らかに記号である。記号は地の果てまで行ってもついに「代理性」から免れられない。その点は「書記記号」(écriture) についても全く同様である。にもかかわらず、「直観による充実」というフッサールの明証原理を脱構築するために、なぜデリダは「音声記号」と「書記記号」を記号として均等に扱わないようにみえるのであろうか。たしかに、これら両者には言語学的な差異はある。表意記号は表音記号とは区別しなければならない。しかし、記号としての「代理性」という点では同等である。したがって「孤立した心的生活」において使用される「音声記号」ですら、その「代理性」から逸脱することはできない。「代理性」の身分しかもたない記号が、いかに発信者と受信者の自己同一性の内部で自己回帰したとしても、その記号の「指示項」(référent) に到達し一致するという先天的保証はない。すなわち、記号は直観たりえないのである。直進的一致こそが直観の誇りだからである。そのかぎりでは、「声」がいかに谺のように自己内循環を繰り返したとしても、発信者と受信者の自己現前的同一性、すなわち「純粋自我」の同一性を保証する根拠ではありえない、ということだけを直截に語っただけでデリダの勝敗は決していたはずである。このことに関して、マラッチ＝ゲヌーンは言っている。

「ある主体が偶然に話しかけるコミュニケーション的言説（discours communicatif）のことをフッサールは虚構的といっている。このことは、純粋に表現的で非コミュニケーション的言説（discours purement expressif, non-communicatif）が実効的に（effectivement）存在するということを含意している。だからフッサールは、虚構的コミュニケーション（communication fictive）と実効的コミュニケーション（communication effective）とが厳密に区別できるということを前提しているのである。ところがデリダにとっては、使用されている理念的な〔記号〕構造そのものが、虚構的と実効的、理念的と現実的などという区別が存在することを妨げているのである。すなわち、実効性は表現（expression）に対して《経験的外衣、心に対する身体》として突発的に到来するのではない。まして、孤立した心的生活のなかで、実効的に表象的な言説と虚構的な言説とを区別することができるという可能性に関するフッサールの究極の前提は、確実ではない。すでに言及したばかりの弁別的で複合的な構造に従って、すべての記号一般が根源的には反復と表象によって構成されているということを認めるならば、記号の実効的使用と虚構的使用の本質的な区別はない。デリダによれば、外的言語と内的言語を区別するための使用可能な基準などないし、よし内的言語という仮定を認めたとしても、実効的言語と虚構的言語を区別する使用可能な基準などない」（Marrati-Guénoun, 1998, p. 82）。

（3）遍時間性と根源的時間性

「表現記号」の物質的知覚可能性とそれに対応する「表現内容」の退去的知覚不可能性とを結合するものが、社会的慣習とか文化的自明性に依存する「緩やかな一致」しかなく、「指示項」（référent）との「絶対的一致」ではありえない以上、他者とのコミュニケーションであれ、社会から「孤立した心的生活」における言語使用であれ、使用される言語記号の「代理性」は全く同じである。（「記号」に対応する「意味」）という関連に対する（「表現」に対応する「意義」）という関連を区別するフッサールの意図は、言語記号の構造上だけからいっても成立不可能である。してみれば、もしもデリダが「孤立した心的生活」に匹敵する「純粋自我」の解体だけを目標にしていたのなら、「音声記号」という言語記号と現前的「直観」との関係だけから攻めるだけでも勝算ある攻撃は十分に可能であった。それなのにデリダは、「音声記号」と「直観」との関係だけからではなく、その戦線展開のなかで主題を「書記記号」（écriture）へ迂回させる戦略を選んでいる。「書記記号」も言語記号の一種である。デリダは「音声記号」を主観の自己現前性を自己錯覚させる言語記号として呈示した後にも、なぜ「書記記号」を主題化する必要があったのか。明らかにこれはターゲットが必ずしも「純粋自我」の脱構築だけではなかったということを意味するのではないか。

この点を考察するために、まずフッサールによる「表現」（Ausdruck）と「指標」（Anzeichen）

の区別、すなわちノエマ的には「意義」(Bedeutung) と「意味」(Sinn) の区別に関するデリダの問題のたて方についてベルネの批判的見解を参照してみよう。

「たとえデリダにきわめて閃きがあって、彼が《現前化》(présentation)［Gegenwärtigung］と《再現前化》(re-présentation)［Vergegenwärtigung］との対立を、志向性と構成に関するフッサールのすべての分析と考えるとしても、そこから出てくるいくつかの帰結は、ここでもまた、余りに性急なものにみえる。現前性の形而上学のシステムと同一視できないような《現前化》が存在するばかりではなく、先行する現前化を重複もしなければ反復もしない想像作用のような《再現前化》をもフッサールは記述している。そして、日常言語に伴う指標的表象 (représentations indicatives) が純粋に直観的な現前化のみを使用する志向的思想の至上性を脅かすとしても、だからといってそのことが、指標記号 (signe indicatif) をすべての表象形式の根幹とすることを正当化するわけではない。

さらに一般的にいうことができるのは、デリダが呈示するフッサール読解の新しさといくつかの弱点が、諸々の言語現象に向けられた注意に由来するという点である。支持しがたいのは、現象学的還元の最終の意味が《表現》(expression［Ausdruck］) と《指標》(indication［Anzeichen］) との対立のなかにすでに示されているという点である。しかしながら、デリダの解釈によってこの還元の意味が言語にとっての確かな考えと切り離しがたく結びついているということが示された点においては、きわめて大きな功績がある。たとえば、超越論的現象学の固有の慣用語法となっている言語を確立することが困難であるということは、当の現象学が経験的世界に根差しているということの症状的な表れである。だから現象学的還元は、超越論的意識を分離された世界のなかへ追いやることではない。現象学は決して純粋な声ではない。また超越論的意識の歴史は、メルロ＝ポンティがいうように、《世界の散文》のなかで書かれるのである。しかしながら、すべての解釈を排他的に言語に中心化することが、かえってフッサールが堅固に反対した新たな《言語中心主義》(linguocentrisme) のきざしではないかどうかは自問しうるところである」(Bernet, 1994, pp. 294-295)。

ベルネの指摘は、第一に、日常言語における「指標的記号」が必ずしもすべての表象形式を正当化できないという点。第二に、現象学的還元の最終的な意味は「表現」と「指標」との対立関係のなかに吸収し尽くすことはできないという点にある。もちろんこれら二点は根本的に関連している。すべての哲学的表現が言語記号を使用するかぎり、その思想内容が言語次元を超えるものである場合がたとえありうるとしても、その表現は記号論的制約から自由であることはできない。したがって哲学的思想内容の記号からの自由が保証されうるとすれば、それは、「表現記号」(signifiant) とそれに対応する常に隠れた「表現内容」(signifié) とのあいだの「ズレ」(écart) 構造のなかにしかない。たとえフッサールが主張するように、「意味」は「記号」もしくは「指標」に相関し、「意義」は複合的「表現」に対応することを認めるとしても、そこから「意義」が記号的物質性なしに伝達可能であるという帰結は導出されえない。むしろ複合的「表現」ですら「音声記号」あるいは「書記記号」の媒体を不可欠とする。ここでデリダは「音声記号」の自己回帰性（谺性）に着目して、それを「孤立した心的生活」状態にある「純粋自我」の記号論的解体の武器にしたのである。しかし目標は「純粋自我」の解体だけではなかった。むしろ現象学の根幹を支える「現象学的還元」という方法そのものの射程を確定しようとしたと考えられる。ベルネは「表現」と「指標」の対立関係のなかに現象学的還元の問題を吸収することはできないと主張する。しかし「表現記号」の顕在性と「表現内容」の潜在性との関係から出発して考察すれば、「指標」と「表現」の、そして「意味」と「意義」のあいだの根本的差異は消失することが確認される。そうだとしたら、「現象学的還元」が目指していた明証「直観」による真理獲得という方法自身が、言語「記号」における「現出と退去」という両義性を主題化することを避けて語ることができないということは明らかである。

「現出と退去」構造は「記号」による表現の次元に限られてはいない。それは現象としての存在者の根源的受動的構造にも関わる（本書二〇六―二一〇頁参照）。ただしここでは問題をいきなり拡大して複雑化しないために、「記号」による思考と「直観」による思考との関係を再確認するにとどめたい。つまり、「音声記号」であれ「書記記号」であれ言語記号による表現一般の特質と「直観」との関係についていささか反省しておきたい。言語論的には「直観」とは「記号」と「意味」と「指示項」（référent）との間の絶対的に保証された「一致」である。いま、言語表現がすべて複数の「表現記号」を相互に結合する「結合規則」に依存するかぎり、言語による思考は時間系列に即して組み立てられる「比量的思考」（pensée discursive）と規定される。それに対して言語に依存しない思考（たとえば全体を一度に見渡す映像的黙想）があるとするならば、それは諸記号の時間系列に即した「結合規則」を必要としないものであるかぎり、表象あるいは本質を「現在において現前的に直観する思考」(pensée intuitive en présence dans le présent) と規定されうる。ところで「孤立した心的生活における表現」が話し相手がいなくても「話している」状態、あるいは言語系列または概念系列を使用している状態であるかぎりでは、たとえそれが、日常会話のように外部へ出ていく「伝達」(Mitteilung) ではなくても、つまり「孤立した心的生活」における自己内回帰の状態であったとしても、それはやはり「比量的思考」である。そして、「比量的思考」が言語記号による思考である以上、「表現記号」とその「表現内容」の「緩やかな一致」を暫定的に保証する経験的次元（社会慣習または文化的自明性）から独立であることはできない。したがって「孤立した心的生活」の想念の独立性を確保する残る可能性は、その「表現」に対応する「意義」が「現在において現前的に直観する思考」の相関者である場合いがいには考えられない。しかしそのときの思考内容または全体的想念といわれるものには、本来、「比量的思考」に必要な時間的経過が欠如しているのであるから、その黙想的想念は、言語的「結合規則」をも逸脱し、どのような論理的矛盾概念をも許容しうるような意味における神秘的「直観」でなければならない。なぜなら、そのような「直観」は言語系列にも概念系列にも依存しないからである。いわばこれは「神の悟性」であろう。

しかしフッサールが表象していた形式的本質（例えば数理的推論）とか質料的本質（例えば幾何学的理念）は、このような「神の悟性」の相関者ではない。もちろん、形式的本質と質料的本質の区別はある。前者は推論的理性によって構成された対象性であるのに対して、後者は感性と想像の援助をかりて「自由変更」(freie Variation) を通じて志向された対象性である。しかし、いずれの本質も

「遍時間性」(omnitemporalité) の次元に見いだされる。ということは、それらの本質が没時間的「永遠」(éternité) のなかにあるということを意味してはいない。そのかぎりフッサールの本質直観は「神の悟性」ではありえない。したがってここで要請される説明内容は、「幾何学的理念」の発生的由来が記号的表示としては発生的時間化運動に拘束されているにもかかわらず、その理念の「遍時間性」がいかにして獲得されうるのかということである。そこで若きデリダが着目したのは、「発生的時間化運動」の「受動性」と本質の「遍時間性」を支持する「能動性」との間に想定される「汚染」(contamination) 関係である。

しかし、この「汚染」という概念も、フッサールの思考に対して全く外在的な視点から批判的に持ち込まれたものではない。デリダの方法は、テキストに対して外在的視点から否定的な立場を表明することによってテキスト批判をするのではなく、テキストの内部に入り込んで、そこに著者によって自覚されずに自明のこととされている前提を発掘し吟味にかけること、さらにその前提をもしも自明の前提としなければ発見されるはずのいくつかの矛盾を白日のもとに曝すことにある。それ故に、レヴィナスはデリダの「脱構築」という方法について次のように述べている。

「脱構築とは、歴史的《エポケー》としての形而上学との対決を意味するのではなく、形而上学のテキストを新たに読み直す一定の仕方であり、そのテキストからしばしば著者の意図に反する譲歩をひきだす仕方を意味する。たとえば、直観、明証、直接性、現前等々のような主要概念が欠陥と非独立性をもつこと、つまりそれらが代補 (Supplement) に依存することを明示する仕方なのである。だから脱構築の目標は、形而上学的思考の彼方とか外側に到達しようとして、形而上学的な考え方の純粋な否定を公示すること（もしも純粋な否定なら［彼自身が］その弁証法的運動から免れられないであろう）にあるのではなく、形而上学の閉鎖的テキストの内部に、そこから排除された他者とか差異のもつほのかな光を輝かせることにのみある。しかし、そうすることが輝きを与えうるとすれば、それは、そうすること自身をテキストから除外されたものとして余白の側からテキストのなかに書き込むからであり、あるいはつねにすでに書き込んでしまっていたからである」（Letzkus, 2002, S. 93）。

その意味では、能動的志向性によって構成される本質の「遍時間性」と受動的に「つねにすでにそこに」（toujours-déjà-là）あるものとして「事後的に」（d'après-coup, nachträglich）与えられるしかない「発生的時間化運動」との「汚染」の事実に着目するとしても、そのことが、必ずしも発生的現象学の思考の外から持ち込まれた外在的批評を意味するものではない。なぜなら、「遍時間性」が「永遠性」と等価でないかぎり、それは「時間性」と無関係ではありえないからである。そして「時間性」のうちには、意識的能動的決定に依存する「脱自的時間性」（ekstatische Zeitlichkeit）と、さらにそれよりも根源的な層に見いだされる「時間性」とがありうる。もちろん後者は、「把持・今・予持」構造をもつ「根源的受動的時間化運動」である。したがって発生的現象学の見地からすれば、「遍時間性」と「根源的受動的時間化運動」とは同一次元おいて並列するのではなく、本来、前者は後者から発生的に解明されるべきものである。

にもかかわらず、「遍時間性」の特性はすべての時間に妥当する理念的普遍性にある。だからこそフッサールは『イデーン』Iにおいて次のように記している。「幾何学者が研究するのは、諸々の現実性ではなく《理念的可能性》(ideale Möglichkeiten) であり、現実的事態ではなく本質事態 (Wesensverhalte) であるから、幾何学者にとっては本質看取 (Wesenserschauung) が究極の基礎づけ作用 (der letztbegründende Akt) であって、経験が［基礎づけ作用なの］ではない」(Hua. III, S. 21)。これによれば、眼前に画かれた図形は不完全な経験的事態であっても、そこで取り扱われている事態（例えば証明手続）は「遍時間的」な本質の次元にある。問題は、その本質事態の「究極の基礎づけ作用」である「本質看取」あるいは「本質直観」(Wesensanschauung) が「根源的受動的時間化運動」と無関係な独立性をもちうるかどうかである。ここでもフッサールにおいては「本質」には明証「直観」が対応するという立場がとられている以上、明証「直観」が「根源的受動的時間化運動」を阻む原理として機能することによって、発生的現象学そのものを限界づけている。

たしかに他方でフッサールは、一九三五年に「あらゆる種類の文化形態はその歴史性をもつ」(Hua. VI, S. 504) と書いている。幾何学的理念も文化的所産の一部であるかぎりでは、それはある特定の歴史的時期において産出された文化形態ではある。またたしかに、理念の普遍性といえども「書記記号」として世界のなかに記入されなければ、歴史的時間を通じて伝承されることはできない。明らかにここには「汚染」がある。しかし時間を通じて「本質事態」の伝承が可能なのは、もともと「書記記号」そのものが記入者から独立可能だからである。ここにデリダが「書記記号」を「音声記号」より優先させる理由の一つ（しかしこれはまだ決定的理由ではない）がある。しかし残念ながら、

「書記記号」の「著者からの独立性」とその「反復可能性」だけによって、「本質事態」が「根源的受動的時間化運動」によって全面的に拘束されているのかそうではないのかを決定することはできない。また「遍時間性」が「根源的時間性」から独立なのかそれに完全に依存するのかを確証することもできない。なぜなら、「本質事態」の「事実事態」からの独立性や「遍時間性」は、「書記記号」の歴史内著者からの「独立性」や時間系列上の「反復可能性」に比して全く異質であり、それらのあいだには全く異次元的差異があるからである。

したがって、ここで確認しうることは、フッサールにおいて認められるのは、「事実事態」に関しては発生的現象学がすべての基礎を提供することができるのに対して、「本質事態」に関しては「本質直観」がその基礎を提供するという近代型の「二重真理説」である。いいかえれば、ここにあるのは事実と本質の異次元的乖離である。

これに対して、デリダは『「幾何学の起源」序説』において、「事実に関する不変性すなわち決して反復されえない事柄に関する不変性は、〔本質事態の〕諸起源の歴史においては、形相的不変性すなわち好きなだけ無際限に反復されうる事柄についての不変性に権利上取って代わるであろう」(Derrida, 1962, pp. 30-31) と書く。たしかに、「記号」の物質的知覚可能性に対して「意味」はつねに知覚不可能である。たとえその「意味」の「指示項」が「個別的」感覚対象であれ「普遍的」悟性概念であれ、「意味」の記号論的退去性は同じである。その意味では「記号」が「指示項」に到達し「直観的」に一致しているかどうかの担保は、先天的には存在しない。そのかぎりでは、われわれに接近可能な射程は、知覚可能な「記号」の次元を超えることはできない。

それにもかかわらず、「本質直観」の普遍性を「書記記号」の「反復可能性」(itérabilité) で置き換えることは可能であろうか。なぜなら、「反復可能性」の無際限性は経験的物質次元に位置するのに対して、「本質直観」の普遍性は現実的無限としての「遍時間性」を意味するからである。「反復可能性」は「遍時間性」を伝承する必要条件ではあるが、認知の十分条件とはいえない。この意味では「本質事態」を「書記記号」の「反復可能性」へ「脱構築」する試みによっても、経験的次元にある「書記記号」の「反復可能性」と「本質事態」の「遍時間性」との異次元的差異を、両契機を満足するような仕方で、克服することはできないであろう。この差異を「脱構築」する方向は、一方を切り捨てる形でしか実現しない程の懸隔をもつ。記号論的接近によるかぎり、感覚対象は不十全であれ知覚的担保をもつが、概念的対象はその担保を先天的に明示することができない。「記号」はつねに何ものかの「代理」でしかない。デリダにとっては「代補」(supplément) 以外に知りうるものはない。したがって、フッサールの「直観」が捉える（記号論的には捉えているかどうかが不明の）「本質事態」については、「記号」の使用者は、「本質事態」の実在性を肯定することもできないと同時に、「本質事態」の非実在性を断言することもできない。そしてこれが、現代の記号論的思考が語りうる限界である。ハウエルズは次のように記している。

「真理が象形素 (graphème) のなかへ身体化 (embodyment) するということは必然的に諸刃の剣である。すなわち、そうした身体化は、時間を超えて真理を存続させると同時に真理の喪失をも可能にするからである。古き文明の記録が判読しがたいということは、単に不運なのではない。

それはすべての記入（inscription）の潜在的特徴であり、かえって死と失敗の超越論的な意味を暴露する。フッサールの説明によれば、書記記号（writing）は特別の地位をもっている。すなわち、書記記号は純粋に感覚的でも純粋に知性的でもなく、偶然性と本質、経験性と純粋潜在性、依存と独立のあいだで行なわれる運動を中心とする両義性の全系列の場所である。デリダの見方によれば、フッサールはその超越論的哲学のなかで起こってくる諸問題を、意味と真理の喪失の可能性ということによって申し分なく解決することをしていない。フッサールは、記入された意味の破壊という考え方をただただ偶然の出来事として扱っているにすぎない。フッサールは、破壊の危険が現実であることを知っているにもかかわらず、そのすべての哲学的な意味を否認している。たとえ真理の持続性と客観性を保証するものがまさしく身体化であるとしても、フッサールにとって、真理は身体化に依存するとみなされてはならないのである。……幾何学の諸真理はすべての事実性から独立であるとみなされ、よし全世界が破局に直面することがあっても、幾何学の真理は脅かされないとフッサールは主張する。デリダの議論によれば、こうした態度は書記記号を単なる感覚現象ではなく真理の受肉（incarnation）とみなすフッサールの見解と根本的に矛盾している」（Howells, 1998, p. 16）。

（4）根源的時間性と歴史的時間

しかしフッサール現象学の体系的整合性という視点からいえば、明らかに二重真理は理論的な不安定要素であり続ける。フッサールに固有の「直観主義」は現代風の名目論的帰結とは逆の道をとることを選ばせた。まさしくここに登場するのが「カント的意味における理念」である。これは、「事実事態」が展開される歴史的時間の次元を通じて「本質事態」が実現されるような「超越論的目的論」の過程を指導することを要請された「理念」である。これは、「汚染」の事実に対して理念という「上から」意味を与える試みである。発生的現象学ならば「受動的時間化」という根源層から、つまり「下から」解明を積み上げようとするであろう。ところが逆に、フッサールの「超越論的目的論」は普遍的「目的理念」による歴史的時間の救済史的意味づけである。フッサールにとって「神とは、モナド全体のことではなく、モナド全体のなかに存在するエンテレキーであり、無限発展のテロスという理念である。絶対的理性に基づく《人間》のテロスという理念である。これはモナド的存在を必然的に規制する理念であり、しかも自己の自由な決断に基づいて規制する理念である」(Hua. XV, S. 610)。この「目的理念」は「ギリシア哲学の誕生とともにヨーロッパ的人間のなかに生み込まれたテロス」(das dem europäischen Menschentum mit der Geburt der griechischen Philosophie eingeborene Telos)(Hua. VI, S. 13)であり、そのおかげで「ヨーロッパ的人間はそれ自身のうちに絶対的理念を有していて、《シナ》や《インド》というような単に人類学的なタイプではない」(Hua. VI, S. 14)。その意味ではフッサールにとって歴史とは「目的理念」の実現のために行なわれる「他のすべての人間性のヨーロッパ化」(Europäisierung aller fremden Menschheiten)(ibid. S. 14)の運動である。明らかにフッサールにとっては、「ヨーロッパというエイドスは、ある地域とか地理学上のある場所ではなく、精神の一場所なのである。にもかかわらず、他のいかなる国とも他のいかなる国民とも置き換えられえないのである。[しかし]ギリシアというエイドスは想像変様に逆らう。フッサールは経験的と超越論的という徹底した区別を破棄しないままで一経験的出来事に精神的な意味を与えようとしているのである」(Marrati-Guénoun, 1998, p. 32)。

「想像変様」あるいは「自由変更」は「質料的本質」の「直観」にとって不可欠の条件である。ところが「目的理念」はそのような「本質直観」の相関者ではない。まず古代ギリシアという歴史上の「事実事態」に「本質事態」の「普遍性」を与えた上で、今度はその「普遍性」をすべての人類にとって歴史的「事実事態」の「目的理念」に置き換える操作は、「本質事態」を相関者として把握する「明証性」をかかげる「構成的現象学」にとっても、また「根源的受動的時間化運動」から思考を積み上げる「発生的現象学」にとっても、説明不可能な事態である。もしも理解可能な部分があるとすれば、それは「超越論的目的論」がヨーロッパ精神史という「文化的自明性」の「特殊性」を別の形で表現したものでしかないという点だけである。しかもそのさい看過されてならないことは、「文化的自明性」に特有の「特殊性」を、「人類全体のヨーロッパ化」という「普遍性」へすり替えるという使命的欺瞞が全く自覚されていないという点である。むろん、人間は自らの「文化的自明性」を受け入れないで生存することはできない。しかし、たとえ歴史の時間系列を通じてであれ、現象学者が特定の「文化的自明性」が有する「特殊性」を本質の「普遍性」へ接木することは許されない。「現象学的還元」の出発点は、特定の「自明性」を「遮断する」ことに始まるからである。

たしかに、書かれた歴史はひとつの物語である。しかし「目的理念」から焦点をあてられた物語も「特殊性」の局面をもつ出来事連鎖にすぎず、それが「普遍性」を保持すると主張することはできない。歴史的時間が「目的理念」へ収斂することを、「根源的受動的時間化運動」から導出可能でないならば、「超越論的目的論」は願望以外のいったいどこから現象学的思考のなかに紛れ込んでくるのであろうか。歴史的時間が、目的への閉鎖系なのか、それとも目的も回帰もない開放系なのか、そのどちらでもあるのか、ここでわれわれは「根源的受動的時間化」の特性へ向かって「遡及的な問い」(question en retour, Zurückfrage) を投げかけなければならない。すでに若きデリダは歴史的時間について次のように記している。

「ここで保持されているようなひたすら現象学的な視点からみれば、歴史とは意味作用の志向的連鎖にすぎず、能動的綜合によって《活性化された》受動的綜合が受動的綜合として《認識される》諸契機の系列にほかならないであろう。歴史は体験的意味を備えた歴史、つまり超越論的主観にとっての歴史にほかならないであろう。しかし、これらの志向的背送 (renvois) は原理上無限であり、そのかぎり決して背送の意味の絶対者に達することはない。いいかえれば、背送が無限であるのは、形相的探究の可能性を開始する能動性がつねに受動的綜合に先立たれているからである。また、形相的分析が厳密であるためには、その分析は意味の絶対者をすでに知っていることを前提するのでなければならない。おそらくその場合は、受動的綜合というもの、つまりいままでは客観性の唯一の基礎であり存在そのものへの接近の唯一の確実性であったものを、主観の純粋な能動性に変えてしまい、純粋に産出的な志向性に変えてしまうという危険をおかすことになる。われわれは、この純粋に産出的な志向性の危険性をすでに検証してきた。ところが、フッサールにとっては、そのような志向性の記述の絶対的厳密さを救済するのが唯一の仕方であるようにみえる」(Derrida,

1953-54, pp. 234-235)。

語られた、あるいは書かれた歴史とは、「能動的綜合によって活性化された受動的綜合」の時間的連鎖である。それは、「出来事としての歴史」が「事後的に」(nachträglich, d'après coup) 構成された時間系列上の物語連鎖である。なぜなら、「出来事」の内容が歴史系列として「認識された」とき、その内容の連鎖は「志向的背送」によってすでに定立されているからである。ところが、フッサールの「超越論的目的論」は、「理性の目的論」の「普遍性」に向かって編成されていく「出来事としての歴史」そのものを性格づけようとしたものである。しかし、「出来事としての歴史」の特定期間内の物語内容を「言語記号」によって定立する場合と違って、「出来事としての歴史」全体の性格を「言語記号」によって規定することは、いかにして可能であろうか。「目的理念」を超時間的な神の位置に同一化するのでないかぎり、つまり時間系列全体を没時間的位置から俯瞰するのでないかぎり、「言語記号」(それが「音声記号」によってであれ「書記記号」によってであれ)によって規定された歴史全体についての定立内容ですら、明らかに必然的に、「出来事」としての「時間化運動」そのものよりも「つねにすでに」遅れていなければならない。なぜなら歴史上の「出来事連鎖」そのものは「時間化運動」に由来するからである。あらゆる定立は、それが「出来事」の物語的内容であれ時間的「出来事連鎖」そのものの性格づけであれ、「根源的時間性」についての「志向的背送」によってしかわれわれのもとに到来しない。まさしく「遅れて」しか到来できないという意味において、「時間化運動」は「還元不可能な根源的受動的事実性」である。すべての歴史的時間の構成にとっては、つねにすでに「根源的受動的時間化運動」が先行しているのである。

このような「根源的受動的時間化運動」について、注意すべき第一のことは、「根源性」の意味である。「時間化運動」は、時間が「不可逆」な流動であるかぎり、「今」の充実の連鎖としてではなく、「今」の中心において「不可逆的他性」が作用することによってしか生起しえないということである。「今」は「把持」への落下と「予持」の吸引の微分的変化点である。したがって「今」のこうした「変化性」は、その中心が空虚であることを意味する。そして空虚であることの可能条件は、空虚として静止的に存在すること（もしそうならそれはすでに空虚という一つの充実である）ではなく、たえず「他なるもの」(das Andere) へ「不可逆的」に移行せざるをえない運動であることである。かくして「今」の流動は「不可逆的他性」運動そのものである。これが「時間化運動」の「根源性」である。次に第二に注意すべきことは、「時間化運動」が「受動性」であることの意味である。それは、「今」への接近にとっては、「把持」という落下「痕跡」の側面から、「つねにすでに」生起したものとして「後から遅れて」確認する以外に方法がないということを意味する。

しかし、こうした「時間化」(temporisation, Verzeitlichung) の「根源性」と「受動性」は、看過しえない重大な帰結を伴っている。それは「時間化」がすなわち「空間化」(espacement, Verräumlichung) をも意味するということである。しかもその「空間化」には二つの位相がある。

「空間化」の第一の位相についていうと、まず「把持」は過去の「想起」ではないし、「予持」は未来への「期待」ではない。「想起」や「期待」は人間の能動的な「再現前化」(Vergegenwärtigung, re-présentation) の位相に属する表象作用である。それに対して、「今」も「把持」も「予持」も、「根源的時間化運動」が「不可逆的他性」の自己展開であることを示す不可欠な契機である。ということは、これらの根源的契機なしに、根源的時間性に「事後的に」(nachträglich, d'après-coup) 接近し、それを記述することすら不可能だからである。これらの契機はいずれも実体的な何ものでもない。むしろこれらは、力動的相互関係を示す記述言語であるから、そのいずれを欠いても力動的相互関係は表現できない。なぜなら、「不可逆的他性」は「力動的関係性」においてしか自らを示すことができないからである。いいかえれば、「不可逆的他性」はそれ自身が不断に「退去」(retrait, Entzug) することによってのみ「痕跡」として自らの跡を「与える」(donner)、あるいは「退去」によってしか自らを「現出」として「贈与」(don) することができないからである。したがって「痕跡」は、「時間化」が「空間化」したことによって生じた贈与主不明の贈与物である。たしかに、「今」「把持」「予持」の諸契機は、それぞれ「書記記号」(écriture) のひとつである。それに対して、これらを後に残して「不可逆的」に立ち去る「時間化運動」それ自身は、残された跡の側からみれば、「原痕跡」(archi-trace) とか「原書記記号」(archi-écriture) と呼べるかもしれない。しかし、それ自身は「痕跡」でも「記号」でもない。むしろ「時間化運動」それ自身は、記号空間を開示し、そこに「痕跡」を「時間化運動」の「代補」(supplément) として「贈与」する「不可逆的他性」作用そのものというべきであろう。これが、「時間化」(temporisation) が同時に「空間化」(espacement) でもある理由の一つである。

「空間化」のいま一つの位相は、「今」の中心の空虚性が人間存在に関して二様の仕方で「他性」の「痕跡」を指示するということである。一つは、「今」の中心の空虚性は「自己現前」の空虚性を意味する。すなわちそれは、「意識」によって表象された「再現前化」の次元において捉えられる「自我」は、「根源的受動的時間性」の層からみれば、「今」の空虚性の上層に仮構された構築物を意味するということである。第二章において詳述したように、「根源的時間性」の「今」の空虚性として「意識」の下層において積極的に作動している「他性」は、「内なる他性」として示された「無意識」(das Unbewußte) を指す。

「今」の空虚性が意味するいま一つの様相は、それがまさしく第二章で詳述した「外なる他性」すなわち「他者の他性」(altérité de l'Autre) としての「空間化」であるということである。「自我」は「他者」の「身体」(Leib) について、知覚対象としては「物体性」(Körperlichkeit) としての現前的担保をもつ。しかし、もしも「今」の充実から探究を開始するのであれば、「他者」の体験内容に関する「自我」内の表象内容は、知覚と同様の担保保証はない。だから、「物体」としての他者「身体」の上に「自我」に見えるかぎりの多様な「他者」様相を上塗りする以外に接近法を見いだすことはできない。「他者」自身の体験内容の超越性はつねに「自我」の「地平」圏の「彼方」にあるからである。「自我」の「今」の空虚性こそが「他者」の超越性を意味するにもかかわらず、フッサールは「今」の充実から出発した。そのために、晩年に至っても「根源性」の度合を「第三度」まで希薄化してでも「今」の充実の権威を保持しようとしたのである。

「他者は、私の具体的現在のなかで、第二の、あるいは本来的には第三の根源性において再現前化される (in einer tertiären Originalität vergegenwärtigt)。第三のというのは、すべて想起に基づくもの（再想起・共想起・先想起）は私の現在に数えられると同時に、他方では、他者として再現前化されたもの（das als Anderer Vergegenwärtigte）にも数え入れられるからである。われわれは（広義の）根源的現在と、移入的に再現前化された現在との（mit der einfühlungsmässig vergegenwärtigten［Gegenwart］）綜合、すなわち差異における合致（Deckung in Differenz）をもっているのである」（Hua. XV, S. 641-642, Januar 1934）。

しかし、このように「第三の」表象まで許容範囲を拡大しても、それはどこまでも「私の表象」であって、「他者」の体験内容ではない。「超越論的主観」から「他者」を構成しようとする悲劇的にさえみえるこうした架橋方向をとるかぎり、やはり第二章で触れた「ナルシス回路」から外へ抜け出る通路は見いだせず、最終的には精神病理学的な迷路へ踏み込むだけであろう。やはりその理由は「今」の中心の充実から出発して、「今」の空虚性の意味を看過したからである。

それにもかかわらず、フッサールの進路方向に忠実であり続けるドゥプラスは、分析過程のなかに「他性」概念を取り入れることによって、迷路から脱却することができると信じているようにみえる。すなわち、

「想起と想像は、反省という第二の構造に対して第一の他性（altérité première）の土台を提供する。というのは、反省の範型はあくまでも知覚だからである。ところが［反省は］自我の自身に対する第二の他性（altérité secondaire du moi à lui-même）の水準に位置している。分裂作用

に応じて、主題関心が自我へではなく、自我の自身との不断の分裂状態にある流れる生に向けられるやいなや、第二の他性がより根源的に自己の自己自身への他性（altérité du soi à lui-même）として現れる」（Depraz, 1995, pp. 280-281）。

ドゥプラスはフッサールの遺稿から書簡にいたるまで詳細かつ克明に踏査しているにもかかわらず、この記述からも明かなように、その基本的視点はかえって「他性」を能動性に対称的な受動性のなかで抹消する方向をとっている。これは、「他性」をメルロ＝ポンティに従って「対称性」（symétrie）の各項として捉えるために、「他性」を根源的な次元すなわち「非対称性」（asymétrie）として作動する様相を取り逃がしている。ドゥプラスが記述する「他性」は、肯定性に対称的な否定性、能動性に対称的な受動性にすぎない。それは「非対称性」としての「他性」を「可逆性」の次元に回収することができると考えることを意味する。しかし、根源的次元の「不可逆的他性」を次元を異にする「第一他性」と「第二他性」に区別することはできない。それを可能とみなす思考法が登場するのは、「他性」を根源的「不可逆」層において捉えないで、「秩序」や「目的論」が成立する表層だけにおいて捉えるからである。「秩序」は共時的「可逆性」として、「目的論」は通時的「可逆性」として、人間的意図が実現される次元に発生する。しかしその発生の逆説的可能条件はつねに「不可逆的他性」の先行的作動にある。したがって「他性」を「肯定性」に対称する「否定性」と混同することは、「秩序」の成立も「目的論」の必要性も根本的に解明することはできない。

(5) 贈与と根源的暴力

作動する空虚性としての「今」が微分的変化点であるが故に、「根源的受動的時間化運動」の特性である「不可逆的他性」は、それ自身がまた「空間化」でもあることが示された。そして「根源的受動的時間化運動」の根源層においては、その「時間化運動」の「空間化」は「内なる他性」(無意識)と「外なる他性」(他者の他性)という二様相を呈示すると同時に、それらは「空間化」によって開かれる「現実界」において根源的に通底することも示された。この「空間化」による両者の根源的連関について、第二章の呈示に従っていえば、意識的「自我」にとって、ついに意識圏域に素顔を見せることのない「内なる他性」としての「無意識」は由来不明の贈与主「エス」と呼ばれるに相応しい。他方「現実界」にある「大文字の他者」は、つねに言語交流の場である「象徴界」のおかげで「言語の壁」の外へ「外なる他性」として排除され、他者は、意識的に定立された「小文字の自我」のなかだけで「私の表象」内の欲望対象像という資格しかもたない「小文字の他者」として構成されるいがいにない。ところが、もしも「現前的充実」としての「今」の主観性から出発するならば、空虚性としての「今」の「時間化運動」が「他性」として捉えられることすらありえない。本来は、「内なる他性」も「外なる他性」も「現実界」に由来する。そして「現実界」の根底は「時間化運動」の「不可逆的他性」いがいにない。にもかかわらず人間は、主観的意識と言語の代理性のおかげで「現実界」に到達しないままに、そして到達しないことの自覚症状もないままに、表象の「想像界」と言語の「象徴界」の内側で「秩序」を形成することによって、「自己原因」としての自立性を保持しているという錯覚を持ち続けているのである。

しかし、人間は何らかの仕方で「現実界」に遭遇しないかぎり、いかなる困難を解決することもできない。これに関して第二章においては、「意識」からすれば二方向に見える「内なる他性」と「外なる他性」を「現実界」において結びつけることによって、いいかえれば「意識」を「現実界」へ戻すことによって、真の「他性との遭遇」を実現するための方法の一つが「精神分析」の目指す方向であることが示された。本章においては「発生的現象学」の成果として、この「現実界」の根底が「不可逆的他性」という「根源的受動的時間化運動」であることを見いだした。「時間化」が根源的「他性」であるということは、「根源的受動的時間化運動」の「今」が、「不可逆的に動き続ける空虚性」あるいは微分的変化点であることを意味する。それに対して、人間の「意識」の相関者である「表象」も「概念」の相関者である「言語」も、空間的固定化を目指している。固定化の目的は「所有」にある。物体は「持つ」ことができる。しかし流れるものは「持つ」ことができない。「像」の暫定的固定性と「記号」の代理的固定性は、流れるものに対して、器の固定性として機能する。にもかかわらず、本来は「空間化」の根源は根源的な「時間化」に由来する。「空間化」だけを「時間化」から完全に分離することはできない。そのかぎりで、もしも「表象」や「言語」が「生きた姿で作用する」ことができるとすれば、それらが「時間化」の根源から湧出するときである。そのとき「表象」も「言語」も感動を誘発することができる。なぜならそのとき、それらは何らかの仕方で「現実界」と遭遇しているからである。それに対して、根源的な逆説的成立可能条件を無視して「表象」と「言語」の内側だけで作られた「秩序」は、成立時にいかに完璧に見え、その後いかにその維持に腐心したとしても、必ず腐敗する。

したがって、どのような思想形成も単なる固定化を目指しているのではない。たとえば、フッサールの現象学が従来の思考をいかに「突破」(percée) し、何を「拡大」(élardissement) したのかについて、マリオンは、われわれのように「根源的受動的時間化運動」という発生的現象学の現在的成果からではなく、むしろ『論理学研究』の当初から「志向」(intention) と、「意義」(signification) を捉える「直観」(intuition) との「相関の厳格な遊動」(strict jeu de la corrélation) (Marrion, 1989, p. 53) の根底に、「贈与作用」(donation) に関する新たな形而上学の萌芽を読み取ろうとしている。それは、「現象としての存在者」(un étant phénomène) である「現出者」(l'apparaissant) が「現出する」(apparaître) ことができるのは、「現出」(l'apparaître) そのものが「贈与作用」(donation) によるからだという新たな形而上学的視点への着眼に由来する。

「現象学的な突破は、直観の拡大にあるのでもなく、意義の自律性にあるのでもなく、現象の贈与作用がただ無条件に優先することにある。直観と志向は、それぞれがいかに解放されているとしても、それらが解放的であるのは、それらによって例証される贈与作用、あるいはむしろ、それらによって絶えず照明される贈与作用によってでしかない。それらはその贈与作用の諸様相、つまり現出者の《贈与作用の諸様相》を漏洩するだけなのである。すべてが初めから相関の原理によって現出するために贈与されているのでなければ、直観と志向が何ものをも付与する (donner) ということはないだろう。(だから、それら自身も贈与される必要がないことになる)。贈与作用は直観と志向に先行する。なぜなら、それらは現出作用 (apparition) のためにのみ、そして現出作用によってのみ意味をもつからである。しかもその現出作用が（現象としての存在者《un étant phénomène》である）現出者の現出（l'apparaître d'un apparaissant）としての価値をもつことができるのは、相関原理（principe de corrélation）によってのみ、すなわち贈与作用（donation）によってのみだからである」（Marrion, 1989, p. 53）。「相関において示されるような贈与作用だけが、仮象（apparence）に現出作用の重みを負荷するのである。現出者（apparaissant）なしに現出（apparaître）はなく、現出作用（apparition）なしに現出者（あえて造語でいえば現出可能者《apparaissable》）はない。かくして贈与作用は、現象学的には、（付与するべく贈与された《donné à donner》）現出するもの（ce qui apparaît）と、仮象（apparence）における現出作用（apparition）（贈与作用の諸様相）（modes de donation）とのあいだの相関の厳格な遊動によって示される。贈与作用だけが絶対的であり、自由であり、無条件である。それはまさしく、贈与作用（donation）は贈与する（donner）からである」（Marrion, 1989, pp. 53-54）。

マリオンによれば一般に「存在者」（étant）を意味する「現出者」（apparaissant）が「現出する」ことができるのは、先行する「贈与作用」による。しかもその場合「直観」によって充実される「志向」とそれに相関する「意義」相互の「相関原理」そのものが、「絶対的かつ自由な無条件的贈与作用」によってはじめて「現出する」ことができる。したがって、ここで注意しなければならない三つのことがある。第一に、いかなる「現出者」も自らの「現出」を捻出することはできず、「現出」は必ず「贈与作用」に先行されて「与えられる」ということ。第二に、「現出者」は「相関関係」として「与えられる」ということ。第三に、「現出者」が対象的に「意味」を「与える」ような「意味付与作用」（Sinngebung）は「贈与作用」とは明確に区別されるということである。第一の視点は、「現出者」（それが意識的主観であれ身体的主体であれ知覚対象であれ概念対象であれ）からみれば、「現出」は「根源的受動性」を意味する。第二の視点は、根源的受動的に与えられる「現出者」は、マリオンにとっては、つねに「相関」のもとにあるということである。そして第三の視点は、「現出者」が発動する「能動的意味付与」は、マリオンのいう「贈与作用」ではないということである。

マリオンにとって、「相関関係」そのものが「贈与」されるのであり、「能動的意味付与」は決して「贈与作用」ではない。したがって「範疇的直観は贈与作用から結果するのであり、範疇的直観が贈与作用を引き起こすのではない。そうだとしたら、範疇的直観に留まる思考は贈与作用の謎（énigme de la donation）から回避しているだけである」（ibid. p. 59)。「範疇的直観は、あくまでも贈与作用の必要物であって、贈与作用が《在ること》（l'est）の贈与作用として完遂されるため、すなわち存在者が存在者であること（étantité）の贈与作用として完遂されるためには、範疇的直観は必要ではない」（ibid. pp. 61-62)。範疇的直観はマリオンにとって相関関係の一つであるにすぎない。しかし、明証的「直観」によって「充実」される「本質」は、マリオンにとっては、「贈与作用」によって保証されていることも確かである。それは、アウグスチヌス以来の「永久真理」の伝統を継承する安定性の確保である。この意味では、マリオンの解釈は、明らかにフッサールの「範疇的直観に留まる思考」を「突破」している。

しかし、これによって二重真理的性格は払拭できたのであろうか。たしかに、「贈与作用」まで突き抜ければ、感性的直観は不十全なりに、知性的直観は十全的に「贈与作用の謎」によって保証されるかもしれない。たしかにこれによって、「現象学的方法」のうち「形相的還元」に対する確証がたとえ得られたとしても、「現象学的還元」の本来はあらゆる「文化的自明性」の遮断にあったはずである。デリダのいう「汚染」はこの遮断のなかで発生する出来事である。いったい「現象学的方法」は「還元」の「遮断」を続けるのか、それとも「形相的還元」によって「遮断」を「突破」してもよいのかという背反に、いかにして答えることができるのか。マリオンは、デリダのフッサール解釈に対して次のように語っている。

「デリダの解釈は、（現前性（présence）と断絶した意義（signification）、すなわち形而上学から除外された意義を前提する点において）、逆説的なことだが、余りにも徹底化がたりない。なぜなら、デリダの解釈は現前性の余りに狭すぎる理解に依存しているからである。〔デリダの〕現前性は、まさしくフッサールのように現前性を一つの贈与作用として深化することを仕損なっている。それでも、おそらくデリダの解釈がなければ、現前性を贈与作用としてフッサール的に深化させることへは、近寄りがたいことであったであろう。その意味では、現象学は一つの《現前性の形而上学》であるというデリダの帰結は確認しなければならない。ただし、現前性を直観にだけ還元するデリダの主要な議論には異議をとなえる」（ibid. pp. 56-57）。

マリオンが「形而上学から除外され」ないような「意義」を承認するのは、まさしく彼にとって

「贈与作用」が形而上学の本来の領域だからである。そこでは「現象学的還元」の「遮断性」は見事に「形而上学」へと「突破」されている。しかし「贈与作用」(donation)によるこの「相関の形而上学」が、はたしてデリダよりも「より徹底的に」「現前性の形而上学」を超克しえているのであろうか。デリダが「現前性の余りに狭すぎる理解」に基づいて「現前性を一つの贈与作用として深化することを仕損なっている」というのなら、マリオンの場合は、現前性を「相関」の層において捉えることを前提としているために、現前性の現在における「根源的時間化運動」を力動的構造まで深化することを仕損なっているとはいえないだろうか。なぜなら、「時間化」が「事後的に」「痕跡」としてしか捉えられないということは、「時間化」そのものが「痕跡」としての「現出者」を跡に残す「退去」であることを意味しているからである。そしてこの「退去」(retrait)なしに「現出」という「贈与」(don)は起こりえないからである。だからこそ、第三章で確認したように、デリダは言う。「極限においては、贈与としての贈与は、受贈者にとっても贈与主にとっても、贈与として現れてはならない。贈与は贈与として現前しないことによってしか贈与としての贈与ではありえない」(Derrida, 1991, pp. 26-27)。もしも「贈与」(don)が「贈与作用」(donation)として現前するとしたら、「贈与物」(すなわち「現出者」)はもはや「痕跡」ではなく「贈与」の現前的証拠物件である。そのとき「贈与物」の現前性は、「贈与主」と「受贈者」の間に等価的もしくは不等価的な交換の「可逆性」を惹起するであろう。その場合は、市場的「等価交換」か、権力的「不等価交換」が発生するであろう。そもそも、「相関関係」の「贈与作用」を前提することは、「根源的受動的時間化運動」における「今」そのものが「不可逆的他性」の空虚な微分的変化点であることの看過を意味する。なぜなら、「根源的受動的時間化運動」だけがつねに「退去」する「贈与」でありうるからである。

これに反して、もしもこの「時間化」が「退去」する「贈与」としてではなく、それ自身の自己肯定あるいは自己充実として「自我論的」局面から捉えられたならば、「生ける現在」は、人間関係規則を意味する「秩序」において、「違反的暴力」として、あるいは逆に「防衛的暴力」として現れる危険をはらんでいる。デリダは『エクリチュールと差異』のなかのレヴィナス論において、すでにこのことを指摘している。

「もしも人が最後の手段として暴力を他者に対する次のような必然性として規定しようとするならば、そのときは時間は暴力である。すなわち、他者に対するその必然性が、あるがままの他者が現れたり尊重されたりすることを、同一なるもの（le même）の枠内でだけ、同一なるもののためにだけ、同一なるものによってだけ認めるという必然性であり、つまり他者の現象を解放することそのこと自身が同一なるものによって隠蔽される必然性である。そのときは、絶対的に同一なるもの（le même absolu）の枠内においてだけ絶対的他性（altérité absolue）を解放するというこうした運動は、絶対無条件な普遍的形式における時間経過運動（le mouvement de la temporalisation）［という意味の］「生ける現在」となっている。そもそも「生ける現在」（le présent vivant）とは、他者自体への時間の開口部（l'ouverture du temps à l'autre en soi）という絶対形式なのである。その「生ける現在」が自我論的生の絶対形式となり、自我性が経験の絶対形式となるならば、そのときは、現在（le présent）、現在の現前性（la présence du présent）および現前性の現在（le présent de la présence）は、本来的かつ永久に暴力となってしまう。「生ける現在」は、根源的には、〔今の充実の〕死によって運営されているのである。現前性が暴力になってしまうということは、有限性の意味であり、歴史という方向の意味である」（Derrida, 1967, Seuil, p. 195）。

歴史的現実のなかに、なぜ暴力が現出するのであろうか。それは、一般に「規則」または「秩序」が「可逆的閉鎖系」を成就するからである。そして「閉鎖系」の抑圧性は「違反」を誘発するからである。それならば、なぜ「生」にとって「可逆性」が必要なのであろうか。それは、「根源的受動的時間化運動」が本来「不可逆的開放系」だからであり、この根源的「不可逆性」が「生」の可逆的安定「秩序」を破壊し、最終的には「生」を崩壊へ導くからである。これに抗して、「生」は「負のエントロピー」を拡大する必要がある。歴史的現実において「秩序」の維持のために作用する「防衛的暴力」も、「秩序」の破壊のために作用する「違反的暴力」も、「起源」も「目的」もない「根源的受動的時間化運動」という「根源的暴力」に由来する。「秩序」からみれば一般的には「防衛的暴力」は「善」と受けとめられ、「違反的暴力」は「悪」として忌み嫌われる。たとえば前者は対外的には国家の「法」によって合法化された軍事力であり、国内的には警察力である。したがって通常、人は「違反的暴力」のみを「法」を犯す悪しき「暴力」とみなす。これに対して「根源的暴力」は、「善悪の彼岸」すなわち「秩序」と「無法」「の彼方において」（au-delà de）「法外なもの」（l'extra-ordinaire）として作用する。いいかえれば歴史的現実の次元において「防衛的暴力」と「違反的暴力」

は「通常の対称性」(symétrie ordinaire) の関係にあるが、その関係からみれば「根源的暴力」は、あくまで「通常外の非対称性」(asymétrie extraordinaire) という根源的次元において作用している「力」である。

2　秩序と根源的暴力

(1) 秩序と権力

かつて歴史的現実のなかに何らかの「秩序」が存在しなかったことはない。それは、人間的現実のなかに社会が存在しなかったことがないからである。そして、社会に「秩序」が創設され、それが維持されるためには、「権力」という「力」の作用は不可欠である。むろん「権力」は、時代によって、不透明である場合も、比較的に透明である場合もありうる。しかし、およそ「権力」なしに社会的人間関係が組織化されることはありえない。その場合「権力」の作用は、「秩序」の肯定的成員に対する「保護」と、否定的成員に対する「排除」という両側面をもつ。なぜなら「保護」と「排除」は、ある「秩序」を他の「秩序」から区別し、自らの「秩序」の自己同一性を保持するための可能条件だからである。

このことは、本質的に、権力の社会的機能を規定している。ルーマンによれば、「権力の機能は、偶発性の規制にある」(Die Funktion der Macht liegt in der Regulierung von Kontingenz.) (Luhmann, 1988, S. 12)。「権力は、権力のもとにおかれた行為者が欲しようと欲しまいと、行為者の意志とは全く独立に可能的な作用連鎖をうちたてる。権力の因果性は、意志の中立化にある。権力のもとにおかれた者の意志の粉砕にあるのではない」(ibid. S. 11-12)。にもかかわらず「一般的傾向としては、権力配分は法秩序(Rechtsordnung)を危険にさらす。そしてこの傾向は、行為に関わるが故に、決断を迫る。すなわち法状態を権力状態へ合致させること（Angleichung der Rechtslage an die Machtlage）を迫るのである」(ibid. S. 45)。その結果、「合法的権力（rechtmäßige Macht）と非合法的権力（unrechtmäßige Macht）という二分法的図式主義は公的権力（formale Macht）にしか当てはまらない」(ibid. S. 46)。

たしかに、近代的「国民国家」は共通の「言語」と「法」によって人工的に組織された「秩序」である。ここでは「単純に物理的暴力（physische Gewalt）を、増大していく圧力目盛の《最後の手段》と考えることはできない。むしろ、象徴的に一般化された権力コードとの関係においては、物理的暴力がはるかに大きな一般的意義をもつのは、次の点においてである。すなわち、物理的暴力は象徴水準と生体水準との関係を媒介するということ、しかもそのさい、経済とか家族といった他の非政治的な機能圏を巻き込まないということである。このことによって、物理的暴力は特に政治的な権力の分離独立（Ausdifferenzierung）を可能にしているのである」(ibid. S. 61)。このことは、いいかえれば「合法的権力」の確立は、直接的な「物理的暴力」を非合法化し排除することによってはじめて、自らを「秩序」の守護神として正当化することができるということを意味している。ところが、このように「近代主権国家の成立が物理的暴力使用に関する決定の独占に基づいているにもかかわらず、近代主権国家がもはや統制不能な複合性（Komplexität）にまで膨張したことは、社会全体水準においては、こうした発展に対する最も重要な実例となっている」(ibid. S. 67)。したがって、もしも統制不能な「複合性」を膨張するままに放置すれば、権力は維持できなくなる。権力を維持し続けるためには、カオス化する「複合性」を「縮減」する必要が生ずる。すなわち、権力の「秩序」を維持するためには、合理的な組織化が不可欠である。「組織化とは、諸々の偶発性の増大と縮減とによるシステム形成の特定の仕方である」(Organisation ist eine bestimmte Weise der Systembildung durch Steigerung und Reduktion von Kontingenzen.)(ibid. S. 100)。組織を通じて末端まで権力を浸透させうるような合理的な組織においては、統一的な権力を多数のより小さな権力保持者に配分しなければならない。それと同時に、配分された権力関係を整合的に統一しなければならない。そのための必要条件は、第一に「階層的推移秩序」(hierarchisch-transitive Ordnung)(ibid. S. 51)であり、第二に権力の「総量恒常性」(Summenkonstanz)(ibid. S. 52)である。これは明らかに「中央集権化」(Zentralisierung)の要件を意味する。それにもかかわらず、「強制行使そのものを中央集権化できるのは極めて単純なシステムにおいてでしかない。より複合的なシステムは強制行使の諸決定を集権化できるにすぎない」(ibid. S. 9)。これは、「偶発性」(Kontingenz)の増大が「脱中心化」(décentralisation)すなわち「分権化」を必然化するということを意味する。それは、神経組織のネットワークのなかに多数の結節点が見いだされるのに似ている。システムそのものの同一性は「自己言及的可逆性」によって循環的に稼動しているにもかかわらず、その「可逆性」の稼動過程のなかに「脱中心化」という「不可逆性」が巻き込まれているのである。

この事態は、「汚染」(contamination)という概念を想起させる。「汚染」という概念は、本章の

「発生と現出」の箇所で触れたように、デリダの思索の初期（一九五三—五四年）においてすでにキーワードの一つとして使用されていた。ところが驚くべきことに、それは四〇年後の『法の力』においても登場している中心概念である。ということは、デリダにとって「汚染」という事態は思索の根底において流れ続けていた通奏低音であるということを意味する。

「われわれはここで或る二重拘束（double bind）あるいは矛盾（contradiction）を相手にすることになる。それは以下のように図式化することができる。一方では、基礎づけの暴力（violence fondatrice）〔法定立的暴力（rechtsetzende Gewalt）〕を批判することはより容易であるように見える。なぜなら、基礎づけの暴力はいかなる既存の合法性（légalité préexistante）によっても正当化されえないからである。しかし他方、しかもここでの反転はすべての関心をこの〔非正当性への〕反省たらしめる。すなわち、同じ基礎づけの暴力を批判することは、より困難であり、より不当(plus illégitime)である。なぜなら、この基礎づけの暴力をいかなる既存の法制度のまえに出廷させることもできないからである。基礎づけの暴力が既存の法（droit préexistant）とは別のものを基礎づけているときに、その基礎づけの暴力が現行の法（droit existant）を承認することはないからである。この矛盾する二項のあいだに、捉え難い革命的瞬間〔革命法定〕（instant révolutionnaire）の問題があり、例外的決断〔例外判決〕（décision exceptionnelle）の問題が介在する。これらの問題はいかなる歴史的かつ時間的な連続体にも帰属していない。それでいてその連続体のなかで、新たな法の基礎づけ作用（fondation d'un nouveau droit）は先行する法（droit antérieur）の或るものを、いわば当て込む（jouer sur）のである。つまり新たな法の基礎づけ作用は先行する法の或るものを拡大したり、先鋭化させたり、変形したり、隠喩化させたり、換喩化させる。ここではこうした転義体（figure）は戦争とかゼネストという名をもっている。しかし、こうした転義体はひとつの汚染（contamination）でもある。それは、基礎づけ作用と維持作用（fondation et conservation）との純粋かつ単純な区別を消し去り、かき乱す。それは、根源性（originalité）のなかに反復可能性（itérabilité）を記入する。そしてこれこそが、私〔デリダ〕が作動中の脱構築（déconstruction à l'œuvre）と呼ぶものである」(Derrida, 1994, p. 98)。

ここで使用されている法の「基礎づけ作用」とは、ベンヤミンの用語でいえば、「法定立的暴力」(rechtsetzende Gewalt) であり、これは「法維持的暴力」(rechtserhaltende Gewalt) の対立概念である。しかし「汚染」とは、歴史的時間のなかで、法秩序の「反復可能性」に根源的暴力が含意されていることを意味する。それゆえデリダによれば、「ベンヤミンの明解な〔二分法的暴力論の〕発話を超えて、私〔デリダ〕は下記の解釈を提示する。基礎づけの暴力すなわち法定立的暴力（violence de la position du droit: Rechtsetzende Gewalt）は法維持的暴力（violence de la conservation du droit: Rechtserhaltende Gewalt）を包含せざるをえないし、それと断絶することはできない」(ibid.pp.93-94)。「定立作用（position）はすでに反復性（itérabilité）であり、自己維持的反復（répétition auto-conservatrice）への訴えである。維持作用（conservation）の方もまた再基礎づけ的（re-fondatrice）である。それは、自らが基礎づけようとするものを維持するためである。したがって、定立作用と維持作用との厳密な対立はない」（ibid. p. 94）。この事態をデリダは「差延的汚染」（contamination différantielle）（ibid. p. 94）と名づけている。

ここでわれわれが直面する問題は、法秩序と権力と根源的暴力との歴史的時間における関係である。ルーマンのシステム論的記述によれば、高度に進化した権力システムにおいては、内部に発生する多様な「偶発性」を絶えず「縮減」することによってシステムとしての同一性を保持している。その代わり、権力配分は階層性と分極化を免れえず、そのために権力中枢は意思決定もしくは諸々の意思決定の諸前提（Entscheidungsprämisse）を掌握することしかできない（vgl. Luhmann, 1988, S. 9）。ここで前提になっていることは、権力システムの自己変容的遂行を介して保持される自己言及的同一性である。これに対して、デリダにおいて問い質されている問題は、権力システムの自己変容の限界もしくは或る権力体制の崩壊可能性である。いいかえれば、この問題は、システムの自己創発的維持かシステムそのものの死滅かという主題に関わっている。前者からみれば、システムの死滅は「縮減」の誤算から生ずるのかもしれない。しかし、歴史的時間の進展は、そうした誤算のみに発するのではない。誤算という発想は、あくまでも特定のシステム維持を目的とした保守的観点に基づく。しかしシステム内部に誤算がなくても崩壊はありうる。これは、「生体システム」におけるテロメアの問題に似ている。またこれは、「心理システム」における「反復強迫」の問題に似ている（第二章4節参照）。したがって「社会システム」におけるこの問題の在処は、「偶発性」の処理誤算にではなく、「偶発性」の起源にこそある。そのときはじめて、「根源的暴力」と「正義」を主題化することの意義が生ずるのである。デリダは次のような問いをたてることによって、「根源的暴力」と「正義」との関係について以下のような呈示をしている。

「正当的権力（pouvoir légitime）という法的力（force de loi）と、いわゆる根源的暴力（violence prétendument originaire）とをいかにして区別することができるのか。根源的暴力はこの［法的］権威を創設しなければならなかったのに、自ら自身をいかなる先行的正当性（aucune légitimité antérieure）によっても権威づけることはできなかった。その結果、根源的暴力は、その最初の瞬間においては、合法的でも非合法的でも（ni légale ni illégale）ない。ある人は早まって正義でも不正義でも（ni juste ni injuste）ないというかもしれない」（Derrida, 1994, p. 19）。

「権威の起源、基礎づけ、根拠づけ、法の定立作用などは、定義によって、究極的にはそれ自身にしか依拠することができない以上、それ自身が根拠なき暴力（violence sans fondement）である。しかしこのことは、これらの作用が、《非合法的》（illégales）とか《不当的》（illégitimes）という意味において、不正義そのもの（injustes en soi）だということにはならない。それらの作用は、基礎づけの瞬間においては、合法的でも非合法的でもない。それらの作用は、基礎づけられたものと基礎づけられなかったものとの対立を超過している（excéder）。それは、全き基礎づけ主義（fondationnalisme）と全き反基礎づけ主義（antifondationnalisme）との対立を超過しているのと同様である」（ibid. p. 34）。

「現前的正義の決定的な確実性を仮定することに対する脱構築があるとすれば、そうした脱構築そのものは、無限の《正義の理念》から発して作用している。無限のというのは、還元不可能だからであり、還元不可能というのは、他者に起因するからであり、他者への起因はあらゆる契約以前のものであり、正義の理念は到来したものだからである。それは、常に他なる単独性としての他者からの到来である。……この《正義の理念》はその肯定的性格において不滅とみえる。すなわち、交換なき贈与（don sans échange）、流通なき贈与、承認なき贈与、経済循環なき贈与、計算なき贈与、規則なき贈与、理性なき贈与、すなわち調整的制御の意味における理論的合理性なき贈与を要求するという点において不滅にみえる。したがって、そこには或る狂気が認められるし、そのためにそれを咎めることもできよう。またおそらく別種の神秘性を咎めることもできよう。そのうえ脱構築はかの正義に狂気する。正義への欲望に狂気する。［そのとき］、かの正義は法（le droit）ではない。それは、法（le droit）のなかや法の歴史（l'histoire du droit）のなか、政治史、端的に歴史のなかで、作動する脱構築（déconstruction à l'œuvre）の運動そのものである」（ibid. pp. 55-56）。

「正義が絶対的他性（altérité absolue）の経験であるかぎり、正義は現前不可能（imprésentable）である。……［しかし］このように正義が法（le droit）や歴史を超過（excès）するからといって、また現前不可能なものが規定可能なものを横溢するからといって、そのことが法的政治的抗争（luttes juridico-politiques）から離れるための口実として使われてはならないし、使われるべきでもない。というのも、そうした抗争は、制度や国家の内部で起こったり、諸制度諸国家の間でも起こるからである。［ただしそのとき］正義の計算不可能で贈与的な理念（idée incalculable et donatrice de la justice）は常に、できる限りの悪、さらには最悪ともなる。なぜならこの理念は常に、最も逆効果をもたらすような計算によって再適応されることがありうるからである。こうしたことは常に起こりうるし、このことはわれわれが少し前に語ったあの狂気の一部をなしている」(ibid. p. 61)。

人間社会がカオス化しないためには、法的秩序は存在しなければならない。しかし、最初の法定立はいかにしても正当化されえない。その意味において、法定立の始元には「根源的暴力」がある。しかも法的秩序は「正義」を求めて定立されなければならない。なぜなら、「正義」のみが法的秩序に権威をあたえうるからである。しかし、「正義」は「等価交換」や「権利の平等」という歴史的近代が生み出した「文化的自明性」に由来するのではない。「正義」は「他者の他性」からのみ到来する理念である。ところが、理念であることの欠陥は、時間のなかに「現前不可能」であるという点にある。歴史的時間のなかに現前化するとき、理念はかならず「汚染」される。逆効果をもたらすような邪悪な計算合理性によって、「正義の理念」は特定の歴史内目的の旗印として誠しやかに掲げられる。そのとき、本来は「善悪の彼岸」にあるはずの「根源的暴力」は、ただの「違反的暴力」と、権威づけられた「維持的暴力」すなわち「権力」とに二分されて現前化される。この事態は、歴史的時間が目的論的ではありえないことを証示している。それにもかかわらず、人は「正義の理念」の超過性を歴史的現実からの逃亡の口実としてはならない。というより、逃亡はできないというべきである。なぜなら、歴史的現実いがいに人間の存在の場所はないからである。ハウエルズはかかる事態について次のように論評している。

「デリダにとって、《真の》民主主義はけっして実現されえない。なぜなら、真の民主主義は個人性と他者への無限の尊重と同時に、匿名の個人間の量的平等という両立不可能な観念を含んでいるからである（Derrida, Spectres, p. 111）。しかし、まさしくこの不可能性を認めることが、責任と決断の逆説的条件なのである」（Howells, 1999, p. 152）。「明らかに、言葉の慣用的で常識的な意味では、正義も脱構築も《存在する》。しかし、デリダはむしろそれらが純粋な形で存在するかどうかを問題にしているのである。まさしく正義が最初に《構築された》（constructed）以上は、正義が脱構築され（deconstructed）うるのは、法律のなかに身体化され（embodied）たものとしてである。そして、このことが脱構築を可能にするのは、脱構築が常に必然的に法律問題と関わっているかぎりにおいてである。デリダの主張によれば、脱構築が生起するのは、正義の脱構築不可能性（indeconstructibility of justice）と法の脱構築可能性（deconstructibility of the law）との間の空間においてである。正義と同時に、脱構築［そのもの］は不可能である。むしろ、《脱構築は不可能なものの経験として可能である》（Derrida, 1994, p. 35, 38）。脱構築と正義を可能にするものは、その両方のアポリア的本性である」（Howells, 1999, p. 155）。「確かなことは、法（law）と正義の間の区別を承認することを、デリダは、政治的進歩への希望にとって決定的であるとみなしている点である。法律（laws）が正義をその純粋な状態において究極的に身体化する（embody）ことはないということを承認するからこそ、われわれは解放の諸々のプロジェクトを続けることができるのである。民主主義と同様に、また主体と同様に、正義も常に到来すべき（à venir）もの〔未来〕である（Derrida, 1994, p. 60）」（Howells, 1999, p. 156）。

（2）脱目的論としての社会システム論

歴史的時間の根底において作用するものは、「根源的時間性」である。デリダの用語を用いれば、それは「差延作用の力」（force de différance）（Derrida, 1994, p. 20）すなわち「根源的暴力」（archi-violence）である。しかし歴史的現実は、「差延的汚染」（contamination différantielle）（ibid. p. 94）の場である。「根源的暴力」は、歴史的時間において秩序維持的「権力」と秩序違反的「暴力」に分解する。そのかぎり、デリダにとって、「正義」は「現前不可能な理念」であり続ける。ルーマンにとっても、「法システム」をシステムとして自律的たらしめる媒質としての象徴は「正義」である。しかし「法システム」は全体的な「社会システム」の一部にすぎない。「社会システム」は他の多くのシステム間のコミュニケーションを介して「自己創発」する「開放系」である。「開放系」である以上、「社会システム」全体は時間性をもつ。もしも「社会システム」の時間性から歴史的時間の作用を推論できるならば、果たしてデリダの「差延的汚染」の思想を、システム論的に記述することが可能であろうか。

ルーマンはその膨大な『社会システム』（Luhmann, 1984）第四章において、わざわざ一節（ibid. S. 201-203, vgl. S. 356）を割いて、フッサールとデリダを論じている。また、『自己言及論』（Luhmann, 1990）の第六章の脚注（ibid. p. 119）においても、彼らに言及している。それは、「社会システム」論が「実体」と「主体」と「目的論」の思想から明確に区別されることを明示するためである。もちろん、フッサールが「実体」の思想から解放されていたことはいうまでもない。しかし、彼が「超越論的主観性」と「超越論的目的論」を放棄することはなかった。フッサールにとって、「理性の目的論」は歴史の指導理念である。その意味では、フッサールは「啓蒙」の残影を宿している。これに対してデリダにとって「根源的時間性」が「差延作用」であるかぎり、そこには「起源」も「目的」も見いだされえない。

ルーマンが『社会システム』論においてフッサールとデリダに論及するのは、直接的にはあくまでも「コミュニケーション的言説」(kommunikative Rede) をめぐってである。フッサールの「構成的現象学」が「意味」(Sinn) と「意義」(Bedeutung) を区別し、「意味」を「記号」(Zeichen) に対応させ、「意義」を「表現」(Ausdruck) に対応させることによって、「意義」の「遍時間性」を確保すると同時に、それに相関する「孤立した心的生活」すなわち「超越論的主観性」の存立を確認しようとしたことを、『声と現象』の時期のデリダが批判したことはすでに述べた。ルーマンにとっても、「コミュニケーション的言説においては、すべての表現は指標 (Anzeichen) として機能する。ところが、フッサールの哲学的関心は指標にではなく、表現に向けられている。すなわち、意識がそれ自身の内でそれ自身だけで遂行するものに向けられているのである。……超越論的理論の理解においては、意識は主体 (Subjekt) として査定されている。すなわち、意識はそれ以外のすべてのものの基体 (subiectum) と評定されているのである。しかしそれによっては、《相互主観性》の問題は解決しえない」(Luhmann, 1984, S. 202)。なぜなら「相互主観性」の問題は、ルーマンにとって、なによりもコミュニケーションの問題だからである。それに対して、ルーマンによれば、「フッサールに対するデリダの批判は、表現と指標の関わり方を逆の位置へ移行させる。……超越論哲学とそれにおける主体中心化は、差異を中心とした記号論によって取り替えられている。このことは、現前性と非現前性との共同作用（Zusammenspiel von Anwesenheit und Abwesenheit）の緻密な分析を動機づける。そうした分析にデリダは携わるのである。こうした分析を開始することは、われわれがコミュニケーションの分析をするに際しても、差異つまり伝達と情報の差異から出発するということの一助となる。この差異は記号使用によって理解可能であると同時に、統一と差異の時間的延期（zeitliche Verschiebung von Einheit und Differenz）という意味での「差延」（différance）としても理解可能である。時間問題は差異による符号化(Markierung durch Differenzen)の問題となり、時間問題はこうした［差異の］形式において、いかにして主体が世界に到来するのかといった古い問題と入れ代わるのである」（ibid. S. 202-203）。

このようにルーマンも、デリダと同様に「差異」から出発する。システムの自己再生産においても、コミュニケーションの成立においても、「同一性」ではなく「差異」が中心概念である。ルーマンによれば、コミュニケーションとは「情報と伝達と理解に基づく統一体」（Einheit aus Information, Mitteilung, und Verstehen）（ibid. S. 203）である。しかしそれは、「情報」と「伝達」と「理解」の「差異」によって遂行される意味回路形成としての統一性である。ここには、実体的「同一性」の静態ではなく、要素間の「差異」に基づく動態としての統一性がある。しかし、コミュニケーションの意味回路を自立的統一体たらしめる可能条件は、あくまでも「情報」と「行為」（Handlung）（ibid. S. 159-160）の「差異」である（vgl. ibid. S. 203）。「情報」は、知覚可能な「表情」や「身振り」や各種の「記号」を介して、多様な「意味」を選択肢として提供する。それに反して「行為」は、身体的制約があるために、単一的でしかありえない。したがって、提供された「複合的」(komplex)な「情報」は、「行為」においては、「選択」によってすでに「縮減」(Reduktion) されていると言わなければならない。「社会性は行為の特殊な場合ではなく、行為は社会システムにおいて、コミュニケーションと帰属を通して、複合性の縮減（Reduktion der Komplexität）つまりシステムの不可欠の自己単純化（unerläßliche Selbstsimplifikation）として、構成されるのである」(ibid. S. 191)。

ところが、「情報」から「行為」へ至る過程において発生する「縮減」現象を詳細に検討すると、そこにはいくつかの不確実性が見いだされる。それは、コミュニケーションを構成するそれぞれの要素の不安定要因である。まず「情報」に関しては、「縮減」不可能な程の「多様性」が見いだされる。次に「伝達」に関しては、送信と受信の間に『盗まれた手紙』(Lacan, 1. 1966, pp. 19-75, 1978, pp. 207-240）のような「不確定性」がある。それは、送信された「情報」が必ず相手に受信されるということの確実性がない可能性があるということを意味する。最後に「理解」に関しては、「伝達」過程の両端において「不確定性」が見いだされる。すなわち、いかにコードが共通であっても、「伝達」内容すなわち「意味」の同一性が、コミュニケーション過程において、先天的に保証されているわけではない。発信者の「意味」と受信者の「理解」とが同一であるという保証はない。なぜなら、コミュニケーション過程の流通を可能にするものは、知覚可能な物質的媒体としての「記号」だけであり、「期待」に基づいて発信された「意味」は、それを表わす物質的媒体を介して受け取られた「記号」の「理解」に基づいてのみ成立可能だからである。ここに見いだされる問題は、すべてシステム内における「偶発性」(Kontingenz) もしくは「偶然性」(Zufälligkeit) に関わっている。「偶然性」もしくは「偶発性」とは、様相論的には、「必然性」の否定であると同時に「不可能性」の否定でもある (ibid.S,152)。すなわちそれは、なぜ起こるかわからないにも拘らず、起こりうるということを意味する。いいかえれば、「起源」は不明であっても、「出来事」としては在りうるということである。その意味では、「偶然性」こそ「贈与」の本来的な性格を表現しているといえる。「贈与」が「退去」によって「痕跡」をもたらす作用である以上、「偶然性」がもたらす「出来事」は、「退去する贈与」の「痕跡」である。いいかえれば、「贈与」は返却不可能な「不可逆性」という性格をもつ。

それに反して、「生体システム」も「心理システム」も「社会システム」も、すべて「システム」といわれるものは、自己言及的「可逆性」をその成立可能条件とする。むろん、ルーマンも強調するように、あらゆるシステムが成立するためには、「システム」とその「環境」(Umwelt) との「差異」がなければならない。「自己言及的システム理論にとっては、環境はむしろシステムの同一性の前提である。なぜなら、同一性は差異によってのみ可能だからである。時間化された自己創発的システム理論から見ると、環境が必要である理由は、システム上の出来事 (Systemereignisse) が個々の瞬間に中断して新たな出来事が生産されうるのは、システムと環境との差異の助けを借りてのみ可能だからである。したがって、こうした事柄に繋がるシステム理論のすべての研究の出発点は、同一性ではなく、差異である」(ibid. S. 243)。

しかしまさしく、その「差異」こそが「システム」内部に「不可逆性」を発生させるのである。もしもこの「不可逆性」がなければ、「システム」は時間的「自己創発」（Selbstemergenz, Autopoiesis）を遂行することができないであろう。したがって、「システム」の時間性は、「不可逆性」と「可逆性」との拮抗において成立する。このとき「不可逆性」は、システムの時間性において、自己言及的「可逆性」の「他性」として作用する。このことをルーマン的に記述すれば、

「コミュニケーションが時間経過において可逆性を堅持するのに対して、諸行為は時間の不可逆性を標示していて、行為相互の関係において時系列的に秩序づけられている」（ibid. S. 233）。「しかし、もともと時間そのものは不鮮明（unscharf）に与えられていて、不可逆性からより高次元の可逆性への移動（Umlagern）とか、その逆の移動の余地を残している」（ibid.S.71）。

このように時間が「不鮮明」に見えるのは、「可逆性」の確保が常に「不可逆性」との拮抗において成立するからであり、現在とは両者の抗争の動態だからである。その意味では、時間はまさしく「他性の境界」である。したがって、ここに語られた「不可逆性からより高次元の可逆性への移動」はシステムの「自己創発」であり、逆に「可逆性からより低次元の不可逆性への移動」はシステムの崩壊であり、システム時間の停止に行き着く。前者は「負のエントロピー」の拡大過程であるのに対して、後者は単にエントロピーが増大した停止状態である。それは、システムの「自己再生産」（Selbstreproduktion）が不可能になる状態すなわちシステムの終焉を意味する。たとえば、「生体システム」であれば個体の死滅、「心理システム」であれば統合失調の極限、「社会システム」であれ

ば、企業倒産とか国家崩壊である。

時間性という観点からみると、このように時間系列はあらゆるシステムにとって共通の力動構造をなしている。しかし、時間性がすべてのシステムに共通した力動構造を表示していても、それぞれのシステムは自律的である。そのかぎりでは、一つのシステムは他のシステムに対して閉鎖系をなしていなければならない。ところが『社会システム』論において捉えられた人間存在に関する記述は、「社会システム」だけに特化されているわけではない。『社会システム』論が呈示する人間存在のシステムは、「生体システム」(das organische System)と「心理システム」(das psychische System)と「社会システム」(das soziale System)とで構成されている(vgl. ibid. S. 286)。そして、これらのシステムはいずれも自律的自己同一性すなわち閉鎖性を有している。しかし、現実の人間存在としては、これらのシステムは統合されていなければならない。もしそうでなければ、個体としての人間存在は存在しえないばかりか、記述もされえないからである。ルーマンは、こうした統合現象をシステム間の「相互浸透」(Interpenetration)という概念によって記述している。

「われわれが浸透(Penetration)について語るのは、或るシステムが固有の複合性(Komplexität)(それとともに未規定性《Unbestimmtheit》偶発性《Kontingenz》選択強制《Selektionszwang》)を他のシステムの構築のために任意に使用させる場合である。まさにこの意味において、社会システムは生体活動(Leben)を前提にしている。相互浸透(Interpenetration)が見られるのは、浸透という事態が相互的に行なわれる場合、したがって、すでに構成されていた自らの固有の複合性(Eigenkomplexität)をその都度の他のシステムの中へ持ち込むことによって、それぞれのシステムが可能になる場合である」(ibid. S. 290)。その場合たとえば、「心理システムは社会システムに対して十分な無秩序を提供しているし、その逆の場合もある。[それでも]システムの固有選択(Eigenselektion)と自律性は相互浸透によって問題視されることはない。……すべての再生産とすべての構造形成は秩序と無秩序の結合を前提している。すなわち、構造化された固有の複合性と把握不可能な異質の複合性との結合、規則化された複合性と自由な複合性との結合を前提しているのである」(ibid.S.291)。しかし階層的には、「社会システム形成の前提は、生体活動(Leben)としての自己創発(Autopoiesis)と意識としての自己創発である。ということは、社会システムは、生体活動と意識の継続が保証されている場合にのみ、固有の再生産を実現することができるということである」(ibid. S. 297)。

しかしながらここに、ルーマンのシステム論的記述における第一の難点が見いだされる。たしかに「生体システム」と「心理システム」が「社会システム」形成の前提であるにもかかわらず、「生体システム」と「社会システム」は、「心理システム」にとっては、必ずしも双方向的な「相互浸透」ではなく、それぞれ異なった意味において、むしろ一方向的重圧となる場合がありうる。それは「心理システム」がもともと「生体システム」と「社会システム」の「自己創発性」の間に挟まれて、他の両システムから受動的に与えられた条件のなかで学習するという仕方でしか自らの「自己創発性」を育成することができないという位置に置かれているからである。たとえば、細胞次元において自動的に発生してしまった自己免疫現象を「心理システム」は受容する地点から出発する以外に方法はない。また、特定の地域と特定の時代に生を受けた「心理システム」は、すでに存在する特定の「社会システム」の慣習あるいは「文化的自明性」を受容するところから出発する以外にない。したがって、ある「心理システム」にとって蒙った危害を癒す期限に関して、「社会システム」に時効が成立することはあっても、「心理システム」に時効はありえない。「心理システム」のこうした先天的受動性は、他の二つのシステムに対して、明らかに劣勢に位置している。それゆえ、本書第二章の5節「内なる他性と外なる他性」において明らかにしたように、たとえ「心理システム」が覚醒状態であれ非覚醒状態であれ、表象そのものがすでに受動的妥協の産物という可能性を免れえない。なぜなら、表象としての実現そのものが実現不可能性の架空の実現（例えば「解離性健忘」とか「緊張型妄想」など）という可能性を拭いきれないからである。実はこれは、「縮減」によって「縮減されたはずのもの」が、「縮減されえなかったもの」の残影として妥協的に表象に纏いついていることを意味している。

こうした事態が「心理システム」に生ずるのは、個体としての「心理システム」が発達を開始する以前に、すでに「生体システム」と「社会システム」が存在していることに由来する。「心理システム」は「生体システム」のなかに生まれつき、やや遅れて「社会システム」のなかで発達を開始する。一つの「心理システム」は、自然のなかに生まれ社会のなかで育つ以外に在り方をもたない。詳しくいえば、ルーマンによれば、「社会システム」それ自体は「包括システム」（Gesamtsystem）をなしていて、「包括システムは部分システムと部分システム環境（Teilsystemumwelt）との内的差異として再構築される」(ibid. S. 262)。そして「部分システム」は、それぞれ「象徴コード」(symbolischer Code) または「媒質コード」(Medien-Code)によって区分されうる (vgl. Luhmann, 1988, S. 32-37, 1984, S. 222, 262-263)。たとえば、「貨幣」という「媒質コード」による「経済システム」、「権力」のそれによる「政治システム」、「正義」のそれによる「法システム」、「真理」のそれによる「学問システム」等である。これらに共通することは、いずれも「記号」を主要な媒体とすることである (vgl. Luhmann, 1984, S. 337-338)。それに対して、たとえば、「家族」のようなシステム共同体は、「記号」よりもむしろ身体の直接的「対面性」(la face-à-face)にその基礎をおいている。ルーマンの言葉でいえば、それは、際立って「共生的」(symbiotisch) (ibid. S. 337) な共同体である。現象学の表現でいえば、「社会システム」中のいずれの部分システムも、「文化記号」を媒体として成り立つ「文化的生活世界」であるのに対して、「対面性」を主要な基礎とする共同体は「知覚」と「行動」の「身辺的生活世界」である。

「心理システム」は発達段階の初期においてはこの「身辺的生活世界」以外にその出発地点をもたない。家族のなかに飛び交う「言語記号」が実在物の代理として役立つことを幼児が習得し始めるのは、ほぼ生後二〇月になる頃である。最初は「音声記号」の模倣にすぎない。その裏側に「意味」が付随していることなど予想もしないかも知れない。幼児が、「音声記号」の模倣反復において「対面性」に効果が発生することを経験するとき、「記号」が「意味」として実在を代理することの謎めいた有効性に驚くであろう。しかしそれは、「記号」が「意味」を伴って実在から遊離することをも意味する以上、すべての「虚構」の開始でもある。ということは、「社会システム」のうちの「象徴コード」の媒介によって成立する「部分システム」のすべてに、いくらかの「虚構性」が含意されていることになる。しかし、「記号」の「虚構性」を非難するのではない。むしろ、「記号」の「恣意性」こそが人間をして「身辺世界」から「文化世界」へ向かった解放を可能にするのである。むしろ問題は、「心理システム」が「対面性」から遊離した「象徴界」(le Symbolique) に踏みいるときから、「言語の壁」(mur du langage) が「対面性」の真実すなわち「他者の他性」との遭遇を隠してしまうという点にある。いいかえれば、「記号」によるこの種の「隠蔽」が「心理システム」の「自己創発」に対して「統合失調」を誘発する可能性をもつという点にある。あくまでも社会科学者であるルーマンにとって、「統合失調」はシステム形成上の「誤作動」であるかもしれない。しかし、既存の「生体システム」と「社会システム」との間に位置する「心理システム」の先天的受動性は、これを「誤作動」とみなすことを許さぬであろう。「社会システム」は「心理システム」のこの種の崩壊に対して、単に社会保障という法的制度としてだけではなく、「対面性」の次元へ立戻った位置から臨床的に対応しなければならない。おそらくそれが「社会システム」としての新たな「自己創発」となるのでなければならない。

この「対面性」と関連して、つぎに見いだされる第二の難点は「責任」の概念に関わるものである。ルーマンによれば、「われわれが社会システムの道徳 (Moral eines sozialen Systems) と名付けようとするものは、社会システムのなかで尊敬 (Achtung) と軽蔑 (Mißachtung) について決定がなされるための諸条件の全体である。道徳問題は徹頭徹尾、意見対立的なものとして (kontrovers)

取り扱うことができる。もちろん達成されうる合意（Konsens）の範囲は道徳が機能しうる重要な契機であるにもかかわらず、〔道徳という〕概念は何ら合意を前提としてはいない。道徳的諸要求の連関と両立性を顧慮して、諸々のシステム化の努力（Systematisierungsbemühungen）がなされている。そうした努力の理論形式がアリストテレス以来、通常、倫理学とよばれている。倫理学の枠内において、とくに近代西欧においては、諸々の反省理論が形成されている。しかしその反省理論は次のような困難をもっている。すなわちその困難は、特定の仕方で、尊敬の獲得を目指して、あるいは軽蔑の回避を目指して行為することが道徳的であるということを承認する点にある。倫理学は道徳律（Sittengesetz）のそれ自体のための遵守を好んで要請する。しかし社会学者にとっては、こうした常軌逸脱（Extravaganz）は、科学的解明（wissenschaftliche Erleuchtung）というよりもむしろ危機の徴候（Krisensymptom）である」（Luhmann, 1984, S. 319）。「むろん道徳の社会学的理論が倫理学の代理をすることはない。しかし、尊敬の追求と軽蔑の回避を人間の本性（Natur des Menschen）として取り扱い、そうした状態を放置してきた道徳理論を、道徳の社会学的理論は取り替えるのである。本性概念は、システム論的に他の分野でも使用可能な、したがって接続可能なより抽象的な概念に交代する。そして、こうした抽象概念は道徳の機能関連（Funktionsbezug）を解明する。〔ここでは〕道徳は、一つの象徴的普遍化（symbolische Generalisierung）である。この象徴的普遍化は、二重偶発的な自我・他我関係のすべての再帰的複合性（die volle reflexive Komplexität von doppelkontingenten Ego/Alter-Beziehungen）を尊敬表現（Achtungsausdrücke）に縮減し、このように普遍化することによって、第一に条件づけのための遊動空間

(Spielraum für Konditionnierung) を開通させ、第二に尊敬・軽蔑の二分法的図式主義による複合性の再構築の可能性を開く」(ibid. S. 320)。

しかし「尊敬」の淵源は「人間の本性」に見いだされるのではない。もともと「人間の本性」を記述的に特定することはできない。いま問題なのは、ヒュームの人間本性論やカントの「道徳法則」の自律性の学説ではない。むしろ、ルーマンのシステム区分でいえば、原初的に「尊敬」が見いだされる場所は、際立って「共生的」な人間関係のなか、すなわち「対面性」の次元においてである。そこには、具体的な「他者」との「対面性」があるからである。「記号」や「象徴」の「文化的世界」には「大文字の他者」はいない。むしろ、「表象」の「想像界」も「言語」の「象徴界」も「他者の他性」を隠蔽する。「機能関連」の分析として「象徴的普遍化」が行なわれたとき、「縮減」された「尊敬表現」は「尊敬」の淵源を忘却させる。そのとき「責任」は、「社会システムの自己創発性」における一つの「社会的機能」と化する。それはすでに「職責」であって「責任」ではない。第二章の「内なる他性と外なる他性」において触れたように、原初的な「コミュニケーションの開け」(ouverture de la communication) (Lévinas, 1974, p. 153) は「記号」や「象徴」の世界に先立つ。「責任」の発生地点は、「予想もつかぬ応答をしてくる他者」(Lacan, 1978, Sé. 2, p. 288) に対して「自己を責任（応答可能性）たらしめること」(Lévinas,1974,p.153) にある。「責任」は「他者からの到来」(la venue de l'autre) (Derrida, 1994, p. 55) である。そのとき「生ける現在とは他者自体への時間の開口部 (ouverture du temps à l'autre en soi) である」(Derrida, 1967, Seuil, p. 195)。「正義が絶対的他性の経験である」(Derrida, 1994, p. 61) なら、「正義」の淵源は「責任」にあり、「責任」の淵源は「対面性」にある。「道徳の社会学的理論が倫理学の代理をすることがない」(Luhmann, 1984, S. 320) のは、倫理学が「人間の本性」を前提にするような「常軌逸脱」によるからではなく、むしろ「責任」の淵源が「対面性」にあるからである。いいかえれば、社会科学における「象徴的普遍化」が倫理学に取って代わることができないのは、「象徴」が「顔」(visage) (Lévinas, 1974, p. 120) をシステムの機能的一変項に化してしまうからである。そのとき、「他者の他性」は「秩序の他者」として「システムの自己創発」から排除されるからである。

最後に第三の難点として見いだされるものは、歴史的時間に関わる。ルーマンのシステム論によれば、歴史過程は「社会システムの進化」の過程である。すなわち、「[包括システムとしての] 社会システム (societal system)」は、進化 (evolution) によってのみその諸構造を変えることができる。進化は自己言及的再生産 (selfreferential reproduction) を前提とし、変動と選択と安定化に関する差異化するメカニズムによって再生産の構造的条件を変化させる。進化の飼料は、通常的再生産からの偏差 (deviations) である。こうした偏差は一般的には偶然的 (accidental) であるが、「[部分システムとしての] 社会システム (social systems)」の場合には、偏差が意図的に (intentionally) 生産されることもある。それにもかかわらず、進化は目標も展望もなしに作動する (Evolution operates without a goal and without foresight)。進化はより高度な複合性 (higher complexity) を産みだすであろう。こうして進化は結局は非蓋然的な出来事を蓋然的な出来事へと変換するであろう。……進化の理論だけが、分節化から階層化への構造変換 (structural transformations from segmentation to stratification）を説明することができるし、さらに階層化から機能的差異化（functional differentiation）への構造変換を説明できるのである」（Luhmann, 1990, p. 180）。それでも、「進化それ自身はけっして計画されえない（Evolution itself can never be planned.）。……しかし計画化（planning）を吸収しようとする自己言及システム（selfreferential system）は、自らの進化を加速することになる。なぜなら、自己言及システムは超複合的（hypercomplex）になり、システム自身の複合性に対処する仕方にも反応するよう強制されるからである。もしこのことが真実ならば、世界社会（world society）は、より意図的な計画化（more intentional planning）がより非意図的な（そしてより急速な）進化（more unintentional《and more rapid》evolution）へと導引するような諸条件に直面せざるをえなくなるであろう」（ibid. p. 181）。

このように「進化が目標も展望もなく作動する」ものであるかぎり、システムの「進化それ自身は計画されえない」。計画されえない以上、歴史過程は「社会システム」論的にみても、明らかに目的論的ではない。しかし「社会システム」の脱目的論性の動態とは、「分節化から階層化への構造変換」であり、さらに「階層化から機能的差異化への構造変換」である。いいかえれば「社会システム」の通時性とは、共時的に分節化された構造が、環境との差異を介して獲得した情報の複合性を、システム自身が遂行する「縮減」作用によって、システム内部に新たな階層性を産出し、さらに重層的に差異化する機能を産出する過程を意味する。ところが、こうした自己再生産の過程は、ますます「超複合性」を産出するため、「縮減」の必要性はいっそう高まり、自己再生産の速度はますます加速されるであろう。このような記述の視点は、明らかに、「自己言及システム」が「偏差」を利用して時間的に変貌しながらも、あくまでもシステムとしての「自己同一性」を維持するという点に置かれている。このようなシステム維持という視点から見れば、システムの自己言及的「可逆性」と時間経過の「不可逆性」との関係は次のように記述される。すなわち、「諸々の構造（Strukturen）は時間を可逆的に（reversibel）堅持している。なぜなら、構造は選択可能性に関する限られた目録を確保しているからである。……それに対して、諸々の過程（Prozesse）は時間の不可逆性（Irreversibilität）を標示している。過程は諸々の不可逆的な出来事（irreversible Ereignisse）からできている。過程は後戻りができない。とはいえ、［構造と過程］両者の整序関係（Beide Arrangements）は、それぞれ異なった仕方で、選択性強化（Selektivitätsverstärkung）という実際的な観点から、選択諸可能性の中からの先行的淘汰（Vor-Auswahl von Wahlmöglichkeiten）に役立っているのである」（Luhmann, 1984, S. 73-74）。

しかしルーマン自身も熟知しているように、システムは必ず自己創発的に「維持」されうるとはかぎらない。「既述のごとく、進化とは《コスト》の増大とともに非蓋然的状態から蓋然的状態への変換である。《社会を変化させよう》という意図をもたなくても、諸構造とその結果として生ずる諸問題の繋がりとの関係に気づくことはありうる。明らかに、作動中の自己破壊機構（self-defeating mechanisms at work）さえ存在する。たとえば、機能的差異化（functional differentiation）は平等性（equality）を前提にするとともに、不平等性（inequality）を創出する」（Luhmann, 1999, p. 181）。「全体社会（entire society）は不平等性を増大させる方向に進む傾向をもつ。全体社会は、階級間の差異と領域間の差異を蓄積する。それでいて、これらの差異を活用することもできず、これらの差異に〔適切な〕機能を提供することもできず、要するに有意味な階層的差異化の状態へ回帰することができないのである」(ibid. p. 182)。この状態とは、一言でいえば、システムの崩壊でありシステムの死滅である。同様の事態を「生体システム」についていえば、個々の細胞のアポトーシスは「生体システム」全体の再生に役立つことがありうるけれども、自己免疫現象は「生体システム」そのものに対する「自己破壊機構」の作動である。「社会システム」に関していえば、それはある一つの体制の終焉である。そして、歴史的時間とはまさしくこの終焉へ向かう「不可逆性」を意味する。それは「根源的時間化運動」の「根源的暴力」の作動である。だからこそルーマンは、「歴史はコードではない」(Aber die Geschichte ist kein Code.) (Luhmann, 1988, S. 35) といったのである。歴史的時間の脱目的論性は「社会システム」論の自己制御射程をはるかに超過している。それは、「社会システム」論の脱目的論性とは根本的に異なっている。それにもかかわらず、あるいはそれ故にこそ、こうした「根源的暴力」は時間の根底において「つねにすでに」(toujours-déjà) 作動し続けているのである。

(3) 根源的暴力と背後世界

すべてのシステムは他のシステムに対して「自己言及的可逆性」すなわち閉鎖系をなす。しかし、システムが自己変容（構造変換）もしくは自己崩壊することがあるのは、システム形成そのものが不可逆的開放性に対抗して可動していながらも、「不可逆性」が「可逆性」を根源的に凌駕するからである。このことは、システムが目的論的動態ではないことを意味している。それに反して、あらゆる

「目的論」は目的設定によって先行的に決定された目標に向かって進行する一義的な過程を意味する以上、「目的論」がいかに動態であるとはいえ、それは根本的に「閉鎖系」である。その意味でルーマンの「社会システム」論によれば、社会の「進化」過程はあくまでも脱目的論的である。ただし、それが「偶発性」あるいは「複合性」の「縮減」過程としてのみ理解されるなら、それは一面的理解にとどまるであろう。なぜなら、これらの「縮減」はつねにシステム維持を目指して遂行される自己変容だからであり、そこにはシステムそのものの崩壊現象が視野に入っていないからである。たしかに、「生体システム」を遺伝子次元で捉えるかぎり、あるいは「社会システム」を「包括システム」として見るかぎりでは、崩壊の射程は殆ど視野に入れる必要がないかもしれない。しかし、「心理システム」の先天的受動性は二面的有限性をもたされている。すなわち、一方にはその出発点において「生体システム」と「社会システム」を前提するという有限性があり、他方では、遺伝子の乗物あるいは運搬者としての個体に帰属する「心理システム」は終着点すなわち崩壊点を迎えるという有限性を与えられている。

歴史的時間に関しても同じことがいえる。「歴史はコードではない」からこそ歴史過程はシステム論的に把握することができない。にもかかわらず、歴史過程は目的論的に推移するはずもない。歴史的時間は、「社会システム」の自己言及的「可逆性」と「部分システム」の自己崩壊へ向かう「不可逆性」とが拮抗する場所である。それは、歴史的時間の根底に「根源的暴力」が作動していることを意味する。結果としては「根源的暴力」は歴史過程においてエポックという亀裂を惹起する。

歴史過程において時期を画するエポックは、「文化記号」のパラダイムが変革する時である。それは、或る「文化的自明性」の亀裂であり崩壊を意味する。詳しくいえば、すべての「文化記号」は何らかの「背後世界」(Hinterwelt)（Nietzsche, Also sprach Zarathustra, KSA, 4. T. 1. 1883）を形成している。なぜなら、「文化世界」に「記号」が登場することは「嘘の始まり」を意味するからである。すなわち、「記号」の「恣意性」は「指示項」(référent)の代理を可能にすると同時に、「記号」に付随する「意味」と「指示項」の間に亀裂を発生させるからである。この亀裂を日常的に埋める機能を果たしているのは、「文化的自明性」の共通性である。しかし、もともと「文化的自明性」は確固たる「遍時間性」をもつわけでもなく、またあらゆる地域に共通した「普遍性」に支えられているわけでもない。たしかに「文化的自明性」は記号使用に対する強制力をもってはいる。しかし「文化的自明性」それ自体は、周辺が薄明な意味集合体にすぎない。ところが問題は、こうした「周辺の薄明性」があるにもかかわらず、その「意味集合体」が、歴史的時間においては、確固たる「自明性」として機能することにある。まさしく「自明性」の機能は、「意味」と「指示項」との亀裂の事実を見失わせるのである。それによって、「文化世界」に生きる人間は当の「自明性」が支配する社会構造の中において自らの存続を可能にするために、本来は虚構的価値を免れえないはずの「自明性」を「真理」として自らに納得せしめることになる。それは、「意味」と「指示項」とがあたかも「一致」しているかのごとく振舞うことを意味する。この「一致」を確信させているものは、「信憑」(Doxa)あるいは「信念」(Glaube)である。それは、不可逆的な「根源的時間性」の次元においてではなく、あくまでも「意識的時間性」の次元において、「期待」によって「未来」に意味を与え、すでに起こった「過去」に対する「想起」の意味内容を変更させる。いいかえれば、この意味変更は、「根源的時間性」における「不可逆性」を、「期待」と「想起」が交差する人間的「現在」における「可逆性」のなかへ回収する試行である。したがって「可逆性」へのこの回収には、常にいくらかの虚構性が付随している。それは、「根源的時間性」の「不可逆性」に対抗するかぎりでの「可逆性」の乖離を意味する。歴史的時間が常に「汚染」の場所であるのはそのためである。しかも「意識的時間」あるいは「脱目的時間」の側だけから見るかぎり、この種の「汚染」を「汚染」として意識することはできない。それは、事態が「他性の境界」に直面しているにもかかわらず、「他性」を忘却あるいは封印している状態に酷似している。

一例をもってすれば、それはキリスト教型の「文化的自明性」のなかにいながら「神の死」に気づかない場合と同様である。ニーチェが「神の死」を宣告したのは、近代科学技術の進化が神の存在を否定するからではない。ニーチェにとっては科学的知見ですら「神の影」を払拭できていない。むしろ、彼にとってはキリスト教のなかで神は死んでしまったのである。ニーチェはそのことを「ルサンチマン」(ressentiment) という「心理システム」に属する概念を使って説明しようとする。たとえば『反キリスト』(Nietzsche, Antichrist, KSA, 6. A. 42-43. 1888) におけるパウロの告発の場合である。むしろ、キリスト教圏以外の人々にとっては、われわれが行なったような記号論的説明の方がはるかに理解されやすいであろう。にもかかわらず、おそらくニーチェがドストエフスキーの『地下生活者の手記』を読んで発案したと思われる「ルサンチマン」を分析概念の中心に置いたのは、彼自身がキリスト教文化圏に生存していたからである。記号論的説明にはそれなりの普遍性があっても、「心理システム」に与える切迫感が欠けているからである。この切迫感は、システム論的にいえば、自らが帰属するシステムが崩壊に直面する場合と、自らが帰属していない他のシステムの崩壊を外から見る場合との差異に由来する。『悦ばしき知識』一二五節（1881-82）においてニーチェが、教会のなかにはすでに神が見つからないので教会前の広場を真昼なのに灯を点して新たな神を求めてさ迷う人の姿を「狂人」として描いた理由は、まさにここにある。他のシステムの崩壊を外から眺める者は「狂人」にはなりえない。それに対して、自らが帰属する文化システムの崩壊に立ち会う時の切迫性は、帰属成員の存在の根底を揺るがすに十分である。ニーチェはこの切迫性をニヒリズムとして表現し、それをさらに克服する方法は新たな文化システムの創造以外にないと考えた。彼はまちがいなく「他性の境界」を経験したのである。既存の文化システム崩壊の予感から、彼はシステム亀裂の根底に「根源的暴力」を感得した。そしてそれを土台にして新たな文化システム創造の原点を探ろうとした。

すでに一八七三年から翌年にかけて書かれた『生に対する歴史（Historie）の利害』において、ニーチェは歴史の根底に「力」の作動を見いだしている。

「［記述］歴史（Historie）は、生（Leben）に仕えるかぎりにおいて、非歴史的な力（unhistorische Macht）に仕えるのである。それゆえに、［記述］歴史はこの従属関係のなかにあるために、たとえば数学のような純粋科学になることはできないし、なってはならない。しかし、いったいどの程度まで生が歴史の奉仕を必要とするかという問題は、一個の人間、一つの民族、一つの文化の健康に関する最高の問題と関心の一つである。なぜなら、［記述］歴史が過剰になる場合、生は破砕され退化され、結局はこの退化によって〔記述〕歴史もまた自ずから破砕されるからである」（KSA, 1. S. 257）。

さらに続けてニーチェは、「生」の観点から〔記述〕歴史を三様に分類する。「生（Leben）が〔記述〕歴史の奉仕を必要とするということは、〔記述〕歴史の過剰が生命体（das Lebendige）を害するという命題として、明確に理解されなくてはならない。……〔記述〕歴史は、三つの観点において、生命体に属する。〔第一に〕それは、行動し努力する者としての生命体に属する。〔第二に〕それは、保存し崇拝する者としての生命体に属する。〔第三に〕それは、苦悩し解放を必要とする者としての生命体に属する。これら三様の関係には、〔記述〕歴史の三様が対応している。すなわちそれは、〔記述〕歴史の、記念碑的な仕方（monumentalische Art）、古書的な仕方（antiquarische Art）、批判的な仕方（kritische Art）が区別されうるかぎりにおいてである」（ibid. S. 258）。「もしも過ぎ去ったものの記念碑的観察が、他の観察仕方すなわち古書的と批判的な観察仕方を支配するならば、過去そのものが危害を蒙る。そのときは、過去の大部分が忘却され、軽視され、不断の流れのように流れ去る。そして粉飾された孤立した事実だけが孤島として浮上するだけである」（ibid. S. 262）。「しかし、たとえ退化が起こらなくても、また古書的〔記述〕歴史が生の至福のためだけに根差す基礎を喪失することがなくても、古書的〔記述〕歴史が余りに強くなり、過去を観察する他の〔二つの〕仕方を覆い尽くすならば、つねに十分危険は残っている」（ibid. S. 268）。「ここに必然的に人間は、過去を観察する記念碑的と古書的な仕方と並んで、しばしば第三の仕方すなわち批判的な仕方が必要になるということが明らかとなる。しかもまたもや、それは生への奉仕においてである。人間は、生きることができるために、力(Kraft)をもたなければならない。時には過去を破壊し解体するのに〔その力を〕利用しなければならない。これを達成することは、過去を法定にひきだし、糾弾的に尋問し、最後に有罪判決を下すことによって可能になる。……ここで裁くのは、正義（Gerechtigkeit）ではない。まして判決を下すのは慈悲ではない。そうではなく、ただ生だけがそうするのである。それは、あの闇の、駆り立てる、飽くことなく自ら自身を欲する力(jene dunkle, treibende, unersättlich sich selbst begehrende Macht）である」(ibid. S. 269)。

たしかに、すべての「歴史」(Historie）は記述されたものである。ニーチェは、記述された歴史を三種類に分類し、そのうち「記念碑的」と「古書的」歴史記述は「生」に仕える「物語性」をもつことを明言している。いわばこれらは、伝説的英雄への崇拝であったり、過去の出来事の保存を表わしている。これに反して、第三の「批判的」歴史記述における「生への奉仕」(Dienst des Lebens)の仕方は、前二者と違って、過去に対する「批判的」記述を通して新たな歴史的未来を拓くことを意味している。ここでは記述の方向が、過去ではなく未来へ向けられている。そして、ここにおける過去への批判と未来への志向の記述は、「生」の「闇の駆動力」を意味する「根源的暴力」に由来することを、ニーチェは指摘するのである。しかし、このディオニュソス的な「闇の駆動力」が「生」そのものの姿と同一であろうか。たしかに「生」は動態である。しかし「生」の動態としての実現は、何らかの現出形態を必要とする。さもなければ、「闇の駆動力」はむなしく空を切るだけに終わる。そしたとえ「批判的」な歴史記述であっても、それが「記述」である以上、現出形態の一つである。そして現出形態は、必ずその環境との差異においてそれ自身の存立を公示し維持することができる。そのときにのみ、「生」は「力への意志」として自己を実現することができるのである。

それゆえにこそ、「力」（Kraft, force）は「力への意志」（Wille zur Macht, volonté de puissance）と同一ではない。「力」は「生成」の作用として現出する。それに対して「意志」は選択の実現作用として現出する。「力」の現出形態は「偶発性」もしくは「偶然性」を伴うのに対して、「意志」の現出形態は「偶発性」を許容しない「縮減」過程である。システム内で「偶発性」が増大すればするほど、「意志」は「縮減」の速度と精密さと強さを増大させる必要がある。いいかえれば、「意志」は「自己言及的可逆性」を達成しようとするシステム形成作用である。それに対して「力」は「不可逆的な根源的暴力」である。それは、意図も目的も理由もない根源的な破壊力を意味するにすぎない。ニーチェは、「生成に存在の性格を刻印するのが最高の力への意志である」（KSA, 12. S. 312）という。これはまさしく「生成のシステム化」以外の何ものでもない。ニーチェ自身の言葉をもってすれば、「力への意志は抵抗においてのみ発現する。力への意志は自分に抵抗するものを求める。これは、原形質が仮足を伸ばし自らのために探りを入れる場合の原形質の根本的傾向である」（KSA, 12. S. 424）。まさにその意味で、「力への意志」は「生体システム」形成の動態に酷似している。だからこそ「力への意志」は「生」（Leben）ではありえても、「力」そのものではない。

たしかに、「無意味なものが永遠に繰り返すこと」を意味する「永遠回帰」は生存にとって「最大の重し」（Nietzsche, Die Fröhliche Wissenschaft, KSA, 3. A. 340）である。しかしこの「混沌」あるいは「偶然性」を克服するためには、「意志」は世界の「混沌」と同じかそれ以上に「最強」でなければばならない。そのときにのみ「力への意志」は「偶然性」に「存在の刻印」を押すことができるからである。ニーチェは、それが可能になる時を「大いなる正午」(der groBe Mittag) の「瞬間」(Augenblick) に求めた。なぜなら、その「瞬間」においては、「不可逆性」は「可逆的円環」の中へ回収されうるはずだからである。そのときには「最大の重し」を意味していた「永遠回帰」は、「力への意志」の最強状態を標示する「永遠回帰」へと意味変貌を達成するからである。そして、過去と未来が「大いなる正午」の「瞬間」において結ばれる時は、在るがままの現実を意味する「運命」に対する「愛」が成就する時でもある。「運命愛」(Amor fati) は、ニーチェの『見よこの人なり』(Ecce Homo, KSA, 6.) の通奏低音をなす。それはまた、この本の冒頭の扉に記されている問い、「人はいかにして在るがままのものに成るか」(Wie man wird, was man ist ?) という問いに答えが与えられるときでもある。

それにもかかわらず、この「瞬間」は歴史的時間といかに関わりうるであろうか。人間存在の現実が歴史的時間から自由でないかぎり、かかる「瞬間」は歴史内「亡命」を意味しないであろうか。この「瞬間」は果たして「隠遁」以外の仕方で歴史的時間のなかで実現されうるであろうか。そもそも、「人はいかにして在るがままのものに成るか」という問いそのものが、なぜ発生するのであろうか。それは、「在るがまま」の現実が「文化的自明性」によって隠されているからである。いまラカンの概念を援用して解明すれば、表象の「想像界」(l'Imaginaire) は、現実から遮断された「小文字の自我」のなかにしかない。また言語の「象徴界」(le Symbolique) は、言語システムを支える「連辞関係」(le syntagmatique) によって「現実界」(le Réel) から遮断されている。人が「大文字の他者」(l'Autre)がいる「現実界」に到達しようとすれば、自らのナルシス的「想像界」と言語的コミュニケーションの「象徴界」の壁を突破しなければならない。これを記号論的視点からみれば、「記号」と「表象」が飛び交う「文化的生活世界」は、「身辺的生活世界」において直接に交わされる「対面性」を見失わせている。すなわち、「対面性」と「文化的自明性」の間の亀裂を隠蔽している。多くの成人は、この亀裂のなかである種の「妥協」もしくは「自己欺瞞」を生きている。しかし、ニーチェのような徹底的に「高貴」で「誠実」な人の「心理システム」は、そこで破砕を起こす。だからこそ、そこから「在るがまま」の現実に戻るためには、人は「文化的生活世界」から、いわば野生の現実へ向かって「成る」必要が生ずるのである。ニーチェにとって「在るがまま」を絶対肯定する「瞬間」とは、「心理システム」が「社会システム」と「生体システム」に引き裂かれた亀裂の現実を全面受容する「瞬間」である。同時にそれは、「心理システム」と「生体システム」の死の「瞬間」でもある。しかしその死を「運命」として受け入れた時には、「幼児」(Kind)の「晴朗」(Heiterkeit)さえ漂う。もしかして「超人」(Übermensch)の資格とは、こうした透明な「晴朗」なのかもしれない。しかし、ニーチェ自身は「超人」としてではなく、一人の「狂人」として果てた。

ところが、個体にこれほどの苦渋の「瞬間」が起こっていても、その事には全く無関心であるかのごとく、「社会システム」と「生体システム」は自らを持続させ続ける。「社会システム」は「文化的自明性」によって、「生体システム」は遺伝子の継続によって、自らのシステムを維持し続ける。社会が持続するものであるかぎり、何らかの「文化的自明性」なしに社会が成立したことはない。そして、「文化的自明性」は「記号」の介入なしには成立しえない。ところが「記号」の介入は「意味」

と「指示項」との間に亀裂を生む。というより「記号の恣意性」はこの亀裂によってはじめて保持されているのである。したがって、人間社会は幾何かの「虚構性」によって持続されている。そして持続は「瞬間」ではない。持続を持続たらしめているものは、「文化的自明性」という記号論的虚構空間である。この虚構空間の介在が、歴史的時間に「汚染」(contamination) 状態をもたらすのである。「汚染」の歴史過程においては、「瞬間」はニーチェの切実な「祈り」のように見える。存在の根底を掬いとられた「狂人」が真昼に灯をともして新たな神をもとめる「祈願」のように思える。

それでもわれわれは、ここでニーチェに決別を告げなければなるまい。われわれは歴史的現実から自由ではないからである。願望と現実を峻別しなければならないからである。ニーチェの「誠実」を受け継ぐかぎり、「永遠回帰」を「最大の重し」として受けとめながら、「汚染」の現実を凝視し、そこから離脱しない決定をしなければならない。救済の特効薬があるわけではない。方法は多様でありうる。それでいて効果が確定している保証もない。それでも人間が生きる現実は「汚染」の歴史過程のなかで「他性の境界」を経験し続けるいがいにない。

しかし「他性の境界」を経験することは、「社会システム」の内部で温存されているかぎりでは、不可能である。なぜなら、システム形成作用は、システム環境との「差異」を情報として取り込み、それの徹底分析に基づいて「自己言及的可逆性」の維持と拡大再生産を目指して、システム内を整備し防護壁を強化する。だから、この防護壁によって守られたシステム内部の多くの有能な成員には、当該システムそのものを相対化する視点はもちえないからである。また、当該システムを相対化する視線をとりえない中心部にいるかぎり、そのシステムの本質構造は明らかになりえない。システム内部にいながら、そのシステムの本質を照射することのできる位置は、むしろシステムの「余白」(marge) にしかない。「余白」にいる成員は、当該システムにとって「無効契機」であり、「秩序の他者」である。むろん彼らは、明らかに少数派である。なぜなら、もしもそれが多数派であるなら、そのシステムは崩壊へ向かい、新たなコードによって統合されたシステムに自己変容せざるをえないからである。しかし逆説的ながら、「余白」はシステムの閉鎖系に開放の通路を拓く契機でもありうる。「余白」の増大は当該システムのエントロピー増大を意味するからである。というのは、システムの可能条件は「負のエントロピー」を増大させることにあるからである。

現代の社会システムにとって、ここで与えられている選択肢は二方向に分かれる。しかもそれらは相互に背反している。第一は、「余白」をシステム外へ「排除」することによって内部のノイズを無化し、システムの圧縮と強化を図ること。第二は、逆に「余白」をシステム内へ吸収し循環させることのできるようなコードを新たに設定することである。しかしこれは、従来のコードそのものの修正を余儀なくさせる。したがって多くの場合、第一の方途がとられるであろう。なぜなら、システムの自己同一性の維持にとって、その方が容易だからである。コード変更はシステムにとって致命的である。第一の選択肢は、たとえばニーチェ没後一〇〇年以上ものあいだに辿ってきた、線形的に無限成長することを願う近代社会の構造である。しかし人間にとって、その環境と資源が有限である以上、無際限に「排除」を続け、無限の成長を夢想することは不可能である。これは、現代消費社会において「自明性」となっている「生活の質」(Quality of life) そのものを見直さなければならない時期が到来していることを告げている。そのときに必要なことは、むしろ第二の選択肢、すなわち「余白からの眼差し」によって新たな社会コードを構築することである。それ以外に人間の生き延びる希望はない。

あとがき

現象学的思考は、二〇世紀初頭にフッサールによって開始された。そのときの思考の中心概念は、周知の通り、「志向性」であった。経験の中枢をなすものが「意識」であり、さらにその根本的な特徴をなすものが「志向性」であると考えられていたからである。しかし「志向性」の分析によって、経験対象はつねにその対象を「核」としてそれを取り巻く「地平」において現出する、しかも「核」と「地平」は交代するという志向的構造が明らかになった。二〇世紀後半において、この志向的構造そのものが、さらに「地平」の「彼方」から問われはじめた。それは、「他者」を自己の「意識」から主題化するかぎり、「他者」への通路が見いだせないからである。しかし「彼方」から「意識」に送られてくる沈黙のメッセージは皆無ではない。それは、「意識」が「他者の他性」の経験を通じて変容を生ずるという現象である。その変容とは「意識」に何らかの亀裂が生まれるということである。いいかえれば、これは「超越論的主観性」の中核にひび割れが発生するということを意味している。このときから、分析の中心概念は「志向性」から、あらゆる意味における「他性」あるいは「不可逆性」へ移行する。すでに、「可逆性」の思考については、二〇世紀半ばにメルロ＝ポンティによって呈示されていた。しかし「可逆性」の可能条件を問うとき、「可逆性」がシステムとして可動しうるためには、「他性」または「不可逆性」が要請される。このとき、「贈与」に関するデリダの「不可逆性」の指摘は、きわめて厳しいものであった。また、「他者」の超越性に関するレヴィナスの警告も過去に類を見ないほどであった。

『他性の境界』は、二〇世紀後半に登場した「他性」からの現象学批判に注目することによって、二一世紀の思考の原点を探ろうとした。すでに『現象学の射程』（一九九二年、勁草書房）において、「志向性」による思考の限界が呈示されていた。そこでは、「他者」と「無意識」の主題が「言語」の世界から排除されていることが指摘されている。さらに、『現象学の変貌』（一九九九年、勁草書房）は、その副題として「秩序の他者」を伴っている。「秩序」とは、共通のコードによって結合されたシステム統合体である。しかし、システムはあくまでも動態としてしか存続しない。『他性の境界』は、このシステム動態を「可逆性」と「不可逆性」の拮抗状態として捉えることによって、未来社会の人間存在に関する思想構築の座標軸を見いだそうとした。

初出に関していえば、第一章の原文は、『岩波講座現代思想六「現象学運動」』（岩波書店、一九九三年）所収の拙論「現象学とポスト構造主義」である。しかし、本書において原文は随所に改変され加筆されている。第二章に関しては、その全体の約三分の二程度が、すでに『思想』（岩波書店、二〇〇二年四月）に要約されて発表されている。しかし、ここにあるのはその全文である。第三章の原文は、やはり『思想』（岩波書店、一九九八年一一月）に「可逆性と不可逆性：メルロ＝ポンティにおける《肉》の可逆性とデリダの不可逆的《贈与》」と題して掲載された。しかし本章では、小見出しによって読みを容易にするとともに、若干の加筆がなされている。第四章は、今回の書き下ろしである。

『現象学の射程』においても『現象学の変貌』においても、その出版に関して、勁草書房の富岡勝氏に多大のご配慮を賜った。今回も以前にまして氏のご好意に与ることになった。ここに心底より感謝の意を表したい。

二〇〇三年七月六日

著　者

著者略歴

1932年　兵庫県に生まれる
1962年　京都大学大学院博士課程（哲学専攻）満期退学
1969－70年　パリ大学（ソルボンヌ）留学
現　在　関西福祉科学大学教授、神戸大学名誉教授
著　書『現象学の射程』（勁草書房、1992）
　　　『現象学の変貌』（勁草書房、1999）
　　　『現象学の視座』（白菁社、1997）
訳　書　デカルト『哲学の原理』（中央公論社）『屈折光学』（白水社）、
　　　リクール「現象学と解釈学」（晃洋書房）、ほか

他性の境界　　双書エニグマ③

2003年10月10日　第1版第1刷発行

著者　水《みず》野《の》和《かず》久《ひさ》

発行者　井村寿人

発行所　株式会社　勁《けい》草《そう》書房

112-0005 東京都文京区水道2-1-1　振替　00150-2-175253
（編集）電話 03-3815-5277／FAX 03-3814-6968
（営業）電話 03-3814-6861／FAX 03-3814-6854
日本フィニッシュ・青木製本

ISBN4-326-19906-7　Printed in Japan

http：//www.keisoshobo.co.jp

参考文献

第一章　主要文献

Carr, D.; Time, Narrative and History, 1986, Bloomington（Indiana UP）

Deleuze, G.; Nietzsche et la philosophie, 1962, Paris（PUF）
『ニーチェと哲学』足立和浩訳（国文社）
; Différence et répétition, 1968, Paris（PUF）
『差異と反復』財津理訳（河出書房新社）

Derrida, J.; La voix et le phénomène, 1967, Paris（PUF）
『声と現象』高橋允昭訳（河出書房新社）
; Éperons: les styles de Nietzsche, 1973, Paris（Flammarion）
『尖鋭筆鋒の問題』森本和夫訳（『ニーチェは、今日？』所収）（ちくま学芸文庫）

Foucault, M.; L'archéologie du savoir, 1969, Paris（Gallimard）
『知の考古学』中村雄二郎訳（河出書房新社）
; Nietzsche, la généalogie, l'hitoire（in Hommage à Jean Hyppolite）1971, Paris（PUF）

Gadamer, H.-G.; Wahrhiet und Methode, 1975, Tübingen（Mohr）

Holenstein, E. ; Linguistik Semiotik Hermeneutik, 1976, Frankfurt aM.（Suhrkamp）
『言語学・記号学・解釈学』平井正・菊池武弘・菊池雅子訳（勁草書房）

Lacan, J.; Séminaire, 2. 1978, Paris（Seuil）
『フロイト理論と精神分析技法における自我』小出浩之・鈴木国文・小川豊昭・南淳三訳（岩波書店）

Lévinas, E.; En découvrant l'existence avec Husserl Heidegger,（édition suivie d'éssais nouveaux）1969, Paris（PUF）
; Autrement qu'être ou au-delà de l'essence（Phaenome-

nologica54) 1974, La Haye (Nijhoff)
『存在するとは別の仕方で、あるいは存在することの彼方へ』合田正人訳（朝日出版社）
Nancy, J.-L.; L'impératif catégorique, 1983, Paris (Flammarion) (1990, Galilée)
Nietzsche, F.; Sämtliche Werke Kritische Studienausgabe in 15 Bänden Herausgegeben von G. Colli und M. Montinari (Neuausgabe 1999) Berlin (Walter de Gruyter)（略記号：KSA）
Pautrat, B.; Versions du soleil: Figures et système de Nietzsche, 1971, Paris (Seuil)
Ricœur, P. ; Temps et récit, I, 1983, Paris (Seuil)
『時間と物語』I 久米博訳（新曜社）
; Temps et récit, II, 1984, Paris (Seuil)
『時間と物語』II 久米博訳（新曜社）
; Temps et récit, III, 1985, Paris (Seuil)
『時間と物語』III 久米博訳（新曜社）

第二章　主要文献

Baas, B.; De la chose à l'objet: J. Lacan et la traversée de la phénoménologie, 1998, Leuven (Peeters Vrin)
Bernet, R.; La vie du sujet: Recherches sur l'interprétation de Husserl dans la phénoménologie, 1994, Paris (PUF)
Borch-Jacobsen, M.; Le sujet freudien, 1982, Paris, (Flammarion)
; Lacan, le maître absolu, 1990, Paris, (Flammarion)
; Le lien affectif, 1991, Paris (Aubier)
Deleuze, G.; Différence et répétition, 1968, Paris (PUF)
『差異と反復』財津理訳（河出書房新社）
Depraz, N.; Transcendance et incarnation: le statut de l'intersubjectivité comme altérité à soi chez Husserl, 1995, Paris (Vrin)
Freud, S.; Gesammelte Werke, 15B. 1999, Frankfurt aM. (Fischer)（略記号：GW）『フロイト著作集』（人文書院）

Harasym, S. (ed.); Levinas and Lacan: The Missed Encounter, 1998, NY. (State University of NY. Press)

Henry, M.; Philosohie et phénoménologie du corps: Essais sur l'ontologie biranienne, 1965, Paris (PUF)
『身体の哲学と現象学』中敬夫訳（法政大学出版）
; Généalogie de la psychanalyse, 1985, Paris (PUF)
『精神分析の系譜』山形頼洋・上野修・宮崎隆・中敬夫・松島哲久・野村直正・森藍・池田清訳(法政大学出版)
; Phénoménologie matérielle, 1990, Paris (PUF)
『実質的現象学』中敬夫・野村直正・吉永和加訳（法政大学出版局）

Husserl, E.; Husserliana, Den Haag u. Dordrecht, seit 1950. (略記号 : Hua)

Krewani, W. N.; Émmanuel Lévinas: Denker des Anderen, 1992, München (Alber)

Kühn, R.; Husserls Begriff der Passivität: Zur Kritik der passiven Synthesis in der Genetischen Phänomenologie, 1998, München (Alber)

Lacan, J.; Écrits, 1. 2., 1966, Paris (Seuil, coll.《Points》)
『エクリ』宮本忠雄・竹内迪也・高橋徹・佐々木孝次・三好暁光・早水洋太郎・海老原英彦・芦原眷訳（弘文堂）
; Séminaire (略記号 : Sé) 11. 1973, Paris (Seuil)
『精神分析の四基本概念』小出浩之・新宮一成・鈴木国文・小川豊昭訳（岩波書店）
; Séminaire, 2. 1978, Paris (Seuil)
『フロイト理論と精神分析技法における自我』小出浩之・鈴木国文・小川豊昭・南淳三訳（岩波書店）
; Séminaire, 3. 1981, Paris (Seuil)
『精神病』小出浩之・鈴木国文・川津芳昭・笠原嘉訳（岩波書店）
; Séminaire, 7. 1986, Paris (Seuil)

Lee, Nam-In; Edmund Husserls Phänomenologie der Instinkte, (Phaenomenologica, 128) 1993, Dordrecht, La Haye (Kluwer)

Lévinas, E.; Totalité et infini, (Phaenomenologica, 8) 1961, Dordrecht (Nijhoff)
『全体性と無限』合田正人訳(国文社)
; En découvrant l'existence avec Husserl et Heidegger, édition suivie d'essais nouveaux, 1967, Paris (PUF)
; Autrement qu'être ou au-delà de l'essence (Phaenomenologica, 54) 1974, La Haye (Nijhoff)
『存在するとは別の仕方で、あるいは存在することの彼方へ』合田正人訳(朝日出版社)

Merleau-Ponty, M.; La structure du comportement, 1942, Paris (PUF)
『行動の構造』滝浦静雄・木田元訳(みすず書房)
; Phénoménologie de la perception, 1945, Paris (Gallimard)
『知覚の現象学』1. 竹内芳郎・小木貞孝訳、2. 竹内芳郎・木田元・宮本忠雄訳(みすず書房)
; Bulletin de psychologie 236 XVIII 3-6. 1964, Merleau-Ponty à la Sorbonne: résumé de ses cours établi par des étudiants et approuvé par lui-même.
; Résumés de cours: Collège de France 1952-60, 1968, Paris (Gallimard)
『言語と自然』滝浦静雄・木田元訳(みすず書房)

Naudin, J.; Phénoménologie et Psychiatrie: Les voix et la chose, 1997, Toulouse (Presses Universitaires du Murail)

Nietzsche, F.; Sämtliche Werke Kritische Studienausgabe in 15 Bänden Herausgegeben von G. Colli und M. Montinari (Neuausgabe 1999) Berlin (Walter de Gruyter) (略記号: KSA)

Ricœur, P.; De l'interprétation: essais sur Freud, 1965, Paris (Seuil)
『フロイトを読む』久米博訳(新曜社)

Waldenfels, B.; Bruchlinien der Erfahrung, 2002, Frankfurt aM. (Suhrkamp)

Welsen, P.; Opazität und Transparenz. Zum Verhältnis von Sprache

und Bewußtsein bei Jacques Lacan und Paul Ricœur (in Phänomenologische Forschungen Bd. 23, S. 74-103) 1990, München (Alber)

第三章　主要文献

Bataille, G.; Œuvres complètes. Bd. VI. 1973. Bd. VII. Bd. VIII. 1976. Paris (Gallimard)

Dastur, F.; Monde, chair, vision (in Le psychique et le corporel. ed. A.-T. Tymieniecka) 1988, Breteuil-sur-Iton en France. pp. 115-144.

; Merleau-Ponty and Thinking from Within (in Merleau-Ponty in Contemporary Perspectives, pp. 25-35) (Phaenomenologica 129) 1993, Dordrecht

; Chair et language: essais sur Merleau-Ponty, 2001, Paris (encre marine)

Dauenhauer, B. P.; The Teleology of Consciousness: Husserl and Merleau-Ponty (in Analecta Husserliana. vol. 9, pp. 149-168) 1979, Dordrecht

Derrida, J.; Marges de la philosophie. Paris, 1972 (Minuit)

; Donner le temps. 1991, Paris (Galillée)

; Donner la mort (in L'éthique du don; Jacques Derrida et la pensée du don, pp. 11-108) 1992, Paris (Métailié-Transition)

Dillon, M. C.; Merleau-Ponty's Ontology, 1988, Bloomington/Indianapolis, (Indiana UP)

; Écart: Reply to Claude Lefort's "Flesh and Otherness" (in Ontology and Alterity in Merleau-Ponty, pp. 14-26) 1990, Evanston / Illinois (Northwestern UP)

; The Unconscious: Language and Word (in Merleau-Ponty in Contemporary Perspectives, pp. 69-83) (Phaenomenologica 129) 1993, Dordrecht

Frostholm, B.; Leib und Unbewußtes: Freuds Begriff des Unbewußten interpretiert durch den Leib-Begriff Merleau-

Ponty's, 1978, Bonn（Bouvier）
Husserl, E.; Husserliana. Den Haag u. Dordrecht, seit 1950.（略記号：Hua）
Johnson, G. A.; Desire and Invisibility in "Eye and Mind": Some Remarks on Merleua-Ponty's Spirituality（in Merleau-Ponty in Contemporary Perspectives, pp. 85-96）（Phaenomenologica 129）1993, Dordrecht
Lefort, C.; Sur une colonne absente: écrits autour de Merleau-Ponty, 1979, Paris（Gallimard）
; Flesh and Otherness（in Ontology and Alterity in Merleau-Ponty, pp. 3-13）1990, Evanston / Illinois（Northwestern UP）
Madison, G. B.; La phénomnologie de Merleau-Ponty: Une recherche des limites de la conscience, 1973, Paris（Klinck sieck）
; The Hermeneutics of Postmodernity, 1988, Bloomington / Indianapolis（Indiana UP）
; Flesh as Otherness（in Ontology and Alterity in Merleau-Ponty）1990, Evanston / Illinois（Northwestern UP）
; Merleau-Ponty in Retrospect（in Merleau-Ponty in Contemporary Perspectives, pp. 183-195）（Phaenomenologica 129）1993, Dordrecht
Merleau-Ponty, M.; Phénoménologie de la perception, 1945, Paris（Gallimard）
『知覚の現象学』1．竹内芳郎・小木貞孝訳、2．竹内芳郎・木田元・宮本忠雄訳（みすず書房）
; Sens et non-sens, 1948, Paris（Nagel）
『意味と無意味』滝浦静雄・粟津則雄・木田元・海老坂武訳（みすず書房）
; Signes, 1960, Paris（Gallimard）
『シーニュ』1．2．竹内芳郎監訳（みすず書房）
; L'oeuil et l'esprit, 1964-A. Paris（Gallimard）
『眼と精神』滝浦静雄・木田元訳（みすず書房）

;Le visible et l'invisible, 1964-B. Paris(Gallimard)
『見えるものと見えないもの』滝浦静雄・木田元訳（みすず書房）
;Résumés de cours, 1968, Paris（Gallimard）
『言語と自然』滝浦静雄・木田元訳（みすず書房）
;La prose du monde, 1969, Paris（Gallimard）
『世界の散文』（滝浦静雄・木田元訳）
;La Nature, 1995, Paris（Seuil）

Lévinas, E.; Totalité et infini（Phaenomenologica 8）1961, Dordrecht
;En découvrant l'existence avec Husserl et Heidegger; Édition suivie d'essais nouveaux, 1967, Paris
;Autrement qu'être ou au-delà de l'essence（Phaenomenologica 54）1974, Dordrecht
『存在するとは別の仕方であるいは、存在することの彼方へ』合田正人訳（朝日出版社）

Strasser, S.; Antiphénoménologie et phénoménologie dans la philosophie d'Emanuel Lévinas(in Revue philosophique de Louvain. t. 75, pp. 101-125）1977
;Le concept de 'phénomène' chez Lévinas et son importance pour la philosophie religieuse（in Revue philosophique de Louvain. t. 76, pp. 328-342）1978
;History, Teleology, and God in the Philosophy of Husserl（in Analecta Husserliana. vol. 9, pp. 317-333）1979, Dordrecht
;Réhabilitation de l'intériorité; réflexions sur la dernière philosophie de Merleau-Ponty（in Revue philosophique de Louvain t. 84, pp. 502-520）1986-A.
;Von einer Husserl-Interpretation zu einer Husserl-Kritik; Nachdenkliches zu Derridas Denkweg（in Phänomenologische Forschungen. Bd. 18, S. 130-159）1986-B. Freiburg / München
;Merleau-Ponty et 'la métaphysique dans l'homme'（in Étude phénoménologique. t. 4. 7, pp. 145-165）1988
;Monadologie und Teleologie in der Philosophie E.

Husserls (in Phänomenologische Forschungen. Bd. 22, S. 217-235) 1989, Freiburg / München
Waldenfels, B.; Phänomenologie in Frankreich, 1983, Frankfurt aM. (Suhrkamp)
; Deutsch-Französische Gedankengänge. 1995, Frankfurt aM. (Suhrkamp)

第四章　主要文献

Bernet, R.; La vie du sujet: Recherches sur l'interprétation de Husserl dans la phénoménologie, 1994, Paris (PUF)
Depraz, N.; Transcendance et incarnation: Le statut de l'intersubjectivité comme altérité à soi chez Husserl, 1995, Paris (Vrin)
Derrida, J.; Le problème de la genèse dans la philosophie de Husserl, 1953-54, Paris (PUF,1990)
; L'origine de la géométrie, de Husserl. Traduction et introduction, 1962, Paris (PUF)
『「幾何学の起源」序説』田島節夫・矢島忠夫・鈴木修一訳（青土社）
; La voix et le phénomène, 1967, Paris (PUF)
『声と現象』高橋允昭訳（理想社）
; L'écriture et la différence, 1967, Paris (Seuil)
『エクリチュールと差異』（上）若桑毅・野村英夫・坂上脩・川久保輝興訳（法政大学出版局）
『エクリチュールと差異』（下）梶谷温子・野村英夫・三好郁郎・若桑毅・坂上脩訳（法政大学出版局）
; De la grammatologie, 1967, Paris (Minuit)
『根源の彼方に』（上下）足立和浩訳（現代思想社）
; Marges de la philosophie, 1972, Paris (Minuit)
; Psyché: Inventions de l'autre, 1987, Paris (Galilée)
; Donner le temps, 1991, Paris (Galilée)
; Donner la mort (in L'éthique du don: Jacques Derrida et la pensée du don, pp. 11-108) 1992, Paris (Métailié-Transition)

; Spectres de Marx: L'état de la dette, le travail du deuil et la novelle internationale, 1993, Paris (Galilée)
; Force de loi, 1994, Paris (Galilée)
『法の力』堅田研一訳（法政大学出版局）
; Résistances de la psychanalyse, 1996, Paris (Galilée)
; Adieu à Emmanuel Lévinas, 1997, Paris (Galilée)
; Le droit à la philosophie du point de vue cosmopoloique 1997, Paris (Éditions Unesco Verdier)

Franck, D.; Nietzsche et l'ombre de Dieu, 1998, Paris (PUF)

Gasché, R.; Inventions of Difference: On Jacques Derrida, 1994, Massachusetts (Harvard UP)

Giovannangeli, D.; Écriture et répétition: Approche de Derrida, 1979, Paris (UGE)
; Le retard de la conscience, 2001, Bruxelles (Ousia)

Heidegger, M.; Die Grundprobleme der Phänomenologie, 1923-44, Gesamtausgabe Bd. 24, 1975 (Vittorio Klostermann) Frankfurt aM.
『現象学の諸根本問題』溝口競一・松本長彦・杉野祥一・セヴェリン：ミュラー訳（創文社）

Howells, Chr.; Derrida: Deconstruction from Phenomenology to Ethics, 1998, Cambridge (Polity Press)

Husserl, E.; Husserliana, (Kluwer) seit 1950, Dordrecht（略記号：Hua）

Lacan, J.; Écrits, 1. 2. 1966, Paris (Seuil)
『エクリ』I 宮本忠雄・竹内迪也・高橋徹・佐々木孝次訳（弘文堂）
; Séminaire（略記号：Sé）2. 1978, Paris (Seuil)
『フロイト理論と精神分析技法における自我』小出浩之・鈴木国文・小川豊昭・南淳三訳（岩波書店）

Lawlor, L.; Derrida and Husserl, 2002, Bloomington (Indiana UP)
; The Legacy of Husserl's "Ursprung der Geometrie": The Limits of Phenomenology in Merleau-Ponty and Derrida, (in Merleau-Ponty's Reading of Husserl, pp. 201-223) 2002, Dordrecht (Kluwer)

Letzkus, A.; Dekonstruktion und ethische Passion: Denken des Anderen nach J. Derrida und E. Levinas, 2002, München（Fink Verlag）

Lévinas, E.; Autrement qu'être ou au-delà de l'essence, 1974, La Haye（Nijhoff）
『存在するとは別の仕方で、あるいは存在することの彼方へ』合田正人訳（朝日出版社）

Luhmann, N.; Soziale Systeme: Grundriß einer allgemeinen Theorie, 1984, Frankfurt aM.（Suhrkamp）
『社会システム理論』（上下）佐藤勉訳（恒星社厚生閣）
; Macht, 1988, Stuttgart（Enke）
『権力』長岡克行訳（勁草書房）
; Essays on Self-Reference, 1990, New York（Columbia UP）
『自己言及性について』土方透・大澤善信訳（国文社）

Marrati-Guénoun, P.; La genése et la trace: Derrida lecteur de Husserl et Heidegger（Phaenomenologica 146）1998, Dordrecht（Kluwer）

Marion, J.-L.; Réduction et donation: Recherches sur Husserl, Heidegger et la phénoménologie, 1989, Paris（PUF）
『還元と贈与』芦田宏直・大井秀晴・柴崎秀穂・柴田敬司・宮川進悟訳（行路社）

Nietzsche, F.; Sämtliche Werke, Kritische Studienausgabe in 15 Bänden Herausgegeben von G. Colli und M. Montinari（Neuausgagabe 1999）Berlin（Walter de Gruyter）（略記号：KSA）

Thiel, D.; Über die Genese philosophischer Texte: Studien zu Jacques Derrida, 1990, München（Alber）

Warin, F.; Nietzsche et Bataille: La parodie à l'infini, 1994, Paris（PUF）

ルーマン『近代の観察』馬場靖雄訳（法政大学出版局）

ルーマン『信頼』大庭健・正村俊之訳（勁草書房）

ルーマン『パラダイム・ロスト』土方昭訳（国文社）

ルーマン『目的概念とシステム合理性』馬場靖雄・植村隆広訳（勁草書房）

参考文献

ハーバーマス・ルーマン『批判理論と社会システム理論』佐藤嘉一・山口節郎・藤沢賢一郎訳（木鐸社）
ボルツ『世界コミュニケーション』村上淳一訳（東京大学出版会）
マトゥラーナ・ヴァレラ『オートポイエーシス』河本英夫訳（国文社）
河本英夫『オートポイエーシス』（青土社）『オートポイエーシス2001』（新曜社）『オートポイエーシスの拡張』（青土社）『システムの思想』（東京書籍）『メタモルフォーゼ』（青土社）
高橋徹『意味の歴史社会学：ルーマンの近代ゼマンティク』（世界思想社）
中野敏男『近代法システムと批判』（弘文堂）
仲正昌樹『《法》と《法外なもの》』（御茶の水書房）
馬場靖雄『ルーマンの社会理論』（勁草書房）
福井康太『法理論のルーマン』（勁草書房）
星野智『現代権力論の構図』（情況出版）
向山恭一『対話の倫理』（ナカニシヤ出版）
須藤訓任『ニーチェ：《永劫回帰》という迷宮』（講談社）
永井均『これがニーチェだ』（講談社）